형법입문
각론편

| 개정판 |

류 전 철 지음

준커뮤니케이션즈

저자약력

류 전 철

현 전남대학교 법학전문대학원 교수

전남대학교 법과대학 및 동 대학원 법학석사과정 수료(법학석사)
독일 Freiburg 대학교 법과대학 박사과정 수료(법학박사)
광주고등검찰청 항고심사위원
제1회, 제2회, 제3회, 제4회 변호사시험 출제위원
사법시험, 행정고시, 입법고시 출제위원

저서
형벌의 본질에 관한연구
Die Urkundendelikte im deutschen und koreanischen Strafrecht
형법판례(共著)
국제형법
위조범죄의 본질과 실제
형사판례의 쟁점과 이론
형법입문(총론편)
형사소송법입문

머리말

 형법입문(총론)편 개정판에 이어 형법입문(각론)편 개정판을 출간하게 되었다. 형법학계에 입문서의 부족을 절감하던 저자에게 형법입문서의 개정판을 출간하게 되어 한편으로 기쁜 마음이지만 다른 한편으로는 형법을 쉽게 설명한다는 것은 저자의 능력 밖의 것이 아니었나 하는 후회와 좌절을 느끼게 된다.

 형법각론은 총론과는 달리 체계적이지 않기 때문에 입문서로 적절한 주제를 선정하기가 어려웠다. 15년간 형법을 강의해오면서 사법시험 수준의 쟁점을 강단에서 가르치는 것에 이미 젖어 있음을 절감한 시간들이었다. 시험을 벗어나서 형법 그 자체를 이해하고 형법을 통해 건전한 시민으로서 사회생활을 할 수 있는 그런 정도의 형법지식에 대한 의문만을 남긴 채 마무리하게 되었다.

 범죄의 체계적 이해라는 측면에서 추상적인 개념과 이론의 이해가 형법총론에서 중요하다면, 형법각론에서는 개별범죄의 보호법익과 그 구성요건요소들을 이해하는 것이 중요하다. 보통 생각에는 형법총론보다는 형법각론이 이해하기 쉽다고 생각하지만 반드시 그렇지는 않다. 왜냐하면 개개의 범죄구성요건들은 하나의 창문틀에 불과하고 그 창문틀에 비춰지는 실제 사건내용은 동일한 것이 거의 없을 정도로 다양하기 때문이다. 여기에다 형법각론을 접하는 사람들의 사회생활의 경험의 차이는 판례의 사실관계와 개별범죄의 사례의 이해에 적지 않은 영향을 미치게 된다.

따라서 형법각론을 잘 이해하기 위해서는 우리 사회에 대한 실상을 직접 또는 간접으로 경험하는 것과 우리 사회에 대한 깊은 관심을 가지는 것이 중요하다.

본 형법입문서는 수험서가 아니다. 저자의 희망사항은 형법을 전공하지 않은 로스쿨 준비생이 미리 한번 읽어 보거나, 법학을 전공했던 학생이 오랜만에 형법을 다시 보고자 할 때 본 형법입문서가 형법이라는 숲을 살펴보는데 도움이 되었으면 하는 것이다.

이 책이 나오기까지 고마운 몇 분께 지면을 통해서 감사의 말씀을 전하고 싶다. 먼저 39년의 교수생활을 명예롭게 마치시고 정년을 하신 전남대학교 법학전문대학원의 안동준 교수님, 박사학위 지도교수이신 독일 Freiburg 대학의 Wolfgang Frisch 교수님께 감사드린다. 그리고 이번 형법입문 개정작업에 많은 도움을 준 장승일 박사에게 고마운 마음을 전한다. 마지막으로 저자보다도 더한 관심과 열정을 보여주신 준커뮤니케이션즈의 박준성 사장님께 진심으로 감사드린다.

2016년 1월

저자 류 전 철

차례

제1편 형법각론의 해석방법론

제1장 형법각론의 의의와 구성원리 / 2
Q 1. 형법각론의 의의와 역할은 무엇인가? / 2
Q 2. 형법의 단편적 성격의 의미는 무엇인가? / 3
Q 3. 개인, 사회, 국가의 의미와 각칙의 체계원리의 상관관계는 무엇인가? / 5

제2장 형법각칙 해석방법론 / 8
Q 1. 전통적인 해석기준들은 무엇인가? / 8
Q 2. 형법각칙해석의 기준과 해석방법은 무엇인가? / 11

제2편 개인적 법익을 침해하는 범죄

제1장 생명과 신체에 대한 죄 / 20
Q 1. 살인죄의 객체인 사람은 어떻게 정해지는가? / 20
Q 2. 안락사, 존엄사는 허용되어야 하는가? / 23
Q 3. 자살을 하게 하거나 도와주는 자는 왜 처벌되는가? / 26
Q 4. 외부적 상처가 없는 경우도 상해에 해당하는가? / 30

Q 5. 수인이 동시에 상해를 가한 경우에 그 처벌은? / 33
Q 6. 전화로 폭언을 하는 것도 폭행이 되는가? / 37
Q 7. 특수폭행죄에서 말하는 '위험한 물건의 휴대'의 의미는? / 40
Q 8. 업무과실치사상죄에서 업무의 의미는 무엇인가? / 42
Q 9. 교통사고와 관련된 형사처벌상 쟁점은 무엇인가? / 45
Q 10. 임산부가 의사에게 낙태를 부탁하여 낙태하면 무슨 죄가 되는가? / 49
Q 11. 공동체 정신의 관점에서 유기죄의 적용범위는 타당한가? / 51

제2장 자유에 대한 죄 / 55

Q 1. 협박죄의 성격과 협박의 의미는 무엇인가? / 55
Q 2. 권리행사 수단으로서 해악을 고지하여도 협박죄가 되는가? / 60
Q 3. 강요행위는 형사처벌의 대상인가? / 62
Q 4. 감금죄의 보호법익과 감금의 의미는 무엇인가? / 65
Q 5. 성년자를 약취 · 유인하면 처벌되는가? / 68
Q 6. 형법은 시대변화에 따라 성범죄에 어떻게 대처하고 있는가? / 70
Q 7. 성범죄의 유형에 따른 성립요건은 무엇인가? / 75
Q 8. 미성년자에 대한 성범죄와 성년자에 대한 성범죄의 구성요건요소의 차이점은 무엇인가? / 78
Q 9. 성범죄로 인한 상해결과에 대한 형법적 접근방식은 무엇인가? / 81

제3장 명예와 신용에 대한 죄 / 85

Q 1. 명예훼손죄의 보호법익과 '사실의 적시'의 범위는? / 85

Q 2. 명예훼손죄의 범죄구성요소로서 '공연히'란 무엇을 의미하는가? / 88

Q 3. 공공의 이익을 위해서 타인의 명예를 훼손하는 것은 허용되는가? / 92

Q 4. 신용훼손과 명예훼손의 차이는 무엇인가? / 96

Q 5. 업무방해죄에서 업무의 범위는? / 98

제4장 사생활의 평온에 대한 죄 / 102

Q 1. 주거침입죄의 보호법익은 무엇인가? / 102

Q 2. 주거침입죄의 침입의 대상은 무엇인가? / 106

Q 3. 언제 주거침입이 기수가 되는가? / 108

제5장 재산에 대한 죄 / 112

Q 1. 절취의 대상인 재물의 의미는? / 112

Q 2. 형법상 점유개념과 절취의 의미는? / 117

Q 3. 타인의 물건을 허락없이 가져가서 사용하고 돌려줘도 절도죄가 되는가? / 124

Q 4. 야간주거침입절도죄의 구성요건요소는 무엇인가? / 126

Q 5. 타인의 자동차를 허락없이 일시 사용한 경우도 형사처벌의 대상이 되는가? / 129

Q 6. 친족간의 재산범죄에 대한 형법의 적용여부는? / 131

Q 7. 강도죄의 구성요건요소는 무엇인가? / 136

Q 8. 재산상 이익의 의미는 무엇인가? / 140

Q 9. 채무면탈을 할 목적으로 채무자가 채권자를 살해한 경우 죄책은? / 143

Q 10. 절도범이 어떻게 강도가 될 수 있는가? / 147

Q 11. 사기죄가 성립하기 위한 구성요소와 각 요소의 연결관계는 무엇인가? / 152

Q 12. 소송사기란 무엇인가? / 159

Q 13. 컴퓨터 등 사용사기죄의 적용범위는? / 162

Q 14. 신용카드로 인해 발생하는 범죄들은 무엇인가? / 164

Q 15. 채권자가 채무변제를 받기위해 채무자를 협박하면 공갈죄가 성립하는가? / 170

Q 16. 횡령죄의 본질과 구성요소는 무엇인가? / 173

Q 17. 명의신탁된 부동산을 수탁자가 처분한 경우의 형사처벌관계는? / 178

Q 18. 불법원인급여와 횡령죄의 성립여부는? / 184

Q 19. 배임죄의 본질과 구성요소는 무엇인가? / 188

Q 20. 이중매매와 이중저당은 배임죄가 되는가? / 193

Q 21. 장물죄의 본질과 장물의 개념은 무엇인가? / 199

Q 22. 장물죄의 행위태양과 다른 범죄와의 관계는 무엇인가? / 205

Q 23. 손괴의 의미는 무엇인가? / 209

Q 24. 권리행사방해죄의 성립요소는 무엇인가? / 210

Q 25. 강제집행면탈죄의 성립요소는 무엇인가? / 213

제3편 사회적 · 국가적 법익을 침해하는 범죄

제1장 사회적 법익을 침해하는 범죄 / 220
Q 1. 현주건조물방화죄의 구성요건요소와 방화범죄의 체계는? / 220

Q 2. 통화위조 · 변조 · 행사의 의미는 무엇인가? / 224

Q 3. 유가증권의 위조 · 변조 · 행사의 대상은 무엇인가? / 228

Q 4. 문서위조죄의 객체로서 문서의 의미는 무엇인가? / 231

Q 5. 문서위조와 변조의 개념은 무엇인가? / 234

Q 6. 위장결혼하고 혼인신고를 하면 처벌되는가? / 237

Q 7. 문서부정행사죄의 처벌범위는? / 240

Q 8. 형법상 '음란물'의 의미는 무엇인가? / 243

Q 9. 도박의 의미와 처벌범위는? / 248

제2장 국가적 법익을 침해하는 범죄 / 254
Q 1. 직무유기죄의 성격과 성립범위는? / 254

Q 2. 뇌물죄의 보호법익과 뇌물의 의미는 무엇인가? / 258

Q 3. 공무집행방해죄에서 '적법한 공무'의 의미는 무엇인가? / 263

Q 4. 범인은닉죄와 범인도피죄의 구성요건요소는 무엇인가? / 265

Q 5. 위증죄에서 허위진술의 의미는 무엇인가? / 268

Q 6. 증거인멸죄의 구성요건요소는 무엇인가? / 270

Q 7. 무고죄의 구성요건요소는 무엇인가? / 272

이 책의 구성에 관하여

 이 책은 머리말에서 말씀드린 바와 같이 형법시험을 대비하는 수험서가 아닙니다. 그렇다고 그냥 쉽고 재미있게 읽을 수 있는 책도 아닙니다. 저자가 의도하는 바는 다음과 같습니다.
 첫째, 어려운 용어나 형법이론에 얽매이지 않고 형법각론이라는 숲을 파악하는 것입니다.
 둘째, 이 책을 통해서 독자에게 많은 형법지식을 전달하는 것이 아니라, 형법적 사고방식을 보여주고자 하는 것입니다.
 마지막으로 이 책을 다 읽고 나면 형법을 더 알아보고 싶은 의욕을 갖게 하는 것입니다.
 저자의 의도를 이 책에서는 몇 가지 특색있는 구성을 통해서 시도해 보았습니다. 독자 여러분께서는 가능한 저자의 의도에 맞는 방법으로 이 책을 읽기를 권합니다.

 먼저, **Leading Case**를 보십시오.
 생소한 사례들이 여러분을 혼란스럽게 하겠지만 대부분의 사례들은 우리 사회에서 실제 있었던 일들을 재구성한 것 입니다. 독자여러분께서는 이 사례를 읽고 다음 순서로 바로 넘어가지 마시고 잠시 자신의 판단으로 사례풀이를 생각해 보시기 바랍니다. '내가 형법을 모르잖아' 아니면 '당연히 틀리겠지' 라는 마음으로 그냥 넘어가지 마십시오. 아마도 독자여러분께서는 형법학자나 법관들과는 약간 다르게 판단했을 뿐일 것입니다. 형법적 문제의 논의에서는 결론이 옳거나 틀리다고 하는 대신에 '타당하다' 또는 '타당하지 않다'고 표현합니다.

 다음으로 **Point**를 보십시오.
 타당한 결론을 이끌어 내기 위해서는 사안의 핵심을 잘 파악해야 합니다. 형법을 처음 대하는 독자에게는 어려운 부분입니다. 대략 읽어가는 센스가 필요합니다. 이 책은 형법을 완전정복하기 위한 책이 아닙니다. 우리가 어떤 주제를 알아가는 방법은 여러 가지가 있을 수 있습니다. 그런데 가장 피해야 할 방법은 처음부터 철저하게 그리고 완벽하게 하나도 빠짐없이 알고 넘어가야 한다는 강박관념을 가지고 시작하는 것입니다. 학창시절에 보았던 책들이 앞부분만 손때가 묻어있는 이유는 왜일까요?

Q는 Point에서 지적한 **Leading Case**의 쟁점의 설명을 끌어내기 위한 질문입니다. 항상 질문을 머릿속에 기억하면서 내용을 읽으시기 바랍니다.

질문에 대한 설명은 본문에 정리해 놓았습니다. 형법은 다소 복잡하고 난해한 이론들이 많이 나옵니다. 그냥 책의 내용을 읽어 가다보면 복잡한 형법이론들에서 일정한 경향성을 발견하게 될 것입니다. 대부분의 형법이론들은 타당한 결론을 끌어내기 위한 근거들입니다. 그 근거들은 서로 다른 사람들의 사고의 차이를 반영하듯이 대립하는 형태로 되어 있습니다. 그러나 다수에게 타당한 결론은 대체로 대립구도의 양 극단의 중간정도에 있습니다.

몇 개의 질문과 그에 대한 내용을 읽다보면 **Leading Case** 풀이가 나옵니다. 독자여러분은 이 풀이를 너무 급하게 읽지 마시고 잠시 자신의 생각을 정리해, 앞서 읽었던 내용들에 기대어서 스스로의 풀이를 해보시기 바랍니다. 그런 다음 **Leading Case 풀이**를 읽으면서 비교해 보시기 바랍니다. 자신의 판단과 다르다면 누구의 판단이 더 타당한지 따져보시기 바랍니다. 이 부분은 대단히 중요한 부분입니다. 자신과 다른 판단을 비판적으로 생각하고, 그 차이를 파악하고 다시금 타당한 결론을 끌어내는 과정에서 비로소 법적인 사고, 즉 Legal Mind가 형성되는 것입니다.

물론 지금까지 말씀드린 내용은 이 책을 읽는 독자들에게 바라는 저자의 희망사항입니다. 그러나 무엇보다도 책을 읽는 가장 좋은 방법은 독자 스스로 이미 익숙해진 자신만의 방법 아니겠습니까?

제1편 형법각론의 해석방법론

제1장 형법각론의 의의와 구성원리

Leading Case　　갑은 평소 사이가 좋지 않은 친구 A의 집에 다른 친구들과 함께 방문하게 되었다. 장식장 안에 있던 도자기에 관심을 갖게 된 갑은 A의 허락을 받고 시중에서 천만원이 넘는 가격에 거래되는 도자기를 꺼내어 구경하던 중 도자기가 손에서 미끌리면서 바닥에 떨어져 깨어져 버렸다. 갑의 죄책은?

| Point |　갑의 행위로 인해 A는 천만 원이 넘는 재산상 손해를 입게 되었다. 따라서 갑이 민사상 손해를 배상해야 하는 문제와는 별개로 갑의 행위에 대해서 형사처벌이 가능한지 살펴 볼 필요가 있다. 즉 갑의 행위를 범죄로서 처벌할 수 있는 형법규정이 존재하는지 여부와 적용 가능한 형법규정의 적용범위를 둘러싼 해석의 문제가 이 사안의 쟁점이다.

Q 1. 형법각론의 의의와 역할은 무엇인가?

　　형법전은 제1편의 총칙과 제2편 각칙으로 구성되어 있다. 총칙은 범죄와 형사제재에 관한 일반원칙을 규율하고 있음에 반해, 각칙은 개개의 범죄유형(범죄구성요건)과 그에 대한 법정형의 종류 및 형벌의 정도를 규정하고 있다. 형법각론은 형법전 제2편의 각칙에 규정된 범죄유형들에 대한 해석론을 통해 그 규범적 의미의 탐구를 내용으로 하는 형법학의 일부라고 할 수 있다.

　　형법전 제1편 총칙의 규범적 의미를 탐구한 형법총론은 범죄라는 공통된 개념요소에 대한 이론을 전개하고 있으며, 이를 통해 견고한 이론적 체계를 갖춘 것으로 보인다. 형법총론과 달리 형법각론은 개별적인 범죄구성요건의 특성과 그 의미탐구에 한정되는 것으로 보여져 형법총론의 부수적 역할인 것으로 이해되는 경향이 있다. 그러나 이러한 이해는 오해에서 비롯된 것이다. 사회에서 형법을 통해 유지하고자 하는 질서는 개별구성요건에 규정된 행위의 금지와 요구를 통해서 가능한 것으로 개별구성요건을 통해 보호하고자 하는 법익의 내용, 구성요건요소의 의미와 적용범위의 확정 등은 형법각론에 의해서 행해지게 된다. 그리고 죄형법정주의라는 형법의 대원칙은 형법각론을 통해서 구현되고 있다는 점을 인식할 필요가 있다. 그러므로 개별 범죄구성요건의 공통적 요소들을 추출하여 이론적으로 체계화한 형법총론은 형법각론과는 불가분의 관계에 있지만 형법총론의 이론은 형법각론을 제한하는 것이 아니라 해석의 일정한 지침의 역할을 하면서 각자의 역할을 수행하는 것으로 이해하는 것이 타당하다. 특히 형법각론의 가장 중요한 역할은 형법전의 개별범죄구성요건에 의해서 유형화된 범죄행위들의 불법의 핵심이 무엇인지를 구체적으로 결정하는데 있다고 할 수 있다.

Q 2. 형법의 단편적 성격의 의미는 무엇인가?

우리 형법은 사회의 평화로운 공존질서를 유지하기 위해서 금지 또는 요구되는 규범의 최대한이 아니라 불가피한 최소한의 규범만을 범죄로 규정하고 있다. 따라서 형법은 법익보호의 포괄적인 체계를 가진 것이 아니라 가벌성(Strafwürdigkeit)의 기준에 따라 개별적으로 선별된 행위만을 범죄로 규정한다. 이러한 형법의 성격은 독일 형법학자인 빈딩(K.Binding)의 「모든 형법전은 단편적 성격을 제시하고 있다」는 표현에 의해서 형법학에 소개되었다.

사회의 모든 불법한 행위가 형법상 불법일 수는 없다. 형법에는 행위의 특별한 사회유해성에 따른 가벌성과 형벌필요성을 가진 행위들만을 범죄로 규정하고 있다. 즉 모든 법익침해나 비난받는 행위들을 형벌로 위협하는 것이 아니라, 오로지 사회유해적인 행위로서 '참을 수 없는 경우'만을 처벌하고 있다는 것을 의미한다고 한다. 결국 '형법의 단편적 성격'이란 입법자는 모든 법익침해 또는 단순히 불쾌한 행위들이 아니라 오로지 중대한 법익침해만을 형법을 통해서 처벌할 수 있다는 의미로 이해할 수 있다.

형법의 단편적 성격을 다음 세 가지 예를 통해서 확인할 수가 있다. 첫째, 형법각칙의 개별 구성요건들은 그 구성요건들을 통해서 보호하고자 하는 법익을 제3자의 침해로부터 전체적이고 일괄적으로 보호하지 못하는 불완전함은 형법의 단편적 성격을 보여준다. 개별 구성요건들은 행위의 측면에서 특정한 침해방법과 행위자의 측면에서 어느 정도의 목적들, 심정들 그리고 경향들을 구성요건요소로 전제하고 있다. 고의범만 처벌하고 과실범은 원칙적으로 처벌하지 않는 것도 마찬가지이다. 예를 들어 타인의 재물을 손괴하는 손괴죄는 피해자의 입장에서 손괴된 결과는 동일할 지라도 행위자가 과실로 손괴한 경우에는 형법상 처벌되지 않는다. 둘째, 형법의 단편적 성격은 전체 법질서의 관계와 관련해서 볼 때 명확해 진다. 전체 법질서의 관점에서 위법한 것으로서 평가되는 행위라 하더라도 매우 작은 부분만이 형법상 불법한 행위로 개별 구성요건에 규정되게 된다. 예를 들어 외견상 동일한 손해가 발생한 경우라 하더라도 손해가 계약위반으로 발생한 경우에는 비록 그러한 계약위반이 고의적으로 행해지거나, 더 나아가 현저한 행위반가치를 내포하고 있다 하더라도 원칙적으로 처벌되지 않는다는 점에서 보면 명확해진다. 셋째, 형법의 단편적 성격은 단지 비도덕적인 행위와 형법과의 관계를 고려하여 보면 명백해 진다. 단순한 거짓말이나 그밖에 사악함 또는 야비함은 비록 그러한 것들이 구성요건에 정형화된 행태들과 동일한 정도이거나 또는 더 심각한 사회 윤리적 가치위반을 보여준다 할지라도 형사적으로 처벌되지 않는다.

형법의 단편적 성격은 그 기능면에서 형사입법, 형법해석에 영향을 주어 형법이 지나치게 확장되는 '형법의 비대화(肥大化)'를 제한하는 원리로 작용하면서 비범죄화(非犯罪化) 논의의 배경이 되고 있다. 형벌을 사회정책의 최후의 수단(형법의 최후 수단성)이라 하고 형벌의 과제를 보충적인 법익보호(보충성의 원칙)로 정의하고 형법이 전체가 아닌 일부분만을 보호대상으로 하고 일반적인 침해유형이 아니라 개별적인 침해유형만을 보호(형법의 단편적 성격)한다는 형법의 성격을 항상 기억하면서 형법각론을 이해하는 것이 무엇보다 중요하다.

Q 3. 개인, 사회, 국가의 의미와 각칙의 체계원리의 상관관계는 무엇인가?

형법의 단편적 성격으로 개별범죄들은 형법전의 형법각칙에 흩어져 있게 된다. 이렇게 다양한 개별범죄라는 단편들을 일정한 체계로 일목요연하게 정리하고자 하는 시도가 이른바 체계화라고 할 수 있다. 이러한 체계화는 복잡한 내용을 일정한 기준들에 따라 분류하고 정리하여 단순화시키고자 하는 방법론이라고 할 수 있다.

형사입법자는 법익을 기준틀로 분류하여 개별범죄들을 형법전에 규정하였다. 형법의 법익을 분류하는 방법으로 보통 이분설과 삼분설을 사용하고 있다. 이분설은 개인적 법익과 보편적 법익으로 나누고, 삼분설은 개인적 법익, 사회적 법익, 국가적 법익으로 나눈다. 독일에서는 법익을 개인적 법익과 보편적 법익으로 이분하는 경향이 우세하나, 우리나라와 일본에서는 개인적 법익, 사회적 법익과 국가적 법익으로 삼분하는 것이 통설이다.

사전적인 의미로 개인은 국가나 사회, 단체를 구성하는 낱낱의 사람을 의미한다. 사회는 공동생활을 하는 사람들의 조직화된 집단이나 세계를 말하고 국가는 일정한 영토를 보유하며, 거기 사는 사람들로 구성되고, 주권을 가진 집단을 의미한다. 결국 고도로 조직화된 사회인 국가와 사회 그리고 이에 대응되는 그 구성원인 개인은 밀접불가분의 관계에 있지만 개인적 법익과 사회적·국가적 법익 사이에는 우선순위와 관련된 가치관의 차이가 전제되어 있다. 개인을 우선시 하는 관점에서는 개인적 법익을 최우선으로 배열하겠지만, 이와 다른 가치관에 따르면 국가나 사회를 더 우선적으로 배열할 것이다.

1953년에 제정된 형법전에는 형법각칙을 국가적 법익, 사회적 법익 그리고 개인적 법익으로 배열하였지만 형법각칙을 해석하는 형법학에서는 형법각론을 개인적 법익, 사회적 법익 그리고 국가적 법익의 순으로 해석론의 전개순서는 달리하고 있다. 이것은 개인이 있고 사회나 국가가 있는 것이지 그 반대는 성립할 수 없다는 확고한 신념을 토대로 하고 있기 때문이다.

Leading Case 풀이 ≫ 형법 제366조에서 규정하고 있는 손괴죄는 타인의 재물, 문서 또는 전자기록 등 특수매체기록을 손괴·은닉하거나 기타의 방법으로 그 효용을 해함으로써 성립하는 범죄이다. 형법의 단편적 성격이 반영되어 손괴죄는 고의에 의한 손괴행위만을 그 대상으로 할 뿐 과실에 의한 손괴행위는 그 대상으로 하지 않는다. 사안에서 A의 도자기가 갑의 손에서 미끌리면서 떨어져 깨졌다는 사실은 고의가 아닌 과실에 의한 것이라는 점을 알 수 있다. 따라서 갑은 형법상 손괴죄로 처벌되지 않는다. 그러나 갑은 과실로 A의 도자기를 깨뜨렸기 때문에 민사상 불법행위를 한 것이기 때문에 A는 갑에 대해서 민사상 손해배상을 청구하여 깨어진 도자기에 상응하는 배상을 금전으로 받을 수 있다.

제2장 형법각칙 해석방법론

Q 1. 전통적인 해석기준들은 무엇인가?

　법률은 하나의 완결된 체계가 아니라 어느 정도의 흠결을 가지고 있다는 것이 일반적인 이해이다. 그렇기 때문에 법률을 해석이 필요하고 해석과정에서 입법자의 역사적 의도를 재발견하는데 그치지 않고 법의 이념과 목적의 객관적인 의미를 파악하여 법을 해석하게 되었다. 전통적인 해석방법으로 '문리적 해석방법', '역사적·주관적 해석방법', '논리적·체계적 해석방법', '객관적·목적론적 해석방법'이 해석의 기준으로 제시되고 있다.

　모든 해석의 과정은 문리해석(文理解釋), 즉 해당되는 법률문언의 언어해석으로 부터 시작한다. 문리해석은 어떻게 규범의 자연적인 언어의미가 언어관용과 문법적인 규칙으로부터 생겨나는가를 찾는다. 법률의 생성 시에 사용된 역사적인 언어관용이 해석의 기준이 되는지 또는 법률을 적용하는 현재의 언어관용이 결정적이어야 하는지에 대해서는 논쟁이 된다. 또한 법률가의 전문 언어와 일반적인 일상 언어 그리고 일상 언어 내부에서의 언어관용은 이질적일 수 있다는 것도 문제가 된다.
　언어의미를 통한 해석에서 타당한 언어관용을 찾는 경우에 그 어려움의 일부는 법률적인 표현의 의도와 외연의 구별로부터 나온다. 또한 언어의미의 탐구의 문제는 가치개념과 예측개념에서와 마찬가지로 수많은 법률적인 표현의 다의성, 애매성 그리고 불확정성의 경우에 더욱 증가된다. 이처럼 언어적인 관용의 어려움은 언어의미의 탐구에 한계를 가져온다. 이러한 언어의미탐구는 한계를 갖기 때문에 언어의미의 해석방법이 언어의미가 불확정한 영역에서는 법률적용을 위해서 별다른 기능을 하지 못한다는 비판을 받는다. 그러나 문리해석은 법관의 법형성과 관련해서 '가능한 언어의미'가 법관의 법형성에 대해서 해석의 넘어설 수 없는 한계의 기능을 한다는 점에서 특별한 의미를 부여할 수 있다.

역사적 · 주관적 해석방법은 발생사적 해석, 역사적 해석 그리고 주관적(주관적 · 목적론적)해석과 항상 명확하게 구별되지 않는다. 주관적 해석은 해석의 목적을 말한다. 즉 입법자의 법률제정의 의도를 탐구하는 것이다. 발생사적 해석과 역사적 해석은 그에 대해서 해석수단이 된다. 발생사적 해석은 규범의 생성으로부터, 역사적인 해석은 규범생성시의 역사적인 상황으로부터 논증을 포함한다. 법률해석의 목적으로서 '입법자의 의사'는 입법자의 의사 그 자체를 문제 삼는다는 점을 주목해야한다. 그러나 이러한 주관적 해석에 대해서 현대의 입법기관에서 통일적인 의사가 존재하지 않기 때문에 주관적 해석(입법자의 의사)의 해석목적의 문제는 어떠한 사람들을 입법자라고 할 것인가에 있다. 만일 입법자가 사실적인 규범표상을 규범내용에 표현하지 않았다면 해석자는 입법자의 추정적인 의사에 근거한다는 것이 지배적인 견해이다. 또한 입법자의 의사탐구는 규범의 제정 후에 사실적인 관계가 변화되었을 때도 어려움에 직면한다. 입법자의 의사는 보통 다양한 층으로 이루어진 복잡한 형태로 묘사된다. 그래서 입법자의 여러 목적들 사이의 갈등과 불명확한 목적개념은 현저한 문제들을 제기한다.

논리적 · 체계적 해석기준도 다양한 의미로 사용되고 있다. 언어의미탐구가 중요한 비중을 갖는다고 보는 한에서는 체계적 해석의 요구는 오직 해석의 일치를 요구하는 것으로 파악된다. 다른 한편 체계적 해석은 헌법적으로 인정된 원칙들이 법질서 내에서 모순 없이 접합되어야 한다는 의미에서 법률체계 내에서의 모순의 제거요구로서 독자적인 의미를 얻고 있으며 법률구속의 우위와 관련해서도 중요한 의미를 갖는다. 왜냐하면 체계적 해석은 입법적인 법규제정에 있어 상위규범을 통해 하위법규의 효율적인 제정에 기여할 수 있기 때문이다.

객관적·목적론적 해석방법은 법률해석의 결정적인 기준으로 간주된다. 많은 경우에 법해석학자들은 객관적·목적론적 해석기준의 도움을 받아 결정시점의 법의 객관적인 목적으로부터 법률해석의 기준을 얻는다. 법원의 판례를 보면 대부분 법률의 의미와 목적이라는 형식을 이용한다. 객관적·목적론적 기준의 상위 개념 하에서 판례와 학설에서는 수많은 서로 다른 유형의 논증(Argument)들이 제시되었다. 그러한 논증의 예로 '사물의 본성', '법질서에 내재하는 원칙들', '평등의 원칙', '헌법합치적 해석의 원칙', '규범영역의 객관적 구조', '정의의 요구', '인정되어진 사회의 가치들' 등을 들 수 있다. 이러한 상황에서 객관적·목적론적 해석은 합리적인 논증을 위한 모든 유형들의 집합체로 보여 진다.

그러나 법률목적의 설정이 해석자가 법률을 가지고 특정한 효과를 지향한다는 의미로 사용한다면 법률의 목적이라는 해석기준은 옳지 못하다고 한다. 만일 법률목적이라는 것이 입법자의 목적의 의미로 이해되지 않는다면, 결국 법률목적을 설정하는 것은 오로지 법률을 적용하는 법적용자들만이 남게 된다. 그래서 객관적·목적론적 해석의 배후에 법관의 자기가치와 주관적인 결정이 있다는 것은 쉽게 추론할 수 있는 일이다. 또한 객관적·목적론적 해석은 해석과정에 대해 신뢰성이 없다는 지적을 받고 있다. 왜냐하면 목적론적 논증은 대부분 상반되는 이익들중에서 '직관적'인 고려에 의존하기 때문이다. 또한 목적론적 방법의 틀 안에서 법률의 의미와 목적으로 단지 일반적인 원칙(예를 들어 법적 안정성)이나 유일한 법률목적만이 주어져 있다면 객관적·목적론적 해석기준은 적절한 것이라고 할 수 있다. 그러나 그러한 경우라 할지라도 각각의 규범들은 유일한 목적뿐만 아니라, 목적사이에 우선순위는 있을지라도 다양하고 많은 목적들을 가지고 있다는 것을 간과한 것이다. 전통적인 객관적·목적론적인 해석방법의 불충분성은 법해석 방법론문헌에서 이익형량(Interessenabwägung)이나 결과고려적 방법(Fogenberücksichtigung) 등의 보완적 기준들을 통해서 논의되고 있다.

Q 2. 형법각칙해석의 기준과 해석방법은 무엇인가?

형법은 사회유해적인 행위의 금지를 통해서 평화로운 공동생활의 질서보장을 목적으로 하고 있다. 이때에 형법은 사회유해적인 행위의 제거를 위해서 다른 수단이 충분하지 않을 때에만 최후의 수단으로 개입한다고 한다. 흔히 이러한 법익보호와 보충성의 원칙을 형법의 정당성의 전제라 하고, 형법을 다른 법 영역과 구별되는 특성으로 말한다. 국민의 자유를 강력히 제한할 수 있는 국가의 권력수단인 국가형벌권으로부터 국민의 자유권을 보장하는 장치가 필요하고 이를 형법의 기능과 관련하여 '보장적 기능'이라고 한다.

국가형벌권에 의하여 국가는 국민의 생명을 박탈할 수도 있으며, 국민의 자유를 현저하게 제한할 수도 있다. 이와 같은 강력한 국가형벌권의 행사를 무제한하게 허용할 수 없으므로, 국가형벌권의 남용으로부터 국민의 자유를 보장할 수 있는 기준이 필요하고, 이를 위해 죄형법정주의라고 하는 원칙이 있다. 죄형법정주의란 일반적으로 '법률 없으면 형벌 없다'($^{nulla\ poena}_{sine\ lege}$)로 표현되고, 그 파생적 원칙으로 명확성의 원칙, 소급효금지의 원칙, 유추적용금지의 원칙, 관습형법금지 원칙 등을 든다. 앞의 두 가지 원칙이 입법자에게 요구되는 것이라면, 나머지 두 가지 원칙은 법관에게 요구되는 것이라 할 수 있다.

계몽주의시대에 죄형법정주의원리의 토대를 닦은 계몽주의자들은 법관은 아무것도 해석해서는 안 되고, 오로지 법률의 명확한 문언을 적용만 해야 한다고 보았기 때문에 유추적용의 금지라는 것을 생각하지 못하였다. 그러나 이러한 기계적인 법관상은 관철될 수 없다는 점은 오늘날 일치하는 견해이다. 형법에서 사용하는 모든 개념은 정도의 차이가 있을 뿐 다의적이기 때문이다. '문서'나 '모욕' 또는 '음란'과 같은 규범적 구성요건표지는 물론이고, '사람'과 같은 기술적 구성요건표지도 법률의 문언의 표현만으로 그 의미를 정확하게 이해할 수 있는 것은 아니다. 그러므로 법관은 해석의 과정을 통하여 법문의 의미를 그 다양한 의미의 폭 내에서 문제해결에 적합한 의미를 선택하는 법 발견 활동을 행하지 않을 수 없다. 그러나 이때에 형법규정의 가능한 문언의 의미와 합치할 수 없는 법적용은 법관에게 허용되어 있지 않고, 이의 제도적 장치가 죄형법정주의의 파생원칙으로서 유추적용의 금지이다. 이러한 죄형법정주의에 근거해서 형법해석은 엄격하여야 한다는 명제는 일반적으로 받아들여지는 것이라 볼 수 있다. 이러한 명제의 근거는 헌법 제12조 제1항과 제13조 제1항과 같이 헌법상의 요청에 있다. 형법이 다른 어느 법보다 기본권을 제약하는 정도가 가장 심한 법이기 때문에 형법이야 말로 기본권을 최대한 보장하기 위하여 가장 엄격하게 해석하여야 한다는 것은 당연한 것이라고 할 수 있다.

형법의 해석방법도 전통적인 해석기준에 따라 문리적 해석, 논리적 · 체계적 해석, 역사적 해석, 그리고 목적론적 해석기준에 따른다. 해석자에 따라 해석기준의 순위를 정하고 그에 따르기도 하나, 전술한 바와 같이 '형법은 엄격하게 해석 한다'는 명제를 유지하는 한 다른 법 영역에서의 법률해석 과는 구별되어야 한다. 즉 죄형법정주의의 원칙 때문에 형법해석이 넘어서 는 안 될 '법문의 가능한 의미'라는 문리적 해석이 중요하게 논의된다.

형법규범은 평가규범임과 동시에 의사결정규범이다. 형법규범이 일정한 행위가 가치에 반하고 위법하다는 평가의 성격으로서의 평가규범이고 그 평가의 기준을 사회 유해적 행위나 법익침해에 두고, 이를 입법자는 그가 제정하는 법률에 언어로써만 법문에 표현할 수 있다. 따라서 언어에 의하여 표현되지 않은 것은 제정된 것이 아니며, 따라서 적용될 수 없다. 그러므로 '법문의 가능한 의미'를 벗어나는 형법의 적용은 국가형벌권의 발동에서 요구되는 국가의 자기구속의 원칙을 침해하는 것이다. 또한 일반국민은 법률문언에서 추측할 수 있는 법률의 의미만을 고려하여 자신의 행위를 형법규범에 합치하도록 결정할 수가 있다. 즉, 형법은 의사결정규범의 성격을 갖는다. 이러한 형법의 의사결정규범으로서의 성격은 형법규범이 일반국민에게 예측할 수 있을 때에만 타당하다. 그러한 예측력은 우선 법률전문가의 해석기술을 통해 주어지는 것이 아니라 형법규범이 법문의 의미이해를 통해 일반국민이 이해할 때만 가능한 것이라고 할 수 있다. 그러므로 '법문의 가능한 의미' 안에서의 해석만이 법률의 예방효과를 확보할 수 있고 또한 법률위반으로 비난할 수 있다. 형법해석에서 '법문의 가능한 의미' 밖에서 행해지는 법해석은 형법에서는 금지되어지며, 이를 해석이라 하지 않고, 형법에서 허용되지 않는 법 창조행위라고 한다.

일반적으로 법문의 가능한 의미 안에서 법문의 의미를 발견하는 것은 허용되는 해석이고, 이를 벗어난 범위에서 그 의미를 창출하는 것은 허용되지 않는 유추라고 한다. 그러나 허용되는 해석과 금지되는 유추사이의 한계는 명확하지 않다. 왜냐하면 '법문의 가능한 의미'가 법관의 법해석이전에 미리 확정되어 있어 법관은 이를 단지 발견만 하면 되는 것인지, 아니면 법관의 법해석을 통해 비로소 형성되는 것인지가 분명하게 밝혀지지 않는 한 해석과 유추의 한계점으로서의 '법문의 가능한 의미'는 하나의 형식적 기준에 불과한 것이라는 이유로 형사법관이 법률의 문언에 구속되어야 한다는 것을 부인하는 입장을 취하게 되며 법해석과정의 분석에 근거해서 '법문의 가능한 의미'의 내용적인 공허성을 비판하고 그 대신 목적론적인 기준을 제시한다. 이에 대해서 죄형법정주의라는 헌법적 요청을 전면에 내세워 이러한 견해를 비판하고 '법문의 가능한 의미'를 통한 해석과 유추의 구별을 긍정하는 견해들이 있다.

해석과 유추의 구별을 부인하는 입장에서는 형법해석학에서 '법문의 가능한 의미'는 형식적인 기준으로서 해석과 유추를 서로 구별 짓는 데 별로 도움이 못된다고 한다. 따라서 이러한 형식적인 기준은 해석의 과정가운데 법문의 목적과 관련되어질 때만 그 실질적인 내용을 갖게 된다고 한다. 또한 목적론적 해석과 유추는 서로 일치하므로 결국 해석방법론적인 측면에서 해석과 유추의 형식적인 구별은 불가능하다고 한다. 또한 해석과 유추의 엄격한 한계는 이미 존재론적으로 가능하지 않다고 한다. 즉 유추는 모든 해석에 내재하는 필연적인 논리적 구조이고, 그러므로 해석과 유추의 구별이란 단지 허용되는 유추와 허용되지 않는 유추를 구별하는 것에 불과하다고 한다. 따라서 죄형법정주의에서 유추금지란 '유추'안에서 사용가능한 기준들을 수단으로 해서 어느 정도 신뢰할 수 있는 한계를 끌어내는 것이 가능한지에 대한 것만이 문제가 된다고 한다. 마찬가지로 형법해석의 과정을 해석학(Hermeneutik)의 관점에서 그 구조적인 경과를 지켜보면, 해석행위란 생활사실과 규범의 비교라고 하고 이러한 해석과정이란 바로 유추절차라고 한다. 유추와 해석의 한계는 법해석 이전에 미리 확정될 수 있는 것이 아니라, 오히려 해석의 과정 가운데 단지 해석자의 성찰에 의해 확인될 수밖에 없다고 보고, 유추금지라는 죄형법정주의의 요구는 법적용의 절차가운데서 해석자의 과도한 확장해석을 방지함으로써만 고려될 수 있을 뿐이라고 한다.

'모든 해석은 유사한 것들의 비교에 본질이 있기 때문에 해석과 유추는 논리적인 차이가 존재하지 않는다'는 구별 부인론자의 주장은 사실 틀리지는 않다. 예를 들어 염산을 피해자에게 끼얹는 행위는 '무기'를 가지고 행하는 공격이라고 할 수 있다고 해석하는 것은 화학적인 수단이 법률적인 평가관점에서는 총기나 칼에 상응하고 그것들과 비슷하다고 할 수 있다는데 근거한다. 그리고 피해자의 머리를 벽에 부딪치는 행위의 경우에 '벽'을 무기로 이해하는 것은 금지된 유추에 의한 추론이라 할 때에 이것의 논리적인 과정은 앞의 예와 다르지 않다. 그러나 이러한 추론과정의 동일성이 허용되는 문언의 한계내의 해석과 형법상 금지되는 유추와의 구별을 방해하는 것은 아니다. 문언의 한계라는 것은 법 발견과정의 논리적인 구조에서 차이를 나타내는 것이 아니라, 그것과는 독립적으로 헌법적이거나 형법적인 전제에서 그 정당성이 찾아지는 것이다. 따라서 '법문의 가능한 의미'란 일상적인 의미내용을 말하는 것으로서, '법문의 가능한 의미'의 범주는 확정될 수 있는 것이다. 이것을 통해 형법은 모든 사람에게 자신의 행위를 법문에 맞게 조정하도록 만드는 기능을 수행할 수 있게 된다.

해석과 유추의 구별이 형식적인 기준으로서, 법해석에 앞서 미리 확정되는 것은 아니라고 하고, 법문의 의미는 다의적이며, 생활의 변화에 따라 항상 다른 의미를 지닐 수가 있다는 점에서 유추와 해석의 구별을 부인하는 주장들은 법이론적 분석의 관점에서는 경청할 만한 것이라고 할 수 있다.

'법문의 가능한 의미'가 해석과 유추를 구별하는 기준이 될 수 없다고 하여 가능한 문언의 한계를 부인하는 견해들은 형법해석과 관련하여 대부분 법률의 의미와 목적을 지향하고, 그것과 합치하는 해석과정을 해석이라고 간주하고, 해석과 유추의 구별을 거부하지만 그들도 법률의 목적으로부터 완전히 벗어난 자유로운 법 발견은 금지된다고 본다.

이러한 객관적·목적론적 해석에 일방적으로 기울어진 해석과 유추의 구별을 부인하는 견해는 객관적·목적론적 해석이 엄밀한 의미에서 법적용전의 해석기준으로서 사용되는 것이 아니라 법관의 법해석을 사후적으로 논거해주는 기능을 한다는 비판적 관점에서 보면 문제점을 내포하고 있다. 또한 완전히 자유로운 법 발견활동은 형법 외의 다른 법 영역에서도 허용되지 않기 때문에 특히 죄형법정주의원리에 따른 유추적용금지라는 원칙을 통한 형법의 보장적 기능이 그 의미를 잃어버릴 수 있게 된다는 점에서 받아들이기 어려운 견해이다. 또한 '형법은 엄격하게 해석해야 한다'라는 명제에 비추어 봤을 때에 그들이 해석기준으로서 지향하고 있는 목적론적 해석도 법문의 다의성과 마찬가지로 법률의 의미와 목적이라는 것도 해석자의 관점에 따라 다의적일 수 있다는 사실을 고려 할 때 받아들일 수 없다.

이러한 상황에서 우리가 선택할 수 있는 폭은 결국 헌법적 요청인 형법상의 죄형법정주의를 유지하는 틀 안에서의 선택이라 할 수 있다. 그러므로 '법문의 가능한 의미'는 해석의 출발점이자, 다른 해석기준들이 넘을 수 없는 한계기능을 갖는다. 이에 반해서 유추는 가능한 문언의 한계 밖에 있는 비슷한 사례에 법률을 적용하는 것이므로 그것은 법률의 해석이 아닌 법 창조라고 보아야 한다.

형법에서 법률의 적용이란 추상적인 구성요건표지를 통해서 기술되어 있는 행위에 법 효과로서 형벌을 부과하는 것을 말한다. 이때에 법관은 보통 형식논리적인 삼단논법의 절차에 따라 대전제(추상적인 법규)와 소전제(구체적인 생활사실)로부터 논리상의 결론을 얻게 된다. 이러한 절차는 단순하게 보이나 실제로 법적인 판단의 문제는 이러한 삼단논법에 있는 것이 아니라, 소전제, 즉 구체적인 복잡한 생활사실의 법적인 의미추출에 있다. 포섭(包攝)이란 구체적인 생활사실 중 법적으로 중요한 요소를 끌어내어 이를 최소한 부분적 동일성의 인정을 통해서 대전제인 법률의 개념표지에 편입시켜 일정한 결론을 이끌어 내는 작업을 말한다.

모든 포섭은 유추의 구조를 가지고 있다. 왜냐하면 포섭이란 규범과 구체적인 생활사실 사이에서 서로 동일성을 찾는 것을 말하기 때문이다. 포섭은 규범과 생활사실이 동일하지 않기 때문에 단순한 삼단논법이라는 형식 논리적 방법으로 가능하지 않다. 규범은 개념적으로 간결하게 표현된 당위이고, 생활 사실은 경험적인 사실성의 영역에 놓여 있다. 그러므로 형식논리적인 삼단논법이 행해지기 전에 먼저 양자는 동일성이 인정되어야만 한다. 즉, 규범과 생활사실의 유사성이 확정됨을 통해서 법률적인 구성요건에 개념적으로 표현된 규범에 실제적이고 구체적인 생활사실을 관련시켜야만 한다. 이것은 바로 유추의 과정과 동일하다. 다시 말하면 포섭이란 유추추론을 말한다.

이러한 포섭은 해석과는 구별되어야 한다. 해석의 과제는 포섭 과정 전에 적용되어야 할 대전제(규범)의 의미를 명백하게 하고 그 윤곽을 밝히는 것이다. 포섭은 구체적인 생활사실이 이전에 이미 관련되는 법률에 적용하였던 사안과 최소한 부분적인 동일성을 근거로 하여 비교하고 일치시키는 방법을 말한다. 그렇기 때문에 법률의 해석은 사안을 법률에 적용하기 이전에 이루지는 포섭의 전제라고 한다. 또한 생활사실과 규범의 동일성의 비교 관점은 어디에서 오는가 하면 그것도 바로 해석으로부터 나온다.

해석은 포섭을 위한 비교자료를 제공할 뿐만 아니라, 동시에 비교를 위한 관계점을 제공한다. 유추는 법해석의 방법으로서가 아니라, 법적용을 위한 포섭의 기교로 이해하여야 한다. 이렇게 이해함으로써 우리는 유추와 해석의 구별이라는 문제에서 벗어나서 다시 법적용을 위한 규범의 의미탐구라는 법해석방법론의 과제를 찾아갈 수 있게 된다.

형법해석의 기준으로 일반적으로 제시되고 있는 내용은 전통적 해석기준에 따른 문리적 해석, 논리적·체계적 해석, 역사적 해석, 목적론적 해석으로 나누고, 이외에 헌법합치적 해석을 추가하기도 한다. 이러한 해석기준들은 각각 나름대로의 장점과 합리적인 근거를 가지고 있으므로 해석결과를 서로 달리 할 수 있다. 해석자는 그가 내리고자 하는 결론에 가장 적합한 해석기준을 선택하여 논거로 삼을 수 있다. 그러나 논자에 따라서는 해석기준들의 순위를 인정하기도 하고, 이를 부인하기도 한다. 대다수의 국내 형법학자들도 이른바 방법다원주의 입장에서 의심스러운 사례에서 정의에 합당한 바람직한 결론을 논증할 수 있기 위하여 문리적 해석, 논리적·체계적 해석, 역사적 해석, 그리고 목적론적 해석을 함께 고려해야 한다고 한다.

제2편 개인적 법익을 침해하는 범죄

제1장 생명과 신체에 대한 죄

Leading Case 1 나이 많은 임산부 A가 분만예정일이 지나도 진통이 없자 다니던 조산원에 갔으나 조산사 갑은 2주 후에 진통이 오면 다시 오라고 돌려보냈다. A는 2주 후 출산을 위해서 조산원에 입원하였다. 그런데 조산사 갑은 03:00경 분만대기 중인 A를 방문하여 자궁문이 약 3cm 정도 열려 있음을 확인하고는 같은 날 06:20경까지 대기실에서 기다리도록 하였다. 그 무렵 태아는 A의 자궁 내에서 분만 전 저산소성 손상으로 인한 심폐정지로 사망하였다. 갑의 죄책은?

| **Point** | 사안은 출산을 시도하다가 임산부 A의 자궁 내에서 사망한 존재를 태아로 볼 것인지 아니면 이미 사람으로 볼 것인지에 따라서 조산사 갑의 업무상과실치사죄의 성립여부가 결정된다. 그러므로 이 사안의 쟁점은 사람의 시작시기를 어떻게 볼 것인지가 쟁점이 된다.

Q 1. 살인죄의 객체인 사람은 어떻게 정해지는가?

사람은 나면서 죽을 때까지 사람으로 산다. 사람 이전의 상태를 태아라고 하며 사람이 죽으면 죽은 사람 즉 사자(死者)라고 한다. 태아나 사자는 사람이 아니기 때문에 살인의 대상으로 보지 않고 낙태죄의 대상이나 사체손괴죄의 대상에 해당할 뿐이다.

사람의 시기(始期)에 대해서는 몇 가지 견해가 제시되고 있다. 진통설(분만개시설)은 태아의 태반분리를 자극하는 계속적 과정의 시작으로의 진통이 있는 때를 출생의 시점으로 본다. 다른 견해로 일부노출설은 태아의 신체의 일부분이 모체로부터 노출되었을 때를 사람의 시기로 본다. 전부노출설은 태아의 신체가 모체로부터 완전히 노출하였을 때를 사람의 시기로 본다. 그리고 독립호흡설은 출산이 태반이 아닌 폐에 의한 호흡이 가능한 정도에 이르렀을 때를 사람의 시기로 본다. 현재 형법상 사람의 시기는 진통설이 통설이자 판례의 입장과 같다. 그 이유는 태반분리를 자극하는 계속적 과정의 시작으로 진통이 있을 때를 사람의 시점으로 보는 진통설이 태아와 사람을 구분하면서도 최고의 인격적 법익인 생명을 가능한 한 이른 시점부터 보호함으로써 형법의 목적에 가장 잘 합치된다고 보기 때문이다. 그러나 진통설은 어디까지나 자연분만을 전제로 한 기준이기 때문에 의학의 발달에 따라 이 견해도 영향을 받을 수 있다. 특히 자연분만이 아닌 제왕절개수술로 분만하는 경우에는 진통설을 적용할 수 없게 되었다. 즉 개방진통이 시작되기 전에 제왕절개수술을 하여 분만한 경우에는 언제부터 사람이 되는지에 대해서 문제가 될 수 있다. 이에 대해서 전통적인 진통설을 그대로 적용할 수 없다는 견해가 있지만 다수설은 진통설을 적용하여야 한다고 하지만 구체적인 출생시점에 대해서는 자궁절개시설, 복부피하지방층절개시설, 일부노출설 등이 대립한다. 판례는 자연분만에 있어서와 마찬가지로 진통설의 입장에서 사람의 생명과 신체의 안전을 보호법익으로 하고 있는 형법의 해석으로는 규칙적인 진통을 동반하면서 분만이 개시된 때(소위 진통설 또는 분만개시설)가 사람의 시기라고 봄이 타당하다고 한다. 이 사안과 관련된 실제사례에서 검사는 '제왕절개 수술의 경우 임산부의 상태변화, 의료진의 처치경과 등 제반 사정을 토대로 '의학적으로 제왕절개 수술이 가능하였고 규범적으로 수술이 필요하였던 시기'를 사후적으로 판단하여 이를 분만의 시기로 볼 수 있다'고 주장하였으나 대법원은 '의학적으로 제왕절개 수술이 가능하였고 규범적으로 수술이 필요하였던 시기'는 판단하는 사람 및 상황에 따라 다를 수 있어, 분만개시 시점 즉, 사람의 시기도 불명확하게 된다는 점에서 채용하기 어렵다고 배척하였다. 제왕절개수술의 경우도 사람에 대한 형법적 보호를 자연분만의 경우와 같이 진통설과 균형을 맞춘다는 의미에서 의사의 수술착수시점(자궁절개시)에 사람이 된다고 보는 것이 타당하다고 생각된다.

　언제까지 사람으로 볼 것인가에 대해서, 즉 사람의 종기가 언제인가에 대해서도 견해의 대립이 있다. 사람의 종기에 관한 전통적인 학설로서는 호흡이 종지한 시점을 그 종기로 보는 호흡종지설과 심장고통 즉 맥박이 종지한 시점을 사람의 종기로 보는 맥박종지설을 들 수 있다. 이들에 대하여서는 특히 급작스럽게 또는 충격적으로 호흡이나 맥박의 종지가 발생된 경우에 심폐기에 의한 소생이 가능하므로 부당하다는 비판이 가하여 진다. 이 때문에 호흡과 맥박의 종지를 세포, 중앙신경조직 등 타 신체의 기능 종지와 관련하여 종합적으로 설명하는 견해도 있다. 호흡 내지 맥박종지설에 대하여서는 이밖에도 소생가능성이 전혀 없는 이른바 식물인간의 치료와 관련하여 의사에게 비현실적이고 과중한 법적의무를 요구한다는 비판이 제기되고 있다. 뇌사설은 뇌사를 사람의 종기로 인정한다. 뇌사의 의미에 관하여서는 모든 뇌기능의 완전한 소멸로 이해하는 것이 일반적이다. 뇌사설은 모든 뇌기능의 종지가 확실한 이상 생명의 소생은 현대의학의 관점에서 아직까지는 전혀 불가능하다는 사실에 비추어 호흡내지 맥박종지설보다 상대적 의미에서 장점을 지니고 있으며, 뇌사자의 장기를 적출하여 다른 환자에게 이식함으로써 새로운 생명을 살릴 수 있다는 실익이 있는 기준이라고 할 수 있다. 그러나 뇌사판정 그 자체가 어렵다는 것이 단점이다. 이러한 뇌사설은 의학계에서 먼저 보편화되었고 형법학에 있어서도 그 지지기반을 넓혀가고 있다.

Leading Case 1 풀이 ⟫⟫   이 사안에서 사망한 태아를 사람으로 볼 수 있는가가 문제되는데, 우선 의학적으로 고령의 임산부가 출산예정일을 2주나 넘긴 상황에서는 자연분만이 부적절하여 제왕절개 수술이 유일한 출산방법이었으므로 입원시점에 분만이 개시된 것으로 보아야 한다는 주장이 가능하다. 그러나 의학적으로 제왕절개 수술이 가능하였고 규범적으로 수술이 필요하였던 시기는 판단하는 사람 및 상황에 따라 다를 수 있어, 분만개시 시점 즉, 사람의 시기도 불명확하게 된다는 점에서 채용하기 어렵다고 하겠다. 다음으로 A의 자궁문이 다소 열려 있었다 하더라도 아직 피해자에게 분만의 개시라고 할 수 있는 규칙적인 진통은 시작되지도 않았다는 이유로 피해자의 자궁 내에 있던 태아는 아직 사람이 되었다고 볼 수 없다는 주장도 가능하다. 이 사안에서는 A의 자궁문이 약 3cm 정도 열려 있었고 또한 태아가 사망한 시점은 그로부터 3시간 20분이나 지난 06:20경이므로 그 사이에 규칙적인 진통이 개시되었는지 여부가 확인되지 못한 점을 고려한다면 '의심스러울 때는 피고인의 이익으로'라는 원칙에 의해 A의 자궁 내에 있던 존재에게는 사람의 지위를 인정하기는 어렵다고 할 수 있다. 결과적으로 갑에 대해서는 업무상 과실치사죄의 죄책을 지울 수 없다.   •••

Q 2. 안락사, 존엄사는 허용되어야 하는가?

안락사(Euthanasie)란 심한 육체적 고통에 시달리는 불치 또는 빈사의 환자에 대해 그 고통을 덜어주기 위한 목적으로 사기(死期)를 앞당기는 의학적 조처로, 살인죄에 있어 특수한 종류의 정당화사유로 논의되고 있다. 안락사가 살인죄나 촉탁·승낙살인죄 혹은 자살방조죄의 구성요건에 해당하는 경우에 하나의 위법성조각사유로 인정될 수 있는가, 있다면 어떤 경우에 무슨 근거로 위법성이 조각되는가에 관해서 견해가 일치하지 않고 있다. 그리고 안락사의 개념은 포괄적인 개념으로서 그 한계가 불명확하고, 특히 형법적 측면에서 모든 안락사가 통일적인 효과를 나타내는 것이 아니다. 따라서 그에 대한 법적 해결은 이하에서 설명하는 안락사의 유형에 따라 결정된다.

안락사의 유형으로 먼저 의학적 조처가 생명의 단축을 가져오는지 여부에 따라 진정안락사와 부진정 안락사로 나눌 수 있다. 진정안락사는 생명을 단축시키지 않는 안락사, 즉 임종을 맞은 환자의 고통만을 제거하는 의술인데, 이러한 진정안락사는 살해행위의 개념에 해당하지 않으므로 살인죄의 구성요건에 해당하지 않는다는 점에 대해서는 이견이 없다. 생명의 단축을 가져오는 부진정 안락사는 직접적 안락사와 간접적 안락사 그리고 적극적 안락사, 소극적 안락사로 나눌 수 있다. 간접적 안락사는 고통 완화를 위한 조치가 생명단축이라는 부수효과를 필연적으로 동반하는 경우, 예를 들어 말기 암환자에게 몰핀을 주사함으로써 부수적으로 생명의 단축을 가져오는 경우를 말한다. 이 경우에 환자의 의사에 반하지 않는 한 법적으로 허용된다. 다수설은 치료행위로서 위법성이 조각된다는 입장이다. 소극적 안락사(존엄사)는 생명 연장을 위한 적극적인 조치를 취하지 않아 사망을 앞당기는 행위를 말한다. 예를 들어 인공호흡장치를 하지 않거나 이를 제거하는 치료중단행위가 여기에 해당한다. 환자의 명시적 의사 또는 추정적 승낙에 기하여 행해진 소극적 안락사에 대해서는 살인죄가 성립하지 않는다는 것이 다수설의 입장이다. 적극적 안락사는 불치병 환자에 대하여 독극물을 주사하는 경우와 같이 고통의 제거수단으로 적극적으로 생명을 끊는 행위를 말한다. 이러한 행위는 형법상 절대적 생명보호의 원칙에 위배되고 안락사 남용의 위험성이 있으므로 허용되지 않는다고 보는 것이 통설이다.

Background Story

존엄사와 관련한 우리 헌법재판소의 입장은 다음과 같은 판결(헌법재판소 2009. 11.26. 선고 2008헌마385 전원재판부)을 통해서 알 수 있다.

'연명치료 중단, 즉 생명단축에 관한 자기결정'은 '생명권 보호'의 헌법적 가치와 충돌하므로 '연명치료 중단에 관한 자기결정권'의 인정 여부가 문제되는 '죽음에 임박한 환자'란 '의학적으로 환자가 의식의 회복가능성이 없고 생명과 관련된 중요한 생체기능의 상실을 회복할 수 없으며 환자의 신체상태에 비추어 짧은 시간 내에 사망에 이를 수 있음이 명백한 경우', 즉 '회복 불가능한 사망의 단계'에 이른 경우를 의미한다 할 것이다. 이와 같이 '죽음에 임박한 환자'는 전적으로 기계적인 장치에 의존하여 연명할 수밖에 없고, 전혀 회복가능성이 없는 상태에서 결국 신체의 다른 기능까지 상실되어, 기계적인 장치에 의하여서도 연명할 수 없는 상태에 이르기를 기다리고 있을 뿐이므로 '죽음에 임박한 환자'에 대한 연명치료는 의학적인 의미에서 치료의 목적을 상실한 신체침해 행위가 계속적으로 이루어지는 것이라 할 수 있고, 죽음의 과정이 시작되는 것을 막는 것이 아니라 자연적으로는 이미 시작된 죽음의 과정에서의 종기를 인위적으로 연장시키는 것으로 볼 수 있어, 비록 연명치료 중단에 관한 결정 및 그 실행이 환자의 생명단축을 초래한다 하더라도 이를 생명에 대한 임의적 처분으로서 자살이라고 평가할 수 없고, 오히려 인위적인 신체침해 행위에서 벗어나서 자신의 생명을 자연적인 상태에 맡기고자 하는 것으로서 인간의 존엄과 가치에 부합한다 할 것이다. 그렇다면 환자가 장차 죽음에 임박한 상태에 이를 경우에 대비하여 미리 의료인 등에게 연명치료 거부 또는 중단에 관한 의사를 밝히는 등의 방법으로 죽음에 임박한 상태에서 인간으로서의 존엄과 가치를 지키기 위하여 연명치료의 거부 또는 중단을 결정할 수 있다 할 것이고, 위 결정은 헌법상 기본권인 자기결정권의 한 내용으로서 보장된다 할 것이다.

Leading Case 2   자녀문제와 고부갈등, 경제적 어려움 등으로 인해 가정불화를 겪고 있는 A와 갑은 어느 날 새벽에 부부싸움을 하게 되었다. A는 갑과 말다툼을 하다가 "죽고 싶다" 또는 "같이 죽자"고 하며 갑에게 기름을 사오라는 말을 하자 갑은 A에게 휘발유 1병을 사다주었는데 그 직후에 A가 몸에 휘발유를 뿌리고 불을 붙여 자살하고 말았다. 갑의 죄책은?

| Point | 사람을 살해한 것은 아니지만, 타인의 죽음에 관여된 자에 대한 자살방조죄의 적용여부가 쟁점이 되는 사안이므로 갑이 A의 구체적인 자살의 실행을 원조하여 자살을 용이하게 하는 행위가 있는지와 그 점에 대한 갑의 인식여부를 판단하는 것이 중요하다.

Q 3. 자살을 하게 하거나 도와주는 자는 왜 처벌되는가?

자살 교사 · 방조죄는 사람을 교사 또는 방조하여 자살하게 함으로써 성립하는 범죄이다. 자연인이면 모두 본죄의 주체가 된다. 그러나 자살자 본인은 필요적 공범이기는 하나 처벌되지 않는다.

일반적으로 피교사 · 피방조자(정범)의 행위가 구성요건에 해당하고 위법할 때 그 교사 · 방조죄도 성립한다. 그러나 자살 교사 · 방조죄는 피교사 · 피방조자 즉 정범의 행위인 자살은 범죄되지 않음에도 불구하고 자살을 교사 · 방조한 행위만 처벌된다는 점, 즉 자살의 불가벌성과 자살교사 · 방조의 가벌성에서 그 특징을 찾아 볼 수 있다. 자살을 처벌하지 아니하는 이유에 관해서는 견해가 다양하지만 자살행위가 구성요건에 해당하지 아니하기 때문에 처벌하지 않는다는 견해가 유력하다. 자살에는 인명이라는 귀중한 법익의 침해가 있다. 그리고 인간의 생명은 그 주체의 생존의지를 고려함이 없이 보호되어야 한다. 왜냐하면 행위주체가 법익의 주체라고 할지라도 생명이라는 법익에 대한 평가가 달라질 수 없고(절대적 생명 보호의 원칙) 생명은 비록 그 법익의 주체라 할지라도 임의로 처분할 수 있는 법익이 아니기 때문이다. 그러므로 자살은 법질서 전체와의 관계에서 볼 때 이에 위배되는 것이므로 위법하다고 볼 수 있다. 그러나 우리 형법은 자살행위를 범죄로서 구성요건화하지 않았다. 그러므로 궁극적으로 자살은 살인죄의 구성요건해당성이 없는 행위로서 그 자체는 불가벌적 행위이다.

그렇다면 자살은 구성요건해당성이 없는 행위로서 처벌되지 않는데도 자살의 교사·방조행위만을 처벌하는 이유는 어디서 찾아야 하는가? 공범종속성설의 입장에서는 통설인 제한종속형식뿐만 아니라 여하한 종속형식을 취한다고 하여도 구성요건해당성이 없는 자살에 대한 교사·방조를 처벌한다는 것은 공범이론의 원칙에 반하는 것이다. 독일형법, 프랑스형법 등이 자살교사·방조를 범죄로 규정하지 아니한 것도 이러한 관점에서 이해할 수 있다. 그럼에도 불구하고 공범종속성설에 입각하고 있는 우리 형법에 자살교사·방조죄가 규정되어 있다는 점은 예외적으로 자살교사·방조행위를 특별한 독립적 구성요건으로 규정한 것으로 이해하게 한다. 한편 교사행위 또는 방조행위 그 자체가 반사회성을 드러내는 행위이므로 정범의 실행행위가 없어도 독자적으로 범죄를 구성한다고 보는 공범독립성설은 자살교사·방조의 가벌성을 당연히 인정하며 제252조 제2항의 규정을 공범의 독립성에 기초한 것으로 본다.

자살교사나 방조는 자신의 생명을 겨냥한 것이 아니라 타인의 생명을 침해하는 일에 관여하는 것이다. 이러한 점에서 자살행위 그 자체와 자살교사·방조는 그 성격을 달리한다. 자살교사는 비록 법익주체 자신의 자살행위를 유발하는 것이라 할지라도 교사자의 입장을 기준으로 하여 본다면 타인의 생명침해를 유발하는 행위를 한 것으로 볼 수 있다. 자살방조 역시 타인의 생명침해를 촉진한 행위로 보아야 한다. 이처럼 타인의 생명에 대한 침해를 고의적으로 유발·촉진하였다는 점에서 자살교사·방조의 가벌성을 찾을 수 있다. 그러나 자살교사·방조행위의 불법은 불가벌적 자살행위에 관여한다는 점에서 살인에 관여하는 살인교사·방조의 그것보다 훨씬 가벼운 것이며, 이 때문에 그 법정형도 살인교사·방조에 의하여 훨씬 가볍게 되어 있다.

자살교사·방조죄는 자살자 이외의 자연인은 누구든지 본죄의 주체로 될 수 있다. 자기를 살해해 달라고 타인에게 부탁하는 자는 촉탁·승낙에 의한 살인과 관련하여 촉탁자로 될 뿐이고 본죄의 주체가 아니다. 자살은 자살의 의미를 이해하는 자가 자유로운 의사결정에 의하여 자신의 생명을 단절할 때 비로소 인정되는 것이므로 자살의 의미를 이해할 능력이 없는 유아, 정신병자 기타 정신능력결함자 등은 자살교사·방조죄의 객체로 될 수 없다. 자살교사·방조죄의 행위는 교사 또는 방조하여 자살하게 하는 것이다. 자살의 교사는 자살의 의사가 없는 자에게 자살을 결의하게 하는 것을 의미한다. 교사의 수단·방법을 불문한다. 권유·애원·명령·이익의 제공 등 어떠한 방법이라도 무방하나 위계 또는 위력에 의한 경우에는 위계 등에 의한 살인죄(제253조)가 성립된다. 명시적 방법이든 묵시적 방법이든 불문하나 부작위에 의한 교사는 부정된다고 보아야 한다. 자살의 방조는 이미 자살을 결의하고 있는 자를 도와주어 자살을 가능하게 하거나 용이하게 해 줌으로써 자살을 촉진하는 일체의 행위를 의미한다. 그 수단·방법에는 제한이 없다. 자살의 의미를 이해할 능력이 없는 자를 교사 또는 방조한 경우에는 구체적 정황에 따라 살인죄의 간접정범 또는 위계·위력에 의한 살인죄가 성립된다. 그리고 피교사·방조자가 자살한 때 기수로 되며 교사·방조와 자살 사이에는 인과관계가 있어야 하며, 자살교사·방조자는 교사·방조 상대방의 구체적인 자살의 실행을 교사하거나 방조하여 자살을 결의하거나 용이하게 하는 행위의 존재 및 그 점에 대한 행위자의 인식, 즉 고의가 있어야 한다.

합의동사(合意同死)란 합의에 의하여 공동으로 자살하는 것을 의미한다. 합의동사의 경우에 죽지 않고 살아남은 자가 있는 경우 그 생존자를 사망자와의 관계에서 어떻게 처벌할 수 있느냐의 문제가 생긴다. 이에 관해서는 합의동사는 자살의 공동정범에 불과하며 단독의 자살실패가 처벌되지 않는 것 같이 공동자살에 실패한 생존자도 처벌할 수 없다는 견해와 생존자의 행위가 사망자에 대하여 자살의 교사 또는 방조에 해당하는 행위를 한 사실이 인정되는 한 자살교사·방조죄가 성립한다는 견해로 나누어지는데 후설이 통설이며 타당하다. 합의동사에 있어서도 생존자가 사망자에게 교사·방조한 사실이 없으면 본죄가 성립되지 아니하며, 만일 위계에 의하여 다른 사람을 자살하게 하였다면 비록 합의동사의 형식을 가장하였다고 할지라도 위계 등에 의한 살인죄(제253조)가 성립된다.

Leading Case 2 풀이 ⟫⟫ 자녀문제와 고부갈등, 경제적 어려움 등으로 인한 가정불화를 겪고 있던 A가 사건 당일 새벽에 갑과 말다툼을 하다가 "죽고 싶다" 또는 "같이 죽자"고 하며 갑에게 기름을 사오라는 말을 하였고, 이에 따라 갑이 A에게 휘발유 1병을 사다주었는데 그 직후에 A가 몸에 휘발유를 뿌리고 불을 붙여 자살한 사안에서 A의 자살경위를 고려한다면 갑이 사건 당시 A에게 휘발유를 사다주면 이를 이용하여 자살할 수도 있다는 것을 충분히 예상할 수 있었음에도 A에게 휘발유를 사다주어 피해자가 자살하도록 방조한 것이라고 할 수 있으므로 갑의 행위는 자살방조죄에 해당한다. •••

Leading Case 3   A는 갑과 을의 강간행위로 인하여 불안, 불면, 악몽, 자책감, 우울감정, 대인관계 회피, 일상생활에 대한 무관심, 흥미상실 등의 증상을 보였고, 2일간 치료약을 복용하였고, 6개월간의 정신과 치료를 받았다. 갑과 을의 죄책은?

| Point | 일반적으로 상해는 상처와 치료를 요하는 것이라고 인식되고 있다. 그러나 형법상 상해의 개념은 일반인의 인식과는 다르게 일정한 경우에는 확장되어 있다. 이 사안에서처럼 강간행위와 관련된 상해와 일반적인 형법상 상해의 범위에 대한 이해가 쟁점이 된다.

Q 4. 외부적 상처가 없는 경우도 상해에 해당하는가?

상해죄는 사람의 신체를 상해하는 것을 내용으로 하는 범죄이다. 여기에서 상해란 일단 고의로 사람의 신체를 침해하는 것을 의미한다. 그러나 우리 형법은 일정한 범죄행위가 상해의 결과를 발생시킨 경우에 형벌이 가중되거나 그 처벌의 내용이 현저히 달라지도록 하는 규정을 많이 두고 있다.

상해와 관련되어 있는 범죄는 기본적으로 상해의 개념을 어떻게 볼 것인가에 따라서 실체법적 또는 절차법적 효과를 달리하게 된다. 상해의 개념을 어떻게 보느냐에 따라 실체법상으로는 폭행죄와 상해죄의 구별 및 상해의 결과발생 여부에 따른 구성요건해당성과 그 양형의 한계를 규정지을 뿐만 아니라 상해죄는 폭행죄에 비하여 강도치상죄 · 강간치상죄 · 폭행치상죄 등 각종 결과적 가중범에 있어서 객관적인 결과로서 형의 가중사유로도 작용한다. 또한 결과적 가중범의 형태로 규정되어 있는 범죄들은 기본범죄가 미수에 그치고 기수에 이르지 못하더라도 판례가 결과적 가중범을 인정하고 있기 때문에 상해의 해석여부에 따라 피의자 · 피고인에게는 매우 불리한 결과를 가져 올 수 있다.

절차법적으로는 친고죄와 반의사불벌죄의 해당 여부를 결정지운다. 상해죄는 반의사불벌죄가 아니나 폭행죄는 반의사불벌죄이다.

상해죄의 실행행위는 상해이다. 상해의 개념에 대해서는 몇 가지 견해가 대립하고 있다. 신체의 완전성침해설은 상해를 신체의 완전성에 대한 침해라고 보는 견해이다. 폭행죄와 상해죄가 모두 신체의 완전성을 보호하기 위한 범죄이므로 폭행죄는 그 행위 자체를 범죄로 함에 반하여 상해죄는 폭행행위 후에 발생되는 신체의 완전성을 해하는 결과를 처벌하는 것이므로 피해자가 생리적기능의 훼손이 없는 신체외관의 훼손의 경우에도 이를 상해의 개념에서 제외할 이유가 없다는 이유로 상해란 사람의 신체에 손상을 주는 것, 즉 신체의 완전성을 해하는 것으로 보아야 한다는 입장이다. 이에 따르면 생리적 기능장애는 물론 신체의 외관을 변형시킨 것도 상해가 된다. 이에 대해서는 소량의 손톱이나 발톱을 깎는 행위도 상해죄로 파악해야 하는 것은 불합리하다는 비판이 가해진다. 이에 반해서 생리적 기능훼손설은 상해를 신체의 건강상태를 불량하게 변경하는 것이라고 보는 견해이다. 독일 형법과 같이 상해죄와 폭행죄를 구별하지 아니하고 이를 포함하여 하나의 상해죄로 처벌하고 있는 입법례에서는 상해를 신체의 완전성을 침해하는 행위라고 할 수 있을지라도 상해와 폭행을 엄격히 구별하고 있는 현행 형법의 해석에 있어서 상해는 생리적 기능을 훼손하는 행위를 의미한다고 해석하는 견해이다. 여기서 생리적 기능의 훼손이라 함은 일반적으로 건강침해 즉 육체적, 정신적인 병적 상태의 야기와 증가를 말한다고 할 수 있다. 그리고 병적 상태는 결국 병리학적 상태를 의미한다. 따라서 생리적 기능의 훼손은 질병을 일으키는 경우에 한하지 아니하고 신체에 상처를 내거나 신체 일부를 박리(剝離)하는 경우도 당연히 포함한다. 그러므로 외상이 있는 경우에는 그 정도와 치료일수를 묻지 아니하고, 강간으로 인한 성병 전염과 처녀막파열은 물론 외관상의 상처가 없다고 할지라도 보행불능, 수면장애,

식욕감퇴 등 기능의 장애를 일으킨 경우, 난소의 제거로 임신불능인 상태에서의 자궁적출행위도 상해에 해당한다고 볼 수 있다. 이에 반하여 모발, 손톱 등의 절단은 경우에 따라 폭행에 해당할 수는 있어도 상해라고는 할 수 없다. 한편 절충설은 상해를 생리적 기능의 훼손과 신체외모에 대한 중대한 변화라고 해석하는 견해이다. 본죄의 보호법익을 신체의 완전성으로 보아 상해란 신체를 훼손하는 행위를 의미한다는 전제에서 생리적 기능을 훼손하는 행위뿐만 아니라 신체의 외모에 중대한 변화를 가하는 행위도 상해에 해당한다는 것이다. 따라서 적어도 건강상태의 침해가 있는 한 생리조직의 손해이건, 외관의 상해이건 불문하고 상해라고 한다. 따라서 이 입장에 따를 경우 생리적 기능의 훼손이 없는 신체외모의 변화는 중대한 변화를 의미하므로 소량의 모발, 손톱의 절단은 상해가 아니라고 보지만, 본인의 의사에 반하여 눈썹 전부를 밀어버린다든지, 여자의 모발을 절단하는 것 등은 상해에 해당하는 것으로 보게 된다.

　대법원 판례상 나타난 형법상 상해의 개념은 '신체의 완전성을 훼손하거나 생리적 기능에 장애를 초래하는 것'이라고 하면서도 기본적으로는 생리적 기능훼손설에 기초하여 상해의 개념을 파악하고 있는 것으로 판단되나, 생리적 기능에 장애를 초래한 경우에도 강간치상죄, 강도치상죄, 특정범죄가중처벌등에관한법률위반(도주차량)죄에 대한 구체적인 사안의 해결에 있어서 '극히 경미한 상해'라는 개념을 도입하여 이를 상해의 개념에서 제외하려는 해석을 하고 있다. '극히 경미한 상해'의 해석에 대하여는 '상처가 극히 경미하여 굳이 치료할 필요가 없고, 치료를 받지 아니하더라도 일상생활을 하는데 아무런 지장이 없으며 시일이 경과함에 따라 자연적으로 치유될 수 있는 것'을 의미하는 것으로 보이고, 판례는 이러한 '극히 경미한 상해'는 신체의 건강상태가 불량하게 변경되었다거나 생활기능에 장애를 초래한 것으로 보기 어렵다는 이유로 상해가 아니라고 판단하고 있다.

Leading Case 3 풀이 ⟫⟫ 이 사안에서 대법원은 성폭력범죄의 처벌 등에 관한 특례법 제8조 제1항의 상해는 피해자의 신체의 완전성을 훼손하거나 생리적 기능에 장애를 초래하는 것으로, 반드시 외부적인 상처가 있어야만 하는 것이 아니고, 여기서의 생리적 기능에는 육체적 기능뿐만 아니라 정신적 기능도 포함된다고 전제한 후, 갑과 을의 강간행위로 인하여 A가 불안, 불면, 악몽, 자책감, 우울감정, 대인관계 회피, 일상생활에 대한 무관심, 흥미상실 등의 증상을 보였고, 이와 같은 증세는 의학적으로는 통상적인 상황에서는 겪을 수 없는 극심한 위협적 사건에서 심리적인 충격을 경험한 후 일으키는 특수한 정신과적 증상인 외상 후 스트레스 장애에 해당하고, A는 그와 같은 증세로 인하여 2일간 치료약을 복용하였고, 6개월간의 치료를 요하는 사실을 인정하고, A가 겪은 위와 같은 증상은 강간을 당한 모든 피해자가 필연적으로 겪는 증상이라고 할 수도 없으므로 결국 A는 갑과 을의 강간행위로 말미암아 성폭력범죄의 처벌 등에 관한 특례법 제8조 제1항이 정하는 상해를 입은 것이라고 할 수 있다고 하였다. •••

Q 5. 수인이 동시에 상해를 가한 경우에 그 처벌은?

상해의 동시범이란 두 사람 이상이 가해행위를 하여 상해의 결과를 가져올 경우에 상해결과의 원인행위가 판명되지 않은 경우에는 비록 가해행위를 한 자들 사이에 의사연락이 없었더라도 공동정범으로 처벌하는 경우를 말한다. 예를 들어 갑과 을이 함께 길을 가다가 시비를 걸어오던 A의 복부를 갑이 때렸고 그 후 을도 A의 복부를 가격하자 A가 그대로 넘어져 전치 5주의 상해를 입은 경우 A의 상해결과의 원인이 갑의 가해행위 때문인지 아니면 을의 가해행위 때문인지 밝혀지지 않은 경우에는 형법 제263조에 따라 상해죄의 동시범이 적용되어 갑과 을은 상해죄의 공동정범으로 처벌된다.

일반적으로는 2인 이상이 의사의 연락(공모)이 없이 독립적으로 동시에 동일한 피해자에 대해 범죄를 범한 경우에는 개인책임의 원칙에 따라 각자가 단독정범으로서 자기의 행위에 의해서 발생한 결과에 대한 책임을 지는 것이 원칙이다. 즉 결과발생의 원인된 행위가 판명되지 않으면 형법 제19조에 따라 각 행위자를 미수범으로 처벌한다. 그러나 상해죄의 경우에는 2인 이상이 집단적으로 상해를 가했지만 누구의 행위로 상해의 결과가 발생했는지를 입증하기 곤란할 뿐만 아니라 2인 이상의 집단적 상해행위로 발생한 결과의 불법성과 중대성에 비추어 미수로 처벌하게 되는 불합리한 점을 구제하고 일반예방적 효과를 거두기 위하여 형법은 개인책임의 원칙에 따른 독립행위의 경합의 예외를 형사정책적인 관점에서 인정하고 있다. 이에 따라 독립행위가 경합하여 상해의 결과가 발생하고 그 원인된 행위가 판명되지 않으면 각자를 공동정범의 예, 즉 발생된 결과의 기수범으로 처벌한다.

상해죄의 동시범 특례가 적용되기 위해서는 독립행위의 경합, 상해의 결과발생, 원인의 불판명 등의 요건이 충족되어야 한다. 독립행위의 경합과 상해의 결과발생이라는 요건의 해석에 관하여 판례는 동시뿐만 아니라 시간적 차이가 있는 독립된 상해행위나 폭행행위가 경합하는 경우도 특례를 인정하고 있으며, 상해의 결과를 넘어서 사망의 결과에 이르게 된 때에도 제263조가 적용된다고 본다.

상해죄의 동시범 특례의 성립요건은 첫째, 독립행위가 경합하는 것이다. 독립행위의 경합은 2개의 이상의 행위가 서로 의사연락 없이 같은 객체에 대하여 행하여지는 것을 말한다. 판례는 시간적 차이가 나는 독립행위가 경합한 때도 본조가 적용된다고 한다. 물론 가해행위 내지 폭행한 자체가 불분명한 경우는 본조가 적용되지 않는다. 둘째, 상해의 결과가 발생하여야 한다. 상해의 결과발생이 있어야 함이 원칙이나 제263조의 적용범위에 따라 사망한 경우 포함될 수 있다. 그러나 폭행에 그쳤을 뿐 상해가 발생하지 않았을 때는 본조가 적용되지 않는다. 상해결과는 상해행위에 의하건, 폭행행위에 의하건(폭행치상) 불문한다. 셋째, 원인된 행위가 판명되지 않아야 한다. 즉 누구의 행위에 의하여 결과가 발생되었는가를 입증할 수 없어야 한다. 만일 원인행위가 판명된 때는 각자 자기행위로부터 발생한 결과에 대하여 책임을 지게 될 뿐이다.

형법 제263조의 상해죄의 동시범 특례를 상해죄와 폭행치상죄에 대해서 적용하는 것에 대해서는 학설과 판례가 모두 인정하고 있다. 그러나 상해치사죄와 폭행치사죄에 대해서는 다툼이 있다. 먼저 판례가 취하고 있는 긍정설은 상해의 결과가 발생한 이상 폭행치사죄, 상해치사죄의 경우에도 사망의 결과에 대하여 인과관계와 예견가능성이 인정되는 범위에서 제263조가 적용된다고 한다. 이에 대해서 부정설은 상해죄의 동시범 특례는 책임주의를 구현한 제19조의 예외규정이므로 제한하여 해석할 필요성이 있고 사망의 결과가 발생한 경우까지 그 적용범위를 넓히는 것은 피고인에게 불리한 유추적용이 되므로 허용되지 않는다고 한다.

> Background Story
>
> **독일의 Contergan 사건과 태아상해의 처벌여부**
>
> 1960년대 독일의 임산부들이 신경안정제인 Contergan을 복용한 후 출산한 아이 중에 많은 숫자가 팔이 짧은 기형아로 출생하였다. 태아에게 약물로서 상해를 입혀 그 상해의 결과가 출생한 「사람」에게 미친 경우, 그 출생한 「사람」에 대한 상해로서 인정될 수 있는가의 문제가 제기된 사건이 소위 Contergan사건이다. 사건에서 핵심적 논점은 태아 및 임신부에 대한 상해죄 특히 태아에 대한 상해죄의 성부이다. 독일의 지방법원은, 행위 당시에는 행위객체가 존재하지 않았더라도

침해행위로 인하여 사후에 행위객체에 영향을 미칠 경우에는 태아나 배아에 대한 상해죄를 인정하였다.

상해죄의 객체는 사람의 신체이므로 태아에 대한 상해는 본죄에 해당하지 않지만 출생 전의 태아에 대해 약물의 영향을 가하여 기형아를 출산케 한 경우 이를 태아에 대한 상해로 볼 수 있는가는 검토가 필요한 문제이다. 태아는 아직 사람이 아니므로 본죄의 객체가 될 수 없음에도 상해로 보는 것은 유추해석될 수 있으며 만일 그러한 경우를 상해죄로 처벌한다면 고의로 태아를 살해한 낙태죄보다 고의로 태아에게 상해를 가한 경우가 더 무겁게 처벌되는 불합리한 결과가 된다는 점에서 태아에 대한 상해를 부정하는 견해와 그리고 또 다른 관점으로 태아의 건강을 악화시키는 (상해)행위의 효과가 출생 후까지 사람에게 영향을 미치고 있는 것이라면 태아상해를 인정할 수 있다는 견해가 있다.

Leading Case 4   갑은 A의 집으로 전화를 하여 A에게 "트롯트 가요앨범진행을 가로챘다, 일본노래를 표절했다, 사회에 매장시키겠다."라고 수회에 걸쳐 폭언을 하고 그 무렵부터 같은 방법으로 일주일에 4 내지 5일 정도, 하루에 수십 회 반복하여 A에게 "강도 같은 년, 표절가수다."라는 등의 폭언을 하면서 욕설을 하였고, 그 후로도 A의 바뀐 전화번호를 알아낸 후 A의 집으로 전화하여 "전화번호 다시 바꾸면 가만 두지 않겠다." 그리고 그 후로도 "미친년, 강도 같은 년, 매장될 줄 알아라."라는 등으로 폭언을 하였다. 갑의 죄책은?

| Point | 폭행죄의 폭행개념은 사람의 신체에 대한 직접적인 유형력의 행사를 의미한다. 사안처럼 전화로 폭언을 하는 것도 폭행의 개념에 해당하는지가 검토되어야 한다. 즉 신체의 청각기관을 직접적으로 자극하는 음향도 폭행죄의 폭행개념에 포함되는지가 쟁점이 된다.

Q 6. 전화로 폭언을 하는 것도 폭행이 되는가?

폭행죄의 폭행(협의의 폭행)은 '사람의 신체에 대한 유형력의 행사'로 정의되어 왔다. 본 사안과 같이 거리상 멀리 떨어져 있는 사람에게 전화기를 이용하여 전화하면서 고성을 내거나 그 전화 대화를 녹음 후 듣게 하는 행위가 폭행인가 여부가 문제된다. 여기서는 '무형력'과 구별되는 '유형력'의 의미를 검토할 필요가 있다.

유형력의 행사라는 폭행개념에 '유형력'에 해당하는 행위로 먼저 눈에 보이는 역학적 작용을 가하는 행위를 들 수 있다. 즉 '언어의 가능한 의미'로서의 유형력이란 '때리는 행위', '발로 차는 행위'처럼 제1차적으로는 '눈에 잘 보이고(有形性) 동시에 역학적 작용'을 가하는 행위이다. 이런 의미의 유형력 개념은 폭행(유형력)을 협박(무형력)과 구별하려는 목적에서 설정된 것이다. 협박(무형력)은 통상 언어나 문자, 부호를 매개로 해악을 통고하여 상대방에게 공포심·외포심을 발생시키는 행위를 가리킨다. 폭행은 '사람의 신체'에 '역학적 작용을 가하는 행위'인데 비하여 협박은 해악을 통고하여 '사람의 심리'에 '공포심·외포심을 일으키는 행위'이다. 무형력이라고 해서 외계에 전혀 역학적 작용을 하지 않는 것은 아니며 비록 언어를 매개로 해악을 통고하는 협박(무형력)의 경우에 외계에 역학적 효과가 전혀 미치지 못하는 것은 아니다. 그러나 폭행과 협박을 이와 같이 구분하는 것은 일상적인 언어생활에서 언어적인 협박의 역학적 효과는 무시해도 큰 문제가 없다는 것을 전제로 하고 있다.

상대방에게 독물, 마취약, 부패물을 먹게 하거나 병원균을 감염시키는 행위와 같은 화학적·생리적 작용을 가하는 행위나, 빛, 열, 음파와 같이 에너지를 가하는 행위와 같은 물리적 작용을 가하는 행위는 유형력에 속한다고 할 것인지 아니면 무형력에 속한다고 할 것인지가 문제 된다. 화학적·생리적 작용을 가하는 행위나 물리적 작용을 가하는 행위는 그 행위가 초래하는 결과(해악)의 측면에서는 유형력과 비슷하지만 해악을 가하는 것이 눈에 잘 보이지 아니한다는 측면에서는 무형력으로 파악될 소지가 있다. 판례에 의하면 '유형력의 행사는 신체적 고통을 주는 물리력의 작용을 의미하므로 신체의 청각기관을 직접적으로 자극하는 음향도 경우에 따라서는 유형력에 포함될 수 있다'고 하면서 물리적 작용을 가하는 행위도 유형력의 일부로 포섭시키기 시작했고 아마도 화학적·생리적 작용을 가하는 행위도 장차 폭행행위의 유형력의 일부로 포섭시킬 것으로 보인다. 판례는 신체의 청각기관을 직접적으로 자극하는 음향(폭언과 욕설)도 신체적 고통을 초래하는 경우에는 유형력에 포함될 수 있다고 하여 물리적 행위를 유형력의 일부로 포섭시키면서도 유형력을 '신체적 고통을 주는 물리력'으로 제한하고 있다. 이렇게 제한적으로 해석하는 이유는 화학적·생리적 작용을 가하는 행위와 물리적 작용을 가하는 행위 중의 일부를 현실적으로 유형력으로 해석하여 폭행개념에 포함시키지만 그 범위를 제한하여 가능한 한 언어적 의미의 범주를 벗어나지 않으려는 것으로 이해할 수 있다.

화학적·생리적 작용을 가하는 행위와 물리적 작용을 가하는 행위가 폭행인지 여부가 문제되지 않던 과거에는 '신체적 접촉(과 그 가능성)'은 폭행의 핵심적인 요소였지만 현재는 '신체적 접촉'이라는 전통적 폭행요소에 물리적 작용을 가하는 행위와 화학적·생리적 작용을 가하는 행위를 유형력에 포함시킴으로써 신체적 고통이 폭행의 요소로서 더 중요하게 부각되고 있다.

Leading Case 4 풀이 ≫   피해자의 신체에 공간적으로 근접하여 고성으로 폭언이나 욕설을 하거나 동시에 손발이나 물건을 휘두르거나 던지는 행위는 직접 피해자의 신체에 접촉하지 아니하였다 하더라도 피해자에 대한 유형력의 행사로서 폭행에 해당될 수 있는 것이지만, 거리상 멀리 떨어져 있는 사람에게 전화기를 이용하여 전화하면서 고성을 내거나 그 전화 대화를 녹음 후 듣게 하는 경우에는 특수한 방법으로 수화자의 청각기관을 자극하여 그 수화자로 하여금 고통스럽게 느끼게 할 정도의 음향을 이용하였다는 등의 특별한 사정이 없는 한 신체에 대한 유형력의 행사를 한 것으로 보기 어렵다는 것이 현재 판례의 입장이다. 전화를 통한 폭언·욕설은 신체적 접촉이 없는 점에서 무형력인 경우가 많겠지만 '전화하면서 고성을 내거나' 모종의 특수한 방법을 사용하여 '수화자의 청각기관을 자극하여 그 수화자로 하여금 신체적 고통을 느끼게 할 정도의 음향을 이용'하는 경우에는 폭행이 될 가능성이 있음을 암시하고 있다. 그렇다면 대화상황에서의 폭언 또는 욕설도 상대방에게 신체적 고통을 가하는 경우에는 폭행이 될 수 있다. 이 사안에서 갑은 전화를 통해 A에게 폭언과 욕설을 하였지만 A에게 신체적 고통, 즉 청각적 고통을 준 것이라고 할 수는 없지만 갑의 행위는 해악의 고지($\binom{가만\ 두지\ 않겠다}{고\ 말한\ 행위}$)를 통한 협박죄에 해당한다. •••

Leading Case 5 갑은 A와 운전 중 발생한 시비로 한차례 다툼이 벌어진 직후 A가 계속하여 갑이 운전하던 자동차를 뒤따라온다고 보고 순간적으로 화가 나 A에게 겁을 주기 위하여 자동차를 정차한 후 4 내지 5m 후진하여 A가 승차하고 있던 자동차와 충돌하였다. 갑의 죄책은?

| Point | 형법 제261조의 특수폭행죄는 '단체 또는 다중의 위력을 보이거나 위험한 물건을 휴대하여' 폭행한 경우에 '5년 이하의 징역 또는 1천만원 이하의 벌금'으로 처벌하

고 더 나아가 폭력행위 등 처벌에 관한 법률 제3조 제1항은 "단체나 다중의 위력으로써 또는 단체나 집단을 가장하여 위력을 보임으로써 제2조 제1항에 열거된 죄(여기서는 폭행)를 범한 자 또는 흉기 기타 위험한 물건을 휴대하여 그 죄를 범한 자는 3년 이상의 유기징역에 처한다."라고 규정하여 매우 중하게 처벌하고 있다. 이 사안에서 쟁점은 갑이 자동차의 뒷 범퍼로 A의 자동차와 충돌한 경우에 자동차가 '위험한 물건'에 해당하는지, 그리고 그러한 행위가 위험한 물건을 '휴대하여' 한 것에 해당하는지가 쟁점이 된다.

Q 7. 특수폭행죄에서 말하는 '위험한 물건의 휴대'의 의미는?

'위험한 물건'은 그 본래의 성질이나 사용용법에 따라서는 사람의 생명·신체에 위해를 줄 수 있는 물건을 말한다. 위험한 물건인가의 여부는 구체적인 경우에 물건의 성질과 사용방법을 종합하여 사회통념에 비추어 상대적으로 판단해야 한다. 그러나 흉기는 원래 사람을 살상할 의도로 제작되고 그 목적수행에 적합한 물건을 말한다. 위험한 물건과 흉기는 개념상으로는 구별이 되지만 실제에 있어서는 흉기도 위험한 물건으로 확대해석되는 경우가 있고 위험한 물건도 흉기로 축소해석되는 경우가 있어 구체적 사례에서는 그 구별이 쉽지 않다.

'휴대하여'란 위험한 물건을 몸에 지니는 것을 말하며 이는 소지(所持)와는 구별된다. 휴대는 현장에서 몸에 지니고 있어야 한다는 의미이지만 소지는 목적물을 사실상의 지배하에 두는 것으로 현실적으로 잡고 있어야 할 필요는 없다는 점에서 양자는 구별된다. '휴대하여'의 범위에 대해서는 견해가 대립하고 있는데 다수의 견해는 사전적인 의미 그대로 '몸에 지니는 것을 의미한다'고 하면서 다만 반드시 몸에 부착할 필요는 없으며, 몸 가까이에 두고 쉽게 사용할 수 있는 위치에 두면 충분하다고 한다. 이에 대해서 소지하는 것에 한정하지 않고 '널리 이용하여'와 같은 의미로 해석하는 견해가 있으며 판례도 마찬가지이다. 그러나 어느 견해에 의하더라도 휴대는 위험한 물건을 의도한 범행을 위해 사용하려는 의도로 소지하거나 몸에 지니는 것을 말하므로 그 범행과는 무관하게 우연히 소지하고 있는 경우에는 '휴대'의 개념에 포함시키지는 않는다.

폭력행위 등 처벌에 관한 법률 제3조 제1항이나 형법 제261조의 '위험한 물건을 휴대하여'의 의미를 언어적 의미와는 달리 '위험한 물건을 이용하여'와 같은 의미로 해석하는 것은 허용되지 않는 유추에 해당하므로 이러한 해석은 죄형법정주의의 원칙상 금지되는 것이 타당하다. 실제에 있어서는 '위험한 물건'의 범위를 '휴대하여'의 의미와 관련해서 해석한다면 결국 위험한 물건이란 '휴대'가 가능한 위험한 물건으로 한정해서 해석하여야 한다.

Leading Case 5 풀이 ≫ 본래 자동차 자체는 살상용, 파괴용 물건이 아닌 점 등을 감안하더라도, 위 충돌 당시와 같은 상황 하에서는 A는 물론 제3자라도 갑의 자동차와 충돌하면 생명 또는 신체에 살상의 위험을 느꼈을 것이므로, 갑이 자동차를 이용하여 A에게 상해를 가하고, A의 자동차를 손괴한 행위는 폭력행위 등 처벌에 관한 법률 제3조 제1항이 정한 '위험한 물건'을 휴대하여 이루어진 범죄라고 보는 것이 대법원의 입장이다. 그러나 이 사안에서 승용차를 이용하여 A를 폭행한 행위를 폭력행위 등 처벌에 관한 법률 제3조 제1항의 위험한 물건을 '휴대하여' 행위를 한 것으로 해석하는 것은 '위험한 물건을 휴대하여'에 관한 법리를 오해하여 유추해석금지의 원칙을 위반한 것이라고 보아야 한다. 따라서 갑은 특수폭행이 아니라 형법 제260조의 폭행죄에 해당하여 2년 이하의 징역, 500만원 이하의 벌금, 구류 또는 과료의 법정형에 해당할 뿐만 아니라 A의 명시한 의사에 반해서는 처벌할 수 없다.

Leading Case 6   갑은 강에서 골재를 채취하는 작업장의 현장소장으로서 골재채취 작업으로 생긴 깊이 약 2미터, 길이 약 60미터, 폭 약 40미터 크기의 타원형 웅덩이를 메우고 강 밑바닥을 정리해서 익사 등의 사고를 방지해야 할 업무상 주의의무가 있음에도 불구하고 위 웅덩이를 그대로 방치한 결과 강을 건너던 A가 웅덩이에 빠져 익사하게 되었다. 갑은 골재채취는 허가를 받아 한 것이므로 이 사건 골재채취업무는 업무상과실치사죄에 있어서의 업무에 해당하지 않는다고 주장하고 있다. 갑의 죄책은?

| Point | 과실범죄의 전형은 과실치상죄 또는 과실치사죄이지만 형법은 업무자의 업무로 인한 경우에는 형을 가중하여 처벌하고 있으며 과실범죄와 관련한 많은 사례에서 '업무'인지 여부와 그 범위에 관해서 법집행기관과 과실행위자 사이에 다툼이 있다. 이 사안에서는 업무상과실치사죄의 업무의 범위에 대한 검토와 더불어 A의 사망이라는 결과에 대해서 갑이 행정청으로부터 허가받았다는 사실이 업무상과실치사죄의 '업무' 범위를 제한할 수 있는지 여부가 쟁점이 된다.

Q 8. 업무과실치사상죄에서 업무의 의미는 무엇인가?

기계문명의 발전으로 과거 수 백년 동안의 사회생활은 급속도록 변모되었다. 특히 교통수단, 각종기계 등의 발명과 사용은 사람들에게 문명의 혜택을 준 반면에 생명·신체의 위험을 배가시키는 결과를 가져왔다. 형법의 관점에서는 고의로 사람을 살해하거나 상해를 입히는 경우와 과실로 동일한 결과를 발생시키는 것은 비교하기 어려운 범죄의 질적 차이가 있다. 주의의무를 다 하지 못한 결과로 발생한 생명과 신체의 침해는 고의로 인한 범죄의 결과와는 달리 단순한 '부주의' 내지 '개인적으로 칠칠하지 못함'에 대한 질책의 대상일 뿐이다. 하지만 고의든 과실이든 법익침해의 결과는 동일하다는 점과 과실에 의한 생명과 신체의 손상이 고의범의 경우와는 비교할 수 없을 정도로 많이 발생하고 있다는 점을 고려하면 과실로 인한 생명과 신체에 대한 범죄를 더 이상 간과할 수 없다.

과실범의 대부분은 업무와 관련해서 발생하고 있기 때문에 업무상과실치사상죄의 해석은 중요하다. 업무상과실치사상죄는 업무자라는 행위자의 신분관계로 인하여 형이 가중되는 가중적 구성요건이다. 형을 가중하는 근거가 무엇인가에 관하여서는 주의의무위반의 정도가 크다는 점에서 불법이 가중되기 때문이라는 견해, 업무자에게는 사회적으로 특히 고도의 주의의무가 과해져 있기 때문에 그러한 주의의무의 준수를 강요하기 위하여 형을 가중한다는 견해, 주의의무는 동일하지만 업무자는 일반인보다 풍부한 지식, 경험을 가지고 있어 결과발생에 대한 예견가능성이 크므로 그 비난성도 크다고 보아 무겁게 처벌한다는 견해, 보통의 과실에 비하여 불법과 책임이 가중되기 때문에 무겁게 처벌한다는 견해, 업무자는 일반인보다 고도의 주의능력을 가지므로 위법성이 크기 때문이라는 견해 등이 대립되어 있다. 어느 견해를 취하더라도 결과는 마찬가지이고 본죄의 가중처벌에 대한 의문이 제기되지 않는 한 이러한 논의는 현실적 의미가 없고 제268조의 해석과 무관한 문제라는 이유로 논쟁의 필요성을 부정하는 입장도 있다.

업무상과실치사상죄에 있어서의 업무는 모든 업무에 공통되는 개념인 「사람이 사회생활상의 지위에 기하여 계속, 반복하여 행하는 사무」라는 요소와 그 사무가 생명·신체에 대하여 위험성을 초래할 우려가 있는 것이라야 한다는 요소를 모두 포함한다. 업무는 사회생활상의 지위에 기한 것이라야 한다. 이에는 생활수단으로서 행하는 사회활동으로서의 직업뿐만 아니라 사회생활을 유지하면서 행하는 사무인 한 폭넓게 포함된다. 그러나 식사, 수면, 육아 등과 같은 개인적·자연적 생활현상은 사회생활상의 지위와는 무관하므로 본죄의 업무에 해당하지 아니한다. 업무는 계속·반복하여 행하여지거나 계속·반복하여 행할 의사로써 행한 것이라야 한다. 그러므로 호기심으로 단 한번 행한 경우라든가 평소에 행하지 않던 일을 한번 해 본 경우는 업무상으로 행한 것으로 볼 수 없다. 그렇지만 단 1회의 행위라 할지라도 계속·반복할 의사로써 행한 경우, 예컨대 버스 운전사로 취직하여 첫 운행에서 또는 승용차를 구입한 후 첫 번째 운전에서 교통사고로 행인을 치거나 개업 첫날에 의사가 진료사고를 낸 경우 등이 이에 해당한다. 업무는 사회생활에 있어서 계속적으로 행하는 사무이다. 그 사무가 공무인가 사무인가, 본무인가 부수적인 사무인가, 영리를 위한 것인가 아닌가, 적법한가 불법한가를 묻지 아니한다.

Leading Case 6 풀이 >>>   업무상 과실치사상죄에 있어서의 업무라 함은 사람의 사회생활면에 있어서의 하나의 지위로서 계속적으로 종사하는 업무를 말하고 반복 계속의 의사 또는 사실이 있는 한 그 사무에 대한 각별한 경험이나 법규상의 면허를 필요로 하지 아니한다. 이 사안에서 갑이 행정청으로부터 골재채취허가를 받았다는 사실은 골재채취업무가 업무상과실치사죄에 있어서의 업무에 해당하는 사실에 영향을 주지 않는다. 즉 갑이 허가를 받은 적법한 골재채취업무를 하였다는 사실은 골재채취 작업장의 현장소장으로서 골재채취 후 하여야 할 주의의무를 다하지 않은 업무자의 '업무'에 전혀 영향을 줄 수 없는 것이므로 업무상과실치사죄의 죄책을 진다.   •••

Leading Case 7   갑은 자신의 승용차를 운전하던 중 전방을 주시하면서 안전하게 운전하여야 할 업무상의 주의의무가 있음에도 이를 게을리 한 채 그대로 진행하여 때마침 전방에서 신호에 따라 정차중인 A가 운전하는 승합차의 후방 범퍼를 갑의 차 앞부분으로 들이받아 A에게 약 3주간의 치료를 요하는 뇌진탕상 등을 입게 하였다. 갑은 교통사고 발생 후 현장에서 A의 요구에 따라 자신의 주민등록증을 교부하고 사무실 전화번호를 가르쳐 주었는데, A가 자신의 딸을 현장으로 부른 후 기다리고 있자, 사고발생 후 약 30분이 경과한 시점에서 더 이상 기다리지 않고 현장을 떠났다. 갑의 죄책은?

| Point | 교통사고가 발생한 경우에 사고 운전자가 피해자가 사상을 당한 사실을 인식하고도 구호조치를 취하지 않은 채 사고현장을 이탈하면 특정범죄 가중처벌 등에 관한 법률 제5조의3 제1항(죄명은 도주차량죄)에 해당한다. 이 사안은 갑이 피해자 A에게 자신의 신원을 확인할 수 있는 자료를 제공하여 준 경우에도 도주차량죄의 '도주한 때'에 해당하는지 여부가 쟁점이 된다.

Q 9. 교통사고와 관련된 형사처벌상 쟁점은 무엇인가?

 특정범죄 가중처벌 등에 관한 법률위반(도주차량)죄에 관한 그 동안의 많은 판례에도 불구하고, 실무에서는 여전히 본죄의 구성요건과 관련한 많은 논의가 진행되고 있다. 특히, 높은 법정형(사망의 경우 무기 또는 5년 이상의 징역, 상해의 경우 1년 이상의 징역 또는 500만원 이상 3천만원 이하의 벌금)에도 불구하고 경미한 교통사고에 있어서 어떠한 경우에 사고운전자에게 사상자에 대한 구호의무 등이 요구되는지, 구호의무 외에는 어떠한 의무가 부과되는지 등 모호한 경우가 많고, 도로교통법 제54조 제1항의 필요한 조치에는 무엇이 포함되며, 또 신원확인의무를 사고운전자에게 부과할 수 있는지 등에 관하여 논란이 많다.

특정범죄 가중처벌 등에 관한 법률위반(도주차량)죄의 주체는 도로교통법 제2조에 규정된 자동차, 원동기장치자전거 또는 궤도차의 교통으로 인하여 형법 제268조의 업무상과실치사상죄를 범한 당해 차량의 운전자이므로, 경운기나 자전거의 운전자는 해당하지 않으며, 또한 도로교통법 제54조 제1항과는 달리 운전자 이외에 승무원 등에게는 적용할 수 없고, 사고가 '교통으로 인하여' 발생한 경우에 성립하므로 도로교통법의 적용대상인 '도로교통'보다는 넓은 개념으로, 도로가 아닌 사설주차장 등에서의 사고도 포함된다. 또한 형법 제268조의 죄를 전제로 하는 것이므로 고의로 인한 사고의 경우에는 해당하지 않고, 고의범인 살인 또는 상해죄로 처벌하여야 한다.
　사고운전자의 의무에 관하여는 도로교통법 제54조 제1항에서 이를 규정하고 있는데, 첫째, 사고 후 즉시 정차할 의무(즉시정차의무), 둘째, 사상자를 구호할 의무(구호의무), 셋째, 기타 필요한 조치를 취할 의무로 나눌 수 있는데, 그 내용을 보면, '즉시정차의무'는 사상자 구호의무의 전제가 되는 것이므로 독립적 의무라기보다는 구호의무의 한 내용으로 볼 수 있고 판례도 '사고 장소가 차량의 왕래가 많은 등 오히려 그 자리에서 어떠한 조치를 취하는 것이 교통에 방해가 되는 등의 사정이 있을 때에는 구태여 사고 현장에서 응급조치를 취하지 않고 한적한 곳으로 인도하여 그곳에서 필요한 조치를 취할 수도 있다'고 하여 즉시정차의무가 절대적인 의무는 아니라고 하고 있다.
　사고운전자가 취하여야 할 가장 중요한 의무인 구호의무의 구체적인 태양으로는 첫째 사고 현장에서 피해자의 상해여부나 그 정도를 확인하고 필요한 응급조치를 하는 것, 둘째 사고차량 또는 피해차량에서 부상자를 구출하는 것, 셋째 상해의 유무나 경중은 일반인으로서는 알기 어려운 경우가 많으므로 피해자를 일단 병원이나 약국으로 후송하여 치료를 받도록 하는 것 등을 생각할 수 있는데, 이러한 조치를 사고운전자가 스스로 이행하여야 하지만 반드시 사고운전자만이 혼자서 그러한 의무를 모두 이행하라는 것은 아니므로 사고운전자가 구호의무를 위반하였다고 하기 위해서는 사고운전자가 구호의무를 이행함에 적절한 사정이었음에도 구호조치를 하지 않은 경우라야 한다. 따라서 사고운전자가 흥분한 피해자 일행으로부터 폭행을 당하여 이를 피하기 위하여 현장을 이탈한 경우 또는 사고운전자도 교통사고로 심하게 다쳐 구호조치를 기대하기 어려운 경우 등에는 구호의무를 위반하였다고 볼 수 없다.

사고운전자가 위 세 가지 의무 중 어느 하나만이라도 불이행하고 사고 현장을 이탈하였다면 본죄가 성립할 것인가에 대해서 생각해 보면, 사고운전자가 취하여야 가장 중요한 의무는 사상자에 대한 구호조치를 취할 의무이므로, 사고운전자가 구호조치를 취하였다면 비록 앞서 본 기타 필요한 조치에 해당하는 교통질서회복 또는 안전확보의무를 이행하지 않았더라도 본 죄는 성립하지 않는다. 그러나 사고운전자가 구호조치를 취하였다고 하더라도 신원확인조치를 취하지 않았다면 이는 사고 야기자를 확정할 수 없는 경우에 해당하여 도주가 된다. 마찬가지로 사고운전자가 구호조치를 취하지 아니하고 도주한 이상 신원확인이나 교통질서회복 등의 조치를 취하였다고 하더라도 특정범죄 가중처벌 등에 관한 법률위반(도주차량)죄는 성립한다.

Leading Case 7 풀이 »»»   특정범죄 가중처벌 등에 관한 법률 제5조의3 제1항 소정의 '피해자를 구호하는 등 도로교통법 제54조 제1항의 규정에 의한 조치를 취하지 아니하고 도주한 때'라 함은 사고 운전자가 사고로 인하여 피해자가 사상을 당한 사실을 인식하였음에도 불구하고 피해자를 구호하는 등 도로교통법 제54조 제1항에 규정된 의무를 이행하기 이전에 사고현장을 이탈하여 사고를 낸 자가 누구인지 확정될 수 없는 상태를 초래하는 경우를 말하는 것이므로, 사고 운전자가 사고로 인하여 피해자가 사상을 당한 사실을 인식하였음에도 불구하고 피해자를 구호하는 등 도로교통법 제54조 제1항에 규정된 의무를 이행하기 이전에 사고현장을 이탈하였다면, 사고 운전자가 사고현장을 이탈하기 전에 피해자에 대하여 자신의 신원을 확인할 수 있는 자료를 제공하여 주었다고 하더라도, 여전히 '피해자를 구호하는 등 도로교통법 제54조 제1항의 규정에 의한 조치를 취하지 아니하고 도주한 때'에 해당한다.

이 사안에서 갑의 업무상의 과실로 A가 상해를 실제로 입었고, 갑이 A에 대한 구호조치의 필요성을 인식하였음에도 불구하고 적절한 구호조치를 취하지 않은 채 사고현장을 이탈한 것으로 인정된다면, 비록 갑이 사고현장을 이탈하기 전에 A에게 자신의 주민등록증을 교부하고 자신의 사무실 전화번호를 가르쳐 주었다고 하더라도, 갑에게는 특정범죄 가중처벌 등에 관한 법률 제5조의3 제1항의 도주의 범의가 있었다고 보아 도주차량죄가 인정된다. 판례도 사고운전자가 구호의무를 이행하지 아니하였다면 비록 신원확인조치가 취해졌다고 하더라도 도주차량죄를 인정하면서 사고운전자의 사고현장에서 구호의무의 중요성을 강조하고 있다. •••

Leading Case 8 산부인과 의사인 갑은 임산부 A가 배가 아프고 출혈이 있다고 호소하자 소량의 질출혈이 있음을 확인한 후 태반조기 박리현상이 있는 것으로 진단하였다. 그러나 A가 경제적 사정이 있어서 낙태하여야 한다는 촉탁이 있자, A의 건강상태로 보아 생명에 직접적인 위험이 없음을 알고 있으면서도 의사 갑은 즉시 낙태에 착수하여 태아를 모체밖으로 배출시켰다. 갑의 죄책은?

| Point | 이 사안에서는 의사가 부녀의 촉탁 또는 승낙을 받아 행한 낙태행위가 위법

성을 조각하는지 여부가 쟁점이 된다.

Q 10. 임산부가 의사에게 낙태를 부탁하여 낙태하면 무슨 죄가 되는가?

형법은 낙태죄와 관련하여 제269조와 제270조의 두 개의 조문을 가지고 있다. 단지 두 개의 조문에 불과하지만 그 내용에 있어서는 매우 포괄적으로 낙태와 관련된 행위들을 처벌하고 있다. 즉 임부의 자기낙태에 대한 처벌(자기낙태죄 제269조 제1항), 임부의 동의나 승낙을 받고 낙태를 하는 타인낙태에 대한 처벌(동의낙태죄 제269조 제2항), 동의낙태죄를 범하여 부녀를 상해나 사망에 이르게 한 경우의 처벌(동의낙태치사상죄 제269조 제3항), 의사 등의 직업에 종사하는 자가 임부의 동의를 받아 낙태하는 경우의 처벌(업무상 동의낙태죄 제270조 제1항), 행위주체가 의료인인가의 여부를 불문하고 임부의 동의 없이 낙태하는 경우의 처벌(부동의낙태죄 제270조 제2항), 업무상 동의낙태죄나 부동의낙태죄를 범하여 부녀를 상해나 사망에 이르게 한 경우의 처벌(업무상 동의 또는 부동의낙태치사상죄 제270조 제3항)에 관한 규정들이 존재한다.

형법의 이러한 처벌규정은 일정한 요건 하에 인공임신중절을 허용하고 있는 모자보건법의 규정에 의해 제한되어지며, 해당 모자보건법의 규정이 낙태의 명시적인 위법성조각사유로 인정되고 있다. 모자보건법은 임신의 지속이 보건의학적 이유로 모체의 건강을 심히 해하고 있거나 해할 우려가 있는 경우를 합법적 인공임신중절의 적응사유로 규정하고 있다(동법 제14조 제1항 제5호). 여기서 "모체의 건강을 심히 해하거나 해할 우려가 있는 경우"란 생명의 위험이 있는 경우만이 아니라 신체적·정신적 건강악화를 포함한다.

형법 제270조는 제1항은 의사, 한의사, 조산사, 약제사 또는 약종상이 부녀의 촉탁 또는 승낙을 받아 낙태하게 한 때에는 2년 이하의 징역에 처한다고 규정하고 있다. 보통은 임산부의 동의를 받아 의사가 낙태를 하면 업무상동의 낙태죄가 성립한다. 그러나 임신의 지속이 모체의 건강을 해칠 우려가 현저할 뿐더러 기형아 내지 불구아를 출산할 가능성이 있다는 산부인과 의사 등의 판단에 따라 부득이 행한 낙태수술행위는 정당행위(모자보건법에 의해) 내지 긴급피난에 해당되어 위법성이 없는 경우에 해당하여 무죄가 된다.

Leading Case 8 풀이 >>> 모자보건법 제14조 제1항 제5호의 인공임신중절수술 허용한계인 임신의 지속이 보건의학적 이유로 모체의 건강을 심히 해하고 있거나 해할 우려가 있는 경우라 함은 임신의 지속이 모체의 생명과 건강에 심각한 위험을 초래하게 되어 모체의 생명과 건강만이라도 구하기 위하여 인공임신중절수술이 부득이하다고 인정되는 경우를 말하며 이러한 판단은 치료행위에 임하는 의사의 건전하고도 신중한 판단에 위임되어 있다. 이러한 관점에서 모자보건법이 특별한 의학적, 우생학적 또는 윤리적 적응이 인정되는 경우에 임산부와 배우자의 동의 아래 인공임신중절수술을 허용하고 있다 하더라도 생명에 위험이 없는 임산부 A의 건강상태에서 바로 낙태를 시술한 의사 갑의 행위는 비록 A의 촉탁을 받았다하더라도 위법성이 조각되는 경우라 할 수 없다. 따라서 갑은 업무상 동의낙태죄로 처벌된다. •••

Leading Case 9 술을 마신 갑은 추운 겨울 날 오후 4시경 집으로 돌아가던 길에 처음 본 A를 우연히 만나 함께 인적이 드문 시골길을 걷던 중에 술에 취한 갑과 A는 실족하여 도로에서 2미터 아래 개울로 미끌려 떨어졌다. 그 후 약 5시간가량 잠을 자다가 술과 잠에서 깨어난 갑과 A는 도로 위로 올라가려 하였으나 어두워서 도로로 올라가는 길을 발견하지 못하고 개울 아래위로 헤매던 중에 A는 후두부 타박상을 입어서 정상적으로 움직이기가 어렵게 되었고 갑은 도로로 나오는 길을 발견하고 도로 위로 올라왔다. 사건 당시는 영하 15도의 추운 날씨이고 A가 떨어져 있던 개울로부터 40미터 떨어진 곳에 민가가 있었지만 갑은 A를 홀로 남겨두고 혼자서만 집으로 돌아가 버렸다. A는 약 4, 5시간후 심장마비로 사망하였다. 갑의 죄책은?

| Point | 유기죄는 노유, 질병 기타 사정으로 인하여 부조를 요하는 자를 보호할 의무가 있는 자가 유기하는 것을 내용으로 하는 범죄로서 모든 사람이 유기죄를 범할 수 있는 것이 아니라 보호의무자만이 유기죄의 주체가 될 수 있다. 이 사안에서는 일정거리를 동행한 사실만으로도 갑이 A를 보호해야할 의무자로서 유기죄의 주체가 될 수 있는지 여부가 쟁점이 된다.

Q 11. 공동체 정신의 관점에서 유기죄의 적용범위는 타당한가?

유기죄의 주체는 노유, 질병 기타 사정으로 부조를 요하는 자를 보호할 '법률상 또는 계약상 의무 있는 자'로서 진정신분범이다. 유기죄의 구성요건에 기술되어 있는 법률상 보호의무자와 계약상 보호의무자가 유기죄의 주체가 된다는 점에 대해서는 이견이 없다. 그런데 법문상의 법률상 또는 계약상 보호의무 이외의 근거로 보호의무를 인정할 수 있는지의 문제에 대해서는 견해의 대립이 있다.

판례와 다수설의 입장인 부정설은 유기죄의 보호주체는 제271조 제1항의 법문에 엄격하게 한정해서 '법률상 또는 계약상 보호의무 있는 자'로 제한한다. 따라서 형법 제18조의 보증인 의무나 민법 제734조의 사무관리는 유기죄의 보호의무의 근거로 삼을 수 없다고 한다. 그 논거의 핵심은 죄형법정주의원칙에 두고 있다. 세부적으로 보면 첫째, 단순한 규정이 아닌 보호의무를 명시적으로 규정한 법률과 계약을 의미한다는 전제에서 민법상의 사무관리, 관습, 조리가 민법의 규정에 있다는 것으로 보호의무의 근거가 될 수 없다고 한다. 둘째, 보호의무의 근거를 법률·계약뿐만 아니라 사무관리·관습·조리 등으로 확대하여 부작위범의 보증인지위의 그것과 같이 해석하는 것은 보호의무의 근거를 제시하지 않고 단순히 보호할 의무 있는 자 또는 보호책임자라고만 규정하고 있는 독일 형법이나 일본 형법의 해석에 있어서나 가능한 것이지 우리 형법 규정과는 부합하지 않는다고 하거나, 형법 제18조의 작위의무는 부작위범에 대한 것인데 제18조의 작위의무도 조리에 의한 작위의무까지 인정하는 것은 문제가 있는데, 이를 유기죄의 보호의무로 확대하여 적용하는 것은 바람직하지도 않다고 한다.

한편 기본적으로 유기죄의 보호의무의 근거는 '법률상 또는 계약상 보호의무'로 한정해야 한다는 점에서는 부정설이지만 법률상 보호의무나 계약상 보호의무를 확대해석하고자 하는 입장도 있다. 예를 들어 유기죄의 보호의무의 근거를 예외없이 오직 법률상 또는 계약상의 의무에만 한정해서는 안 된다는 주장에 의하면 문언의 가능한 범위 안에서 법률상 또는 계약상의 보호의무에 준하는 의무로 확대해석하는 것은 죄형법정주의에 반하지 않는다고 한다. 이러한 관점에서 종래의 통설이 사무관리로 취급해 온 사안(예컨대 병자를 의무 없이 인수한 자의 보호의무)은 인신에 대한 배려도 사무의 일종이라는 점에서 민법 제734조의 사무관리 규정에 근거한 보호책임이 있는 것으로 파악하여 법률상 보호와 유사한 의무로 확대하여 해석을 한다.

긍정설은 유기죄의 보호의무의 근거로서 제271조 제1항의 '법률상 또는 계약상 보호의무'는 예시에 불과하고 사무관리·관습·조리에 의한 보호의무도 포함된다고 본다. 예를 들어 병자를 인수하여 자택에 동거하게 한 경우에 그 인수자는 민법상 사무관리에 의하여, 법률상의 입양절차를 마치지 아니하고 양자로서 유아를 받아들인 경우라든가, 구체적 사정을 고려하여 동거자나 동행자의 경우에는 관습에 의하여, 자동차 운전자가 과실로 통행인에게 상해를 입힌 경우에는 조리 또는 선행행위에 의하여 각각 보호의무가 발생한다고 한다.

유기죄의 일반적 성격이나 입법추세, 공공의 복지를 지향하는 현대국가의 법이념 등에 비추어 볼 때 보호의무있는 자의 유기만을 처벌하면서 그 보호의무의 근거를 다시 일정한 조건하에 좁게 제한하여 해석하는 것이 적절한 것인지는 의문이다. 개인주의에 입각한 서구사회를 비판하면서 공동체 정신에 바탕을 두고 서로 돕고 사는 우리의 전통을 미화해 온 점들을 되새겨 본다면 우리 형법의 유기죄의 규정과 해석이 적절한 것인지는 재고할 필요가 있다. 판례와 다수설이 죄형법정주의에 충실한 해석임은 부인할 수 없지만, 유기죄의 주체를 보호의무 있는 자로 한정할 뿐만 아니라 보호의무의 발생근거를 제한하는 것은 우리 형법이 공동생활의 연대적 관계를 보호하는데 너무 소홀하다는 비판을 면하기 어려운 점이다. 참고로 독일 형법은 제221조에 유기죄를 규정하면서 보호의무가 없는 자의 유기행위도 처벌하고 있고, 제323조c에서는 '사고, 공공위험 또는 긴급상황 발생 시, 필요하고 제반사정에 비추어 기대 가능한 구조행위, 특히 자신에 대한 현저한 위험 및 기타 중요한 의무의 위반없이도 가능한 구조행위를 행하지 아니한 자는 1년 이하의 자유형 또는 벌금형에 처한다'는 구조불이행죄의 규정을 두고 있다(사람들은 이 규정을 '착한 사마리아인 법'이라고 부르기도 한다).

Leading Case 9 풀이 >>> 우리 형법은 다른 입법례에 비추어 유기죄의 보호법익의 범위는 더 넓은 반면에 보호책임 없는 자의 유기행위는 처벌하지 않고 법률상 또는 계약상의 의무있는 자만을 유기죄의 주체로 규정하고 있다. 그러므로 법문상으로는 사회상규 또는 조리상의 보호책임을 인정할 수 없다는 것은 명확하다고 할 수 있다. 이 사안에서 다수설과 판례를 따르면 갑과 A가 특정지점에서 특정지점까지 가기 위하여 길을 같이 걸어간 관계가 있다는 사실만으로는 비록 A가 갑의 구조를 필요로 하게 되었다 하여도 A를 보호할 법률상·계약상의 의무가 갑에게 있다고 할 수 없으므로 갑은 무죄가 된다. 그러나 사회상규나 조리에 의한 보호책임을 인정하는 견해에 의하면 갑에게 유기치사죄가 성립할 수 있다.

제2장 자유에 대한 죄

Leading Case 1   정보보안과 소속 경찰관 갑은 자신의 지위를 내세우면서 자신과 잘 아는 을이 A로부터 채무변제를 받지 못하고 있자, 이에 개입하여 A에게 전화를 하여 "나는 경찰서 정보과에 근무하는 형사다. 을이 집안 동생인데 돈을 언제까지 해 줄 것이냐. 빨리 안 해주면 상부에 보고하여 문제를 삼겠다."라고 말하였지만, A는 현실적으로 공포심은 느끼지 않았다. 갑의 죄책은?

| Point | 협박죄의 보호법익 및 보호정도에 관하여 일반적으로 개인의 의사결정의 자유를 보호하기 위한 침해범이라고 보고 있고, 피해자가 현실적으로 외포되지 않았다면 협박죄의 미수가 성립한다고 이해되어 왔다. 이 사안은 협박죄의 기수에 이르기 위하여 상대방이 현실적으로 공포심을 일으킬 것을 필요로 하는지 여부가 쟁점이 된다.

Q 1. 협박죄의 성격과 협박의 의미는 무엇인가?

협박죄는 해악을 고지함으로써 개인의 의사결정의 자유를 침해하는 것을 내용으로 하는 범죄이다. 개인의 의사결정의 자유가 협박죄의 보호법익이라는 점에서는 이견이 없으나 보호의 정도에 대해서는 위험범이라는 견해와 침해범이라는 견해가 대립하고 있다.

통설인 침해범설은 피해자가 현실적으로 공포심을 느낀 경우에는 협박죄의 기수가 되고, 피해자가 현실적으로 공포심을 느끼지 않은 경우에는 협박죄의 미수가 된다고 한다. 그 논거로서 과거 의용형법(1953년 현행 형법 제정 전에 사용했던 구 일본형법을 말함), 독일형법, 현행 일본형법이 모두 미수범을 처벌하고 있지 않고 있기에 해악의 고지는 있었으나 피해자가 공포심을 느끼지 않은 경우도 처벌하기 위하여 피해자가 공포심을 느낄 것을 요구하지 않았지만, 우리 형법이 미수범 규정을 둔 이상 그러한 해석을 유지할 필요가 없다는 점과 기수범의 성립범위를 가급적 제한하여야 하며, 협박죄는 개인적 법익에 대한 침해를 방지하기 위한 것이라는 점 등을 들고 있다.

이에 대해서 위험범설의 입장에서는 해악의 고지가 상대방에게 도달된 이상 피해자가 현실적으로 공포심을 느끼지 않았더라도 협박죄의 기수가 된다고 한다. 그 논거로서 의용형법이나 독일, 현행 일본형법에서는 해악의 고지가 도달하지 않은 경우 또는 제3자를 통해 해악을 고지하도록 하였으나 그가 전달을 하지 아니한 경우에는 처벌규정이 없어 난점이 있는데, 우리 형법은 미수범 규정을 통하여 이 경우를 처벌할 수 있도록 한 것이며, 침해범설은 상대방의 주관적인 사정에 의하여 협박죄의 성립이 좌우되는 난점이 있고 상대방이 공포심을 일으켰는지의 여부를 법원이 판단하기도 어렵다는 점 등을 들고 있다. 이 견해에 의하면 협박미수죄는 해악을 고지하였으나 그 고지가 상대방에게 도달되지 아니한 경우(편지를 발송하였으나 도달하지 않은 경우 등)로 한정된다.

협박죄의 기수에 이르기 위하여 상대방이 현실적으로 공포심을 일으킬 것을 요하는지 여부에 대해서 대법원의 다수견해는 협박죄가 성립하려면 고지된 해악의 내용이 행위자와 상대방의 성향, 고지 당시의 주변 상황, 행위자와 상대방 사이의 친숙의 정도 및 지위 등의 상호관계, 제3자에 의한 해악을 고지한 경우에는 그에 포함되거나 암시된 제3자와 행위자 사이의 관계 등 행위 전후의 여러 사정을 종합하여 볼 때에 일반적으로 사람으로 하여금 공포심을 일으키게 하기에 충분한 것이어야 하지만, 상대방이 그에 의하여 현실적으로 공포심을 일으킬 것까지 요구하는 것은 아니며, 그와 같은 정도의 해악을 고지함으로써 상대방이 그 의미를 인식한 이상, 상대방이 현실적으로 공포심을 일으켰는지 여부와 관계없이 그로써 구성요건은 충족되어 협박죄의 기수에 이르는 것으로 해석하여야 한다고 하고 있다. 즉 대법원의 다수입장은 위험범설의 입장에서 협박죄는 해악의 고지내용과 방식 등을 종합적으로 판단할 때 일반적으로 사람으로 하여금 공포심을 일으키게 하기에 충분한 것이면 피해자가 현실적으로 공포심을 일으켰는지의 여부에 관계없이 협박죄의 기수가 성립한다는 것이다. 이에 대해서 대법원의 소수견해는 기수에 이르렀는지에 대한 의문을 해결하기 어렵다고 하여 모든 경우에 기수범으로 처벌하는 것은 오히려 '의심스러울 때는 피고인의 이익으로'라는 법원칙 등 형사법의 일반원칙과도 부합하지 아니하며 형벌과잉의 우려를 낳을 뿐이라고 지적하면서 형법의 협박죄는 침해범으로서 일반적으로 사람으로 하여금 공포심을 일으킬 수 있는 정도의 해악의 고지가 상대방에게 도달하여 상대방이 그 의미를 인식하고 나아가 현실적으로 공포심을 일으켰을 때에 비로소 기수에 이르는 것으로 보아야 한다고 하여 침해범설의 입장을 취하고 있다.

협박죄에 있어서 해악의 고지는 '일반적으로 보아 사람으로 하여금 공포심을 일으킬 수 있는 정도'의 해악을 고지하는 것을 의미하는 것이므로 협박죄의 구성요건을 갖추었는지 여부를 판단함에 있어서는 그런 정도의 해악의 고지가 있었는지 여부를 판단하면 되지만, 협박죄가 기수에 이르렀는지 여부를 판단함에 있어서는 상대방이 현실적으로 공포심을 일으켰는지 여부, 즉 협박죄의 보호법익인 상대방의 의사결정의 자유가 현실적으로 침해되었는지 여부를 고려할 필요가 있다. 또한 협박죄에 미수범 처벌규정을 두고 있다는 것이 협박죄가 침해범이라고 단정할 필연적인 이유는 없다고 하더라도 협박죄의 구성요건적 행위인 해악의 고지가 상대방을 외포에 이르게 하지는 못했다고 하더라도 행위자의 범죄의사가 법질서의 효력과 법적 안정성의 신뢰를 깨뜨렸다는 것을 가벌성의 영역에 두겠다는 것으로 이해한다면 협박죄의 미수처벌로 인해서 가벌성의 영역이 확장되었다고 할 수 있지만 다른 한편으로는 기수에 이르지 못한 미수범을 기수범으로 처벌하여서는 안 된다는 것을 입법자의 의사로 이해하여야 할 것이다. 따라서 해악을 고지하였으나 상대방을 외포시키지 못한 경우에는 협박죄의 미수범에 해당하고 협박을 통해 상대방의 의사결정의 자유를 침해한 경우만을 기수범으로 처벌하는 것이 타당한 해석이라고 할 것이다.

형법의 협박의 의미와 관련해서 광의, 협의 그리고 최협의의 개념으로 나누어진다. 광의의 협박은 공포심을 일으키게 할 목적으로 타인에게 해악을 고지하는 일체의 행위로, 그 협박으로 인하여 상대방이 공포심을 일으켰는가는 문제삼지 아니한다. 공무집행방해죄, 직무강요죄 등이 이에 해당한다. 협의의 협박은 상대방이 현실적으로 공포심을 느낄 정도의 해악을 고지하는 것으로, 이 경우 해악의 고지는 구체적이어서 해악의 발생이 가능한 것으로 생각될 수 있을 정도여야 한다. 협박죄, 강요죄가 여기에 해당한다고 설명된다. 그리고 최협의의 협박은 상대방의 반항을 현저히 곤란하게 하거나 억압할 정도의 고도의 해악의 고지를 말하며, 강도죄, 강간죄 등이 여기에 해당한다고 한다.

협박죄에서의 협박은 일반적으로 보아 사람으로 하여금 공포심을 일으킬 수 있는 정도의 해악의 고지를 의미한다. 이에 따라, 해악의 고지가 행위자에 의하여 좌우될 수 없는 것(천재지변 등), 단순한 감정적 욕설(입을 찢어 버려라) 등은 협박이 아니나, 불법한 것일 필요가 없고, 해고하겠다거나 고소하겠다거나 또는 신문에 공개하겠다는 것도 협박이 될 수 있다.

Leading Case 1 풀이 >>>   협박죄를 위험범으로 이해하는 입장에서는 A가 갑의 해악의 고지에 의하여 현실적으로 공포심을 일으킬 필요는 없는 것이므로 갑이 '상부에 보고하여 문제를 삼겠다'는 정도의 해악을 고지함으로써 A가 그 의미를 인식한 이상, A가 현실적으로 공포심을 일으켰는지 여부와 관계없이 협박죄의 구성요건은 충족되어 협박죄의 기수에 이른 것이어서 협박죄의 기수범으로 처벌하게 된다. 이에 대해서 침해범으로 보는 입장에서는 갑의 해악의 고지가 A에게 도달하여 그 의미를 인식하였으나 현실적으로 공포심을 일으키지 않았다면 갑은 협박죄의 미수범으로 처벌하게 된다. 우리 대법원은 사안과 같은 사건에서 위험범설의 입장에서 갑에게 협박죄의 기수를 인정하였다.   •••

Leading Case 2   A가 B를 대리하여 B소유의 여관을 갑에게 매도하고 갑으로부터 계약금과 잔금 일부를 수령하였는데 그 후 B가 많은 부채로 도피해 버리고 B의 채권자들이 채무변제를 요구하면서 여관을 점거하여 갑에게 여관을 명도하기가 어렵게 되자 갑은 A에게 "여관을 당장 명도해 주던지 아니면 명도소송비용을 내놓으라 그렇지 않으면 내가 당신에게 속은 것이니 고소하여 당장 구속시키겠다"고 말하였다. 갑의 죄책은?

| Point | 권리행사를 위한 수단으로서 해악을 고지하여 협박죄의 구성요건에 해당하더라도 사회상규에 반하지 않은 경우에는 위법성이 조각되어 협박죄가 성립하지 않는다. 이 사안에서는 매수인 갑이 매도인의 대리인 A에게 매매건물을 명도하거나 명도소송비용을 내놓지 않으면 고소하여 구속시키겠다고 말한 것이 사회상규에 반하는지 여부가 쟁점이 된다.

Q 2. 권리행사 수단으로서 해악을 고지하여도 협박죄가 되는가?

권리행사를 위한 수단으로서 협박을 한 경우에 문제는 권리의 대상이 대부분 재산권이라는 점이다. 그러한 협박행위가 사회상규에 어긋나지 않는 때에는 문제가 없지만 사회상규에 반하는 경우에는 협박죄가 성립하는가 아니면 공갈죄가 성립하는가에 대한 논란이 있다. 권리행사를 위하여 사회상규에 어긋나는 협박을 한 경우에 불법영득의사가 없으므로 협박죄는 성립하더라도 공갈죄는 성립하지 않는다는 견해와 협박 자체가 사회상규에 어긋나는 경우에는 불법영득의사를 인정할 수 있으므로 공갈죄가 성립한다는 견해가 제기된다.

소유권을 행사하는 경우와는 달리, 일정한 채권의 만족을 얻기 위해 채권자가 채무자의 재산을 탈취하거나 편취하는 행위는 타인이 소유하고 점유하는 타인재산을 그 대상으로 한다. 따라서 탈취행위의 경우에는 절도죄나 강도죄의 성립여부가 논의되어야 하고, 편취의 경우에는 사기죄나 공갈죄가 문제로 된다. 가령, 대금을 완납하였음에도 채무자가 목적물의 인도를 지체하거나 혹은 거부할 때에 채권자가 당해 목적물을 탈취하거나 편취하는 경우에 당해 목적물의 소유권은 여전히 채무자에게 있다는 것이 민법의 논리이지만, 현실적으로는 '이미 소유권이 넘어갔다'고 볼 여지도 없지 않은데, 이를 어떻게 평가하느냐가 관건이다. 이와 관련하여 판례는 무엇보다도 탈취나 편취행위 자체의 불법에 초점을 맞추고, 각 행위유형에 따른 재산죄의 구성요건해당성을 긍정한다. 물론, 위법성이 탈락할 여지는 남아 있다.

통설에 따르면 목적과 수단의 관계에 비추어 해악의 고지가 합법적인 권리의 행사로서 사회상규상 용인될만한 수단이라고 평가된 때에는 위법성이 조각되지만, 그것이 실질적으로 권리의 남용이 되어 사회상규에 반하는 것으로 평가된 때에는 위법성이 조각되지 않는다. 예를 들어 채권행사라는 목적달성을 위한 수단으로 상대방의 생명·신체에 대한 위해를 고지하면 실질적인 권리남용으로서 협박죄가 성립한다. 특히 빈번하게 문제가 되는 경우는 권리행사의 수단으로서 형사고소를 하겠다는 사실을 고지한 경우이다. 이 경우에 고소권의 행사가 사회상규에 반하는지 여부를 판단하는 기준과 관련하여 고소의사가 있느냐의 여부에 따라 구별하는 견해에 의하면, 진실로 고소를 할 의사가 있는 경우에는 협박죄가 성립하지 않지만 진실로 고소할 의사가 없었을 경우에는 협박죄가 성립한다고 한다. 그러나 다수설은 고소권 행사의 남용여부에 따라 구별한다. 즉 정당한 고소권의 행사를 고지한 경우에는 협박죄가 성립하지 않지만 고소권의 남용이 인정되는 경우에는 협박죄가 성립한다고 한다.

Leading Case 2 풀이 ≫≫   갑이 B의 대리인인 A에게 자신의 권리행사를 위해서 '고소하여 당장 구속시키겠다'고 말한 것은 A에 대한 해악의 고지라고 할 수 있으므로 갑은 협박죄의 구성요건에 해당하는 행위를 한 것이다. 문제는 매수인이 매수한 여관의 명도 또는 명도소송비용을 요구한 것은 매수인으로서 정당한 권리행사이나 갑이 자신의 권리행사를 위해서 고소하여 구속시키겠다는 해악을 고지한 것이 고소권의 행사의 남용으로 볼 것인가에 있다. 갑이 '고소하여 당장 구속시키겠다'라는 다소 위협적인 말을 하였다고 하여도 그것은 사회통념상 용인될 정도의 고소권의 행사로 볼 수 있으므로 갑의 행위는 협박죄에 해당하지 않는다.   •••

제2편 개인적 법익을 침해하는 범죄

Leading Case 3   환경단체 소속 회원인 갑은 축산 농가들의 폐수 배출 단속활동을 벌이면서 A의 폐수 배출현장을 적발하고 이를 사진촬영을 하는 등 마치 갑에게 사실확인서를 작성할 권한이 있는 것처럼 행세하여 A로 하여금 사실확인서에 서명하도록 하자 A가 서명을 주저하자 고발조치 등의 불이익을 입을 것이라는 태세를 보이면서 협박을 하여 A의 서명을 받아내었다. 갑의 죄책은?

| Point | 강요죄의 강요행위는 폭행 또는 협박으로 사람의 권리행사를 방해하거나 의무없는 일을 하게 하는 것이다. 이 사안에서는 갑이 행한 행위가 강요죄의 행위태양인 '협박'에 해당할 수 있는지에 대한 판단기준이 쟁점이 된다.

Q 3. 강요행위는 형사처벌의 대상인가?

강요죄는 폭행 또는 협박으로 사람의 권리행사를 방해하거나 의무없는 일을 하게 함으로써 성립한다. 강요죄의 행위수단인 폭행은 폭행죄의 폭행과 달리 사람에 대한 직접·간접의 유형력의 행사를 의미하지만, 협박은 해악을 고지하여 공포심을 일으키게 하는 협박죄의 협박과 같다. 따라서 협박의 수단을 사용하는 경우에는 그러한 협박이 단순협박죄에만 해당하는지 아니면 사람의 권리행사를 방해하거나 의무없는 일을 하게 하는 수단이어서 강요죄에 해당하는지, 더 나아가 공갈행위나 강도행위의 수단이었는지 등을 살펴보아야 한다.

강요죄는 형법전의 편제상 재산범죄와 유사하게 권리행사를 방해하는 죄로 분류되어 있지만, 그 본질은 사람의 자유를 침해하는 범죄이다. 그러므로 강요죄는 자유침해의 일반구성요건이고, 이에 대해 체포·감금죄, 약취·유인죄, 강간·강제추행죄는 자유침해의 특별구성요건이다. 즉 강요죄는 자유침해행위에 대한 보충적 성격을 가지고 있는 범죄이다. 따라서 특별구성요건에 해당하는 범죄가 성립할 때는 일반구성요건인 강요죄는 성립하지 않는다. 강요죄와 재산범죄와 관계에서도 강요죄의 강요행위에 의해 초래된 결과가 공갈죄나 강도죄의 법익침해에 이르게 되면 공갈죄나 강도죄만 성립하고 강요죄는 배제된다.

강요죄의 수단인 협박은 일반적으로 사람으로 하여금 공포심을 일으키게 하는 정도의 해악을 고지하는 것으로 그 방법은 통상 언어에 의하는 것이나 경우에 따라서 한마디 말도 없이 거동에 의하여서도 할 수 있다. 강요죄의 협박행위가 있었는지는 행위의 외형뿐 아니라 그 행위에 이르게 된 경위, 피해자와의 관계 등 주위상황을 종합적으로 고려하여 판단해야 한다. 강요죄에서 협박당하는 사람으로 하여금 공포심을 일으키게 하는 정도의 해악의 고지인지는 그 행위 당사자 쌍방의 직무, 사회적 지위, 강요된 권리, 의무에 관련된 상호관계 등 관련 사정을 고려하여 한다.

강요죄는 폭행·협박을 통해서 권리행사를 방해하거나 의무없는 하게 하여야 한다. 즉 본죄는 결과범이므로 현실적으로 권리행사가 방해되거나 의무없는 일을 하게 함으로써 기수가 된다. '권리행사를 방해'에서 '권리'는 상대방인 권리자의 자유의사에 의하여 행사여부가 결정될 수 있는 권리이면 된다. 따라서 인격적 권리와 재산적 권리가 모두 포함되며 법령에 근거가 있거나 법적으로 허용된 것만을 의미하는 것은 아니다. 예를 들어 개인의 계약체결에 대한 자유권도 포함되고 그 계약체결이 법률상 위법 기타 제한이 있더라도 상관없다. '행사'는 법률행위이건 사실행위이건 불문한다. 예를 들어 상대방의 여권을 강제로 회수하여 해외여행을 못하게 하는 것도 행사에 해당한다. 다만 권리행사로 볼 수 없는 행위를 강제하기 위한 폭행·협박은 단순한 폭행죄 또는 협박죄에 해당될 가능성은 있지만 강요죄에 해당하지 않는다. '의무없는 일을 하게 함'에서 '의무없는 일'은 법령, 계약 등에 기하여 발생하는 법적 의무가 없는 일을 의미한다. '의무'는 법적 의무만을 말하므로 도덕상 의무는 포함되지 않는다. 예를 들어 폭행·협박에 의하여 계약포기서에 날인케 하거나 진술서를 작성하게 하는 경우가 이에 해당한다. 또한 판례에 따르면 군대의 상사의 잦은 폭력으로 신체에 위해를 느끼고 겁을 먹은 상태에 있던 부대원들에게 그 상사가 청소 불량 등을 이유로 부대 내의 얼차려지침에 크게 위반하여 40분 내지 50분간 머리박아(속칭 '원산폭격')를 시키거나 양손을 깍지 낀 상태에서 약 2시간 동안 팔굽혀펴기를 50-60회 정도 하게 한 행위는 협박행위에 의해 의무없는 일을 하게 한 강요죄에 해당한다고 하였다.

Leading Case 3 풀이 >>> 본 사안의 실제사건에서 대법원은 갑은 환경단체소속 회원으로 축산 농가들의 폐수 배출 단속활동을 벌이면서 '환경감시단'이라고 기재된 신분증을 휴대하고, '환경감시단'의 마크가 부착된 모자, 점퍼 등을 착용하고 있었으며, 축사 운영자들에게 자신의 소속이나 신분, 감시활동의 의미 등에 관한 정확한 정보를 제공하지 아니한 채 폐수 배출현장을 사진촬영하거나 지적하면서 폐수 배출사실을 확인하는 내용의 사실확인서에 서명할 것을 요구하였고, A가 서명을 주저하자 서명하지 아니할 경우 법에 저촉된다고 겁을 주어 A로 하여금 확인서에 서명케 한 행위는 협박에 의한 강요행위에 해당한다고 한다. 즉 갑과 A의 지위, 갑이 서명을 요구하게 된 경위나 당시의 상황, 그 이후의 정황 등을 종합하면, 갑이 사실확인서를 요구하는 과정에서 취한 일련의 행위는 갑에게 단속권한이 있는 것으로 오인한 A로 하여금 갑의 요구에 불응할 경우 고발조치 등의 불이익을 받을 위험이 있다는 인식을 갖게 하는 것은 강요죄의 '협박'에 해당한다고 보았다. •••

Leading Case 4 A는 자신이 관리하는 유흥업소의 경영부진을 실제소유자인 폭력조직의 두목 갑에게 해명하기 위하여 스스로 갑의 사무실을 찾아갔으나 다음날 새벽 2:00경까지 갑에 의해서 강제로 사무실에 머물러 있으면서 폭행과 협박을 당하였다. 갑의 사무실은 특별한 시정 장치가 되어 있지 아니하였으며 A의 부인이 서류를 주고 가는 등 가족과의 접촉이 있었고 A가 1시간가량 외부로 일을 보러가기도 했다. 甲의 죄책은?

| Point | 감금은 사람을 일정한 장소 밖으로 나가지 못하게 하여 신체활동의 자유를 장소적으로 제한하는 것을 내용으로 한다. A가 갑의 사무실에서 신체적으로 포박되지는 않았지만 신체활동의 자유가 제한된 이 사안에서는 감금된 장소 안에서 어느 정도 자유가 주어진 경우에도 감금죄가 성립하는지가 쟁점이 된다.

Q 4. 감금죄의 보호법익과 감금의 의미는 무엇인가?

 감금죄는 사람을 감금함으로써 성립하는 범죄이다. 보호법익은 신체적 활동의 자유이다. 여기에서 신체적 활동의 자유란 현재 머무르고 있는 장소를 선택할 수 있는 장소선택의 자유라고 할 수 있다. 문제는 이 때 신체활동의 자유가 구체적으로 의미하는 것이 잠재적 신체활동의 자유인가 아니면 현실적 신체활동의 자유인가 하는 점이다. 이 논의는 피해자가 신체활동의 자유를 침해당하고 있다는 사실을 인식하지 못하는 경우에도 감금이 성립할 수 있는지에 있다. 통설은 신체활동의 자유는 신체활동에 대한 현실적인 의사의 자유뿐만 아니라 잠재적인 신체활동의 자유까지를 포함한다. 이런 의미에서 좀 더 정확하게 말하자면 본죄의 보호법익은 거처의 변경에 관한 개인의 현실적 또는 잠재적 신체활동의 자유라고 말할 수 있다.
 잠재적 신체활동의 자유는 일정한 장소를 떠날 수 있는 자유와 관련된 것이지 일정한 장소로 들어갈 수 있는 자유와 관련된 것은 아니다. 그러므로 작업장, 강의실, 회의실, 방실 안으로 못 들어가게 막는 것은 강요죄에 해당할 수는 있어도 감금죄에는 해당하지 않는다. 이런 점에서 감금죄의 보호법익은 거처의 자유를 보호법익으로 삼는 약취·유인의 죄보다 제한된 의미를 갖는다고 말할 수 있다. 그럼에도 불구하고 감금죄의 보호법익은 헌법상의 기본권인 신체의 자유를 보호하기 위한 형법의 구체적인 법익인 점에서 중요한 의미를 지니며 보호정도는 침해범으로서의 보호이다.

감금이란 사람을 일정한 구획을 가진 장소에 가두어 그 장소 밖으로 벗어나지 못하게 하거나 심히 곤란하게 함으로써 신체활동의 자유를 장소적으로 제한하는 것을 말한다. 신체활동의 자유를 장소적으로 제한할 뿐 그 장소 안에서는 행동의 자유를 누릴 수 있다는 점에서 감금은 체포와 구별된다. 구획된 장소란 가옥, 방실, 선박, 차량, 비행기와 같이 외부와의 차단이 가능한 한정된 장소를 의미하지만 이를테면 3층 옥상에서 일하는 인부에게는 그 옥상이, 연못에서 목욕하는 여인에게는 그 연못이 구획된 장소가 될 수 있다. 구획된 장소를 확대하여 일정한 지역까지 포함시키는 견해도 있으나, 이렇게 되면 감금이란 말이 갖는 가능한 언어의 한계를 벗어나 유추적용이 될 위험이 있으므로 신체활동의 자유를 침해하는 한정된 장소로 국한시켜야 할 것이다. 이 한정된 장소로부터 탈출이 적어도 피해자에게 주관적으로 불가능하거나 곤란하게 여겨질 정도이면 감금성립에 충분하다. 가령 피해자가 알고 있는 문은 폐쇄되었으나 피해자에게 알려지지 않은 다른 문은 아직 열려 있는 상태라 하더라도 감금은 성립한다. 또한 한정된 장소로부터의 탈출이 전혀 불가능한 것은 아니더라도 생명, 신체에 대한 위험이나 수치심을 무릅쓰지 않고는 현실적으로 곤란한 경우에도 감금은 성립한다. 가령 피해자를 승용차에 싣고 계속 질주하는 경우, 건물의 옥상으로 사다리를 통해 올라간 인부에게서 사다리를 치워버린 경우, 샤워중인 사람의 옷을 숨겨버린 경우에도 감금이 될 수 있다.

감금의 수단·방법에는 제한이 없다. 피해자를 방실에 넣고 문을 봉쇄하거나 감시인 또는 도사견을 출입구에 두어 탈출을 막는 물리적·유형적인 장애의 사용뿐만 아니라 피해자를 폭력 하에 두거나 위계 또는 기망수단을 사용하여 탈출을 못하게 하는 심리적·무형적 장애에 의한 감금도 가능하다. 한정된 장소 내에서 어느 정도 행동의 자유가 주어졌더라도 감금의 성립에는 지장이 없다. 예컨대 감시망으로 둘러싸인 저택에 유폐시키고 그 안에서 피해자가 건강유지 또는 오락설비를 이용할 수 있었던 경우나 경찰서 안에서 피해자가 직장동료인 피의자들과 같이 식사도 하고 사무실안과 밖을 내왕하였어도 경찰서 밖으로 나가지 못하도록 하는 억압이 있었던 경우에도 감금행위가 성립한다.

Leading Case 4 풀이 ⟩⟩⟩   감금죄는 사람의 신체활동의 자유를 그 보호법익으로 하여 사람이 특정한 구역에서 나가는 것을 불가능하게 하거나 또는 심히 곤란하게 하는 죄로서 사람이 특정한 구역에서 나가는 것을 불가능하게 하거나 심히 곤란하게 하는 그 장해는 물리적, 유형적 장해뿐만 아니라 심리적, 무형적 장해에 의하여서도 가능하다. 또한 감금의 본질은 사람의 신체활동의 자유를 구속하는 것으로 신체활동의 자유를 구속하는 그 수단과 방법에는 아무런 제한이 없으므로 그 수단과 방법에는 유형적인 것이거나 무형적인 것이거나를 가리지 아니하며 감금에 있어서의 사람의 신체활동의 자유의 박탈은 반드시 전면적이어야 할 필요가 없으므로 감금된 특정 구역 내부에서 일정한 생활의 자유가 허용되어 있었다고 하더라도 감금죄가 성립한다. 갑은 A를 폭행과 협박으로 자신의 사무실에 강제로 머물게 하였고 공포심에 의한 무형적 방법으로 A를 감금한 것이므로 비록 A가 가족과 만나고 외출을 한 경우라 하더라도 갑에게 감금죄가 성립한다. •••

Leading Case 5   21세인 대학생인 A는 갑의 독자적인 교리의 설교에 현혹되어 가출한 후 갑의 전도회관에 입관시켜 줄 것을 호소하자, 갑은 A를 자신의 지배하에 두고 소위 다단계 판매를 하도록 시켰다. 갑의 죄책은?

| Point | 형법상 미성년자를 약취 · 유인하는 경우와 성년자를 약취 · 유인하는 경우의 구성요건요소가 달리 규정되어 있다. 성년자와 미성년자의 약취 · 유인의 경우를 구분하여 적용하는 것이 쟁점이 된다.

Q 5. 성년자를 약취 · 유인하면 처벌되는가?

사람을 약취 또는 유인하여 자기나 제3자의 실력적 지배하에 둠으로써 개인의 신체의 자유를 침해하는 범죄를 형법은 여러 가지 유형으로 나누어 규정하고 있다. 약취 · 유인죄의 보호법익은 피인취자의 신체의 자유이다(체포·감금죄와 달리 장소적 제한은 필요하지 않음). 다만 미성년자 약취 · 유인죄에서는 피인취자인 미성년자의 자유권과 함께 보호자의 감호권도 부차적인 보호법익으로 인정된다. 보호법익이 보호받는 정도는 침해범으로서의 보호이다.

만 20세 미만의 미성년자를 약취 유인한 경우는 특정한 목적이 없는 경우에도 약취 · 유인행위만으로도 구성요건에 해당할 수 있으나, 성년자의 경우에는 추행 · 간음 · 결혼 · 영리목적 · 노동력 착취, 성매매와 성적 착취, 장기적출 목적 · 국외이송 등의 목적이 있어야 한다. 미성년자 약취 · 유인죄는 이러한 유형의 하나로써 약취·유인의 죄의 기본적 구성요건으로 볼 수 있다. 물론 미성년자를 그러한 목적을 위해서 약취·유인하면 미성년자 약취·유인죄가 아니라 가중된 해당범죄로 처벌된다. 반면에 성년자를 앞에서 언급한 그러한 목적없이 약취·유인한 경우에는 처벌되지 않는다.

약취란 폭행 또는 협박으로써 사람을 보호받고 있는 생활상태 내지 자유로운 생활관계로부터 자기 또는 제3자의 실력적 지배하에 옮기는 것을 의미한다. 약취의 수단인 폭행·협박은 상대방을 실력적 지배하에 둘 수 있을 정도면 충분하고 반드시 상대방의 반항을 억압할 정도임을 요하지 아니한다. 유인은 기망 또는 유혹을 수단으로하여 사람을 그의 하자있는 의사에 기하여 보호받고 있는 생활상태 내지 자유로운 생활관계로부터 자기 또는 제3자의 실력적 지배하에 옮기는 것을 의미한다. 기망은 허위의 사실로써 상대방을 착오에 빠지게 하는 행위이고 유혹이란 감언이설로 상대방을 현혹시켜 판단을 그르치게 하는 행위를 말한다.

약취, 유인 및 인신매매에 관한 죄는 2013년 4월 형법개정으로 대폭 변화되었다. 종래의 약취와 유인의 죄에 인신매매죄를 신설하여 형법전에서 해당 명칭을 약취, 유인 및 인신매매의 죄로 고치고 약취, 유인 및 인신매매의 목적으로 종래 추행, 간음, 영리 및 국외이송 목적 이외에 결혼, 노동력착취, 성매매와 성적착취, 장기적출의 목적을 추가하고 결합범 및 결과적 가중범으로 약취, 유인, 매매 및 이송 등 상해, 치상죄와 동 살인, 치사죄를 신설하면서 상습범가중규정과 친고죄에 관한 규정을 삭제하였다. 약취, 유인 및 인신매매의 죄에 대해서는 세계주의가 적용되어 외국인이 외국에서 해당범죄를 범한 경우에도 형법이 적용되게 되었다.

Leading Case 5 풀이 ≫   갑은 성년자인 A를 유인하였지만 특정한 목적으로 유인한 것으로 볼 수 없다면 무죄가 된다. 만일 갑이 A를 영리목적으로 유인한 경우에는 영리목적 약취·유인죄가 될 수 있다. 영리목적이란 자기 또는 제3자로 하여금 재산상 이익을 얻게 할 목적을 말한다. 이익은 계속적·일시적·적법·불법을 불문하고 인취행위로부터 직접 얻는 이익 이외에 피인취자를 일정한 업무에 종사하게 함으로써 얻는 대가도 포함 포함된다. 갑이 다단계 판매에 종사시켜 이익을 얻을 목적으로 A를 유인한 것이었다면 갑은 영리목적 약취·유인죄로 처벌될 수 있다. •••

Leading Case 6   갑은 자신의 아내인 A의 외도를 의심하여 부부싸움을 자주 하면서 각방을 써오던 상황에서 흉기를 휴대한 채 흥분한 상태에서 A를 폭행한 후 항거불능 상태에 이른 A를 간음하고, 불과 며칠 후에 다시 흉기로 A의 반항을 억압한 후 강간하였다. 갑의 죄책은?

| Point | '간음(姦淫)'의 사전적 의미는 '부부 아닌 남녀가 성적 관계를 맺음'이고, 강간은 '강제적인 간음'을 의미하므로 강간죄는 폭행 또는 협박으로 부부 아닌 남녀 사이에서 성관계를 맺는 것이라 할 수 있다. 이 사안은 강간죄의 행위객체와 관련한 쟁점 중의 하나인 소위 '부부강간'의 성립여부가 쟁점이 되는 사안이다.

Q 6. 형법은 시대변화에 따라 성범죄에 어떻게 대처하고 있는가?

"사회가 다층화되고 복잡하게 발달함에 따라 성범죄도 역시 다양한 양상을 띠고 변화하고 있으나 현행 형법에서는 이러한 변화의 양상을 미처 담아내지 못하고 있다". 이는 국회의 2012년 11월 형법개정법률 제안이유 중의 일부이다. 이러한 인식을 바탕으로 성범죄와 관련된 형법규정이 2012년 12월 18일 개정되었고 2013년 6월 19일부터 시행되고 있다. 개정형법에서는 먼저 강간죄, 업무상위력 등에 의한 간음죄, 미성년자의제강간죄 등의 객체가 '부녀'에서 '사람'으로 확대되었다. 또한 폭행 또는 협박으로 사람에 대하여 구강, 항문 등 신체의 내부에 성기를 넣는 행위 등을 처벌하는 유사강간죄 규정을 신설하였다. 그리고 성범죄에 효과적으로 대처하고 중대범죄인 성폭력범죄를 친고죄로 규정하는 것이 형법체계와 일치하지 않는다는 점을 고려하여 성범죄를 종래의 친고죄에서 비친고죄로 개정하고, 혼인빙자간음죄는 여성의 성적 주체성을 훼손하는 것이므로 폐지하였다.

강간죄의 객체는 종래 '부녀'로 한정되어 있던 대상에서 사람으로 확대되었다. 그 의미는 강간죄의 보호법익인 '성적 자기결정권'이 여성이라는 성보호에만 한정되는 것이 아니라 남성도 마찬가지로 보호한다는 의미이다. 다른 나라들도 성범죄는 성별이나 성적지향에 상관없이 보편적인 성적자기결정권을 침해하는 범죄로써 특정 성에 한정하지 않고 있다. 강간죄의 객체는 모든 사람이다. 사람인 이상 기혼·미혼·성년·미성년을 불문하고 매춘부도 강간죄의 객체로 될 수 있다. 13세 미만의 사람도 강간죄의 객체로 된다. 따라서 13세 미만의 소녀를 강간한 경우는 미성년자의제강간죄(형법 제305조)가 성립하는 것이 아니고 강간죄가 성립한다.

'부녀'만을 강간죄의 객체로 하다가 형법개정을 통해 강간죄 객체의 외연을 '사람'으로 확대하게 된 것은 기존의 성전환자 및 부부사이의 강간죄 성립여부와 관련한 논쟁이 그 배경에 놓여있다고 할 수 있다. 성전환자의 강간죄의 객체성에 대해 1996년 대법원은 남성이 여성으로 성전환수술을 한 경우에도 성염색체는 여성염색체로 바뀌는 것은 아니며 성전환여성의 경우에는 여성고유의 기능인 임신능력이 없다는 생물학적 논거를 들어 강간죄의 객체가 되지 않는다고 하였다(물론 당시의 쟁점은 남성에서 여성으로 성전환을 한 경우에 '강간죄의 객체인 '부녀'에 해당하는지 여부였다). 그러나 2009년 대법원은 종전의 입장보다는 유연한 기준으로 성전환 수술을 받은 자의 강간죄 객체성 여부에 대한 판단을 하고 있다. 대법원은 성전환증을 가진 사람의 경우에도 남성 또는 여성 중 어느 한쪽의 성염색체를 보유하고 있고 그 염색체와 일치하는 생식기와 성기가 형성·발달되어 출생하지만, 출생 당시에는 아직 그 사람의 정신적·사회적인 의미에서의 성을 인지할 수 없으므로, 사회통념상 그 출생 당시에는 생물학적인 신체적 성징에 따라 법률적인 성이 평가된다고 하였다. 그러나 출생 후의 성장에 따라 일관되게 출생 당시의 생물학적인 성에 대한 불일치감 및 위화감·혐오감을 갖고 반대의 성에 귀속감을 느끼면서 반대의 성으로서의 역할을 수행하며 성기를 포함한 신체 외관 역시 반대의 성으로서 형성하기를 강력히 원하여, 정신과적으로 성전환증의 진단을 받고 상당기간 정신과적 치료나 호르몬치료 등을 실시하여도 여전히 그러한 증세가 치유되지 않고 반대의 성에 대한 정신적·사회적 적응이 이루어진 경우에는 사정이 다르다고 보았다. 즉 일반적인 의학적 기준에 의하여 성전환수술을 받고 반대 성으로서의 외부 성기를 비롯한 신체를 갖추고, 나아가 전환된 신체에 따른 성을 가진 사람으로서 만족감을 느끼며 공고한 성정체성의 인식 아래 그 성에 맞춘 의복, 두발 등의 외관을 하고 성관계 등 개인적인 영역 및 직업 등 사회적인 영역에서 모두 전환된 성으로서의 역할을 수행함으로써 주위 사람들로부터도 그 성으로서 인식되고 있으며, 전환된 성을 그 사람의 성이라고 보더라도 다른 사람들과의 신분관계에 중대한 변동을 초래하거나 사회에 부정적인 영향을 주지 아니하여 사회적으로 허용된다고 볼 수 있다면, 이러한 여러 사정을 종합적으로 고려하여 사람의 성에 대한 평가 기준에 비추어 사회통념상 신체적으로 전환된 성을 갖추고 있다고 인정될 수 있는 경우가 있다고 하였다. 그리고 이와 같은 성전환자는 출생시와는 달리 전환된 성이 법률적으로도 그 성전환자의 성이라고 평가받을 수 있다고 하였다. 이러한 관점에서 강간죄의 객체로서의 부녀는 법률상의 여성을 의미하는 것이 아니고 사실상의 여성을 의미하므로 성전환수술 후 호적부의 성별이 여자로 변경되지 아니한 경우에도 성전환수술에 의하여 여성으로 된 자는 강간죄의 객체로 된다고 해석하여 피고인에 대해서 강간죄의 유죄를 선고 하였다.

다음으로 부부강간의 경우에 법률상 처가 강간죄의 객체로 되는가에 관해서는 이를 부정하는 견해와 긍정하는 견해 그리고 별거중인 경우에는 강간죄가 성립하고 그렇지 아니한 경우에는 강간죄가 성립하지 아니한다는 견해 등이 대립되고 있었다. 형법개정으로 강간죄의 객체가 '부녀'에서 '사람'으로 바뀌었더라도 부부강간의 문제는 해결되는 것은 아니다. 왜냐하면 개정 전에도 성전환자에 대한 강간의 경우와는 달리 부부강간의 경우 부인은 '부녀'에 해당하였고 형법개정에 의해 '사람'으로 객체의 외연이 넓어졌다 하더라도 여전히 부인이 당연히 '사람'가운데 포함되는 것은 아니기 때문이다. 부부강간죄를 부정하는 입장에서는 강간죄는 제정 당시부터 '배우자가 아닌 사람에 의한 성관계'를 강요당한다는 침해적인 요소를 고려하여 형량을 정한 점과 혼인생활과 가족관계의 특수성이 갖는 이익과 성적 자기결정권이 갖는 이익의 형량 등을 고려할 필요가 있다는 점을 논거로 들고 있다. 그러나 시대변화에 따른 부부사이의 도덕의 변화, 혼인관념의 변화, 이혼의 증가 등은 부부강간을 전통적 가정 가치관만으로 해결할 수 없는 상황에 이르렀다. 대법원은 2013년 전원합의체판결을 통하여 두 가지 논거를 통해서 입장을 밝혔다. 첫째, 형법개정 전 강간죄의 객체로 규정하고 있는 '부녀'란 성년이든 미성년이든, 기혼이든 미혼이든 불문하며 여자를 말하였지 법률상 처를 강간죄의 객체에서 제외하는 명문의 규정을 두고 있지 않으므로,

문언 해석상으로도 법률상 처가 강간죄의 객체에 포함된다고 새기는 것에 아무런 제한이 없다고 한다. 둘째, 1953년 형법제정 당시에 형법 제32장 제목을 '정조(貞操)에 관한 죄'로 규정된 것을 1995년 형법이 개정되면서 그 제목이 '강간과 추행의 죄'로 바뀌게 되었는데 이러한 형법의 개정은 강간죄의 보호법익이 현재 또는 장래의 배우자인 남성을 전제로 한 관념으로 인식될 수 있는 '여성의 정조' 또는 '성적 순결'이 아니라, 자유롭고 독립된 개인으로서 여성이 가지는 성적 자기결정권이라는 사회 일반의 보편적 인식과 법감정을 반영한 것으로 볼 수 있다고 한다. 왜냐하면 비록 부부 사이에 민법상의 동거의무가 인정된다고 하더라도 거기에 폭행, 협박에 의하여 강요된 성관계를 감내할 의무가 내포되어 있다고 할 수 없으며, 혼인이 개인의 성적 자기결정권에 대한 포기를 의미한다고 할 수 없고, 성적으로 억압된 삶을 인내하는 과정일 수도 없기 때문이라고 한다.

Leading Case 6 풀이 »»»   이 사안의 실제사건에서 대법원은 강간죄의 객체인 '부녀'에는 법률상 처가 포함되고, 혼인관계가 파탄된 경우뿐만 아니라 혼인관계가 실질적으로 유지되고 있는 경우에도 남편이 반항을 불가능하게 하거나 현저히 곤란하게 할 정도의 폭행이나 협박을 가하여 아내를 간음한 경우에는 강간죄가 성립한다고 한다. 다만 남편의 아내에 대한 폭행 또는 협박이 피해자의 반항을 불가능하게 하거나 현저히 곤란하게 할 정도에 이른 것인지 여부는, 부부 사이의 성생활에 대한 국가의 개입은 가정의 유지라는 관점에서 최대한 자제하여야 한다는 전제에서, 그 폭행 또는 협박의 내용과 정도가 아내의 성적 자기결정권을 본질적으로 침해하는 정도에 이른 것인지 여부, 남편이 유형력을 행사하게 된 경위, 혼인생활의 형태와 부부의 평소 성행, 성교 당시와 그 후의 상황 등 모든 사정을 종합하여 신중하게 판단하여야 한다고 하고 있다. 이에 따르면 부부인 갑과 A가 불화로 부부싸움을 자주 하면서 각방을 써오던 상황에서 갑이 흉기를 사용하여 A를 폭행, 협박한 후 강제로 성관계를 하였으므로 비록 부부간이었다 할지라도 성폭력범죄의 처벌 등에 관한 특례법 위반(특수강간)죄(흉기를 사용 하였으므로)가 성립한다. •••

Leading Case 7   갑은 컨트리클럽 회장 등과 골프를 친 후 그 컨트리클럽 내 식당에서 식사를 하면서 그곳에서 근무 중인 여종업원 A에게 함께 술을 마실 것을 요구하였다가 A로부터 거절당하였음에도 불구하고, 컨트리클럽의 회장과의 친분관계를 내세워 A에게 어떠한 신분상의 불이익을 가할 것처럼 협박하여 A로 하여금 목 뒤로 팔을 감아 돌림으로써 얼굴이나 상체가 밀착되어 서로 포옹하는 것과 같은 신체접촉이 있게 되는 이른바 러브샷의 방법으로 술을 마시게 하였다. 갑의 죄책은?

| Point | 이 사안에서는 강제추행죄에 있어서의 폭행·협박의 정도 및 그 판단 기준이 쟁점이 된다.

Q 7. 성범죄의 유형에 따른 성립요건은 무엇인가?

형법은 성범죄의 유형을 크게 강간죄, 강제추행죄 그리고 유사강간죄로 나누고 있다. 비록 세 가지 유형으로 구분할 수 있지만 폭행과 협박이라는 수단으로 상대방의 성적자기결정의 자유를 침해한다는 점에서는 동일하다.

강간죄에서의 폭행은 사람에 대한 유형력의 행사이고 협박은 공포심을 일으킬만한 해악을 통고하는 것이다. 폭행·협박의 정도에 관해서는 몇 가지 견해가 대립하고 있다. 먼저 강도죄에서의 폭행·협박과 같이 상대방의 반항 내지 의사를 억압할 정도임을 요한다는 견해가 있지만 강간죄의 성립범위를 지나치게 좁게 본다는 이유로 현재 이러한 견해를 취하는 학자는 없다. 이와 반대로 폭행과 협박은 상대방의 의사에 반하는 정도이면 충분하므로 피해자의 진지한 거부 의사표시와 가해자의 폭행, 협박이 결합하면 강간죄가 인정될 수 있다는 견해가 있다. 통설과 판례는 상대방의 반항을 불가능하게 하거나 현저히 곤란하게 할 정도의 폭행·협박임을 요한다고 한다. 판례는 강간죄가 성립하기 위해서 가해자의 폭행·협박이 있었는지를 판단할 때에는 폭행·협박의 내용과 정도는 물론 유형력을 행사하게 된 경위, 피해자와의 관계, 성교 당시와 그 후의 정황 등 모든 사정을 종합하여 피해자가 성교 당시 처하였던 구체적인 상황을 기준으로 판단하여야 한다고 한다. 그러므로 사후적으로 피해자가 성교 이전에 범행 현장을 벗어날 수 있었다거나 피해자가 사력을 다하여 반항하지 않았다는 사정만으로 가해자의 폭행·협박이 피해자의 항거를 현저히 곤란하게 할 정도에 이르지 않았다고 단정하여서는 안 된다고 한다.

강간죄는 상대방의 반항불능 또는 현저한 반항곤란을 이용하여 사람에 대해 성교행위를 하는 것이다(종래 '간음'이라는 표현을 사용하였으나 '간음'은 어원적으로 혼외성교를 의미하므로 이제는 적합하지 않은 표현이라고 본다. 그러나 형법에서 강간죄 이외의 다른 성범죄의 경우에는 '간음'이라는 표현이 사용되고 있다). 성교행위는 남녀성기간의 삽입행위를 말한다. 따라서 현행 형법은 성교행위와 유사성교행위로 강간죄와 유사강간죄를 구분하고 있다고 할 수 있다.

강제추행죄에서 폭행·협박의 정도를 강간죄와 같이 상대방의 반항불능 또는 항거의 현저한 곤란이라고 이해하는 통설과는 달리 판례는 상대방에 대하여 폭행 또는 협박을 가하여 항거를 곤란하게 한 뒤에 추행행위를 하는 경우뿐만 아니라 폭행행위 자체가 추행행위라고 인정되는 경우도 포함되며, 이 경우의 폭행은 반드시 상대방의 의사를 억압할 정도의 것임을 요하지 않고 상대방의 의사에 반하는 유형력의 행사가 있는 이상 그 힘의 대소 강약을 불문한다고 한다. 예를 들어 판례는 피해자와 춤을 추면서 피해자의 유방을 만진 행위가 순간적인 행위에 불과하더라도 피해자의 의사에 반하여 행하여진 유형력의 행사에 해당하고 피해자의 성적 자유를 침해할 뿐만 아니라 일반인의 입장에서도 추행행위라고 평가될 수 있는 것으로서, 폭행행위 자체가 추행행위라고 인정되어 강제추행에 해당된다고 한다.

형법개정으로 새로 신설된 유사강간죄는 폭행 또는 협박으로 사람에 대하여 구강, 항문 등 신체(성기는 제외)의 내부에 성기를 넣거나 성기, 항문에 손가락 등 신체(성기는 제외)의 일부 또는 도구를 넣는 행위를 함으로써 성립하는 범죄이다. 그 수단으로 강간죄와 폭행·협박과 같이 상대방의 반항불능 또는 항거의 현저한 곤란한 정도라고 할 수 있다.

Leading Case 7 풀이 ≫≫≫ 강제추행죄에서 추행은 객관적으로 일반인에게 성적 수치심이나 혐오감을 일으키게 하고 선량한 성적 도덕관념에 반하는 행위로서 피해자의 성적 자유를 침해하는 것이라고 할 것인데, 이에 해당하는지 여부는 피해자의 의사, 성별, 연령, 행위자와 피해자의 이전부터의 관계, 그 행위에 이르게 된 경위, 구체적 행위태양, 주위의 객관적 상황과 그 시대의 성적 도덕관념 등을 종합적으로 고려하여 신중히 결정하여야 한다. 이 사안에서 갑과 A의 관계, 성별, 연령 및 위 러브샷에 이르게 된 경위나 그 과정에서 나타난 A의 의사 등에 비추어 볼 때 강제추행죄의 구성요건인 '강제추행'에 해당하므로 갑에게는 강제추행죄가 성립한다. •••

Leading Case 8   갑은 컴퓨터 채팅을 통하여 당시 16세의 여자 청소년 A에게 성관계를 가지면 50만원을 주겠다는 제의를 하였다. 이 제의를 받아들인 A는 자신의 집이 비어 있다면서 갑으로 하여금 당일 밤 11시경 자신의 집으로 찾아오도록 하여 성교행위를 하였다. 그러나 갑은 성교의 대가로 주기로 약속한 50만원을 주지 않았다. 한편, A는 종전에 이미 성경험을 갖고 있었던 것으로 알려졌다. 갑의 죄책은?

| Point | 이 사안은 청소년에게 성교의 대가로 돈을 주겠다고 거짓말한 행위가 형법 제302조의 위계에 의한 미성년자간음죄에 있어서 위계에 해당하는지 여부가 쟁점이 된다.

Q 8. 미성년자에 대한 성범죄와 성년자에 대한 성범죄의 구성요건요소의 차이점은 무엇인가?

형법은 성범죄피해자의 연령에 따라 구성요건요소를 달리하고 있다. 성범죄피해자가 20세 이상의 성년자인 경우는 원칙적으로 폭행·협박을 수단으로 한 성교행위만을 처벌하지만, 성범죄피해자가 13세 미만의 미성년자인 경우는 강제적인 수단이 없는 경우에도 처벌하고 있으며 20세 미만 미성년자의 경우는 폭행·협박이 아닌 위계 또는 위력으로 성교행위를 하거나 추행하는 경우에도 처벌하고 있다. 물론 13세 미만이나 20세 미만의 미성년자를 폭행·협박하여 성범죄를 범한 경우에는 강간죄가 성립하고 「아동·청소년의 성보호에 관한 법률」에 의해 무기징역 또는 5년 이상의 유기징역으로 가중처벌된다.

이와 같이 성범죄피해자의 연령에 따라 처벌을 달리 하는 이유는 미성년자인 경우 그 연령에 따라 성에 관한 지식이나 성적 자기결정능력이 성년자에 비하여 현저히 떨어진다는 점에 기인하고 있다. 만 13세, 만 20세($^{아동 \cdot 청소}_{년의 성보호}$)($^{에 관한 법률]에서는 그 대상인 아동}_{청소년을 19세 미만으로 하고 있다}$)를 기준으로 연령에 따른 성적 자기결정능력의 차이를 인정하고, 이들을 상대로 한 성범죄의 구성요건요소를 차별화할 뿐만 아니라 각각 법정형을 달리하여 처벌하는 것은 당연하다.

형법 제302조의 미성년자 간음죄는 20세 미만의 미성년의 경우는 성인과 달리 성적 인식이 떨어지므로 폭행·협박이라는 수단을 사용하지 않고서도 위계나 위력으로써 간음의 대상이 될 수 있다는 점을 고려한 규정이다. 물론 가해자가 미성년자에게 폭행·협박이라는 수단을 사용하여 간음하였다면 강간죄가 성립하는 것은 당연하다. 미성년자 간음죄의 행위태양 중 '위계'에 의한 간음행위는 폭행·협박에 의한 강제적인 성교행위와 달리 피해자의 동의를 전제하고 있다는 점에서 합의에 의한 성교행위에 속한다. 그러나 위계에 의한 간음의 경우 비록 성교행위에 대한 쌍방간의 의사합치가 있었다고는 하지만 미성년자의 미약한 의사능력을 이용하여 성적 자기결정의 자유를 침해한다는 점에서 형사처벌의 필요성과 형사개입의 근거를 찾고 있다. 13세 미만의 아동이 아닌 자와 자유로운 의사에 기초한 성교행위는 그것이 성매매에 해당하지 않는 한 형사처벌의 대상이 되지는 않는다. 따라서 위계를 사용하여 미성년자를 간음한 경우에 '위계'의 해석은 행위자의 가벌성을 결정하는 중요한 의미를 가지고 있다.

대법원은 형법 제302조의 위계에 의한 미성년자간음죄에 있어서 위계라 함은 행위자가 간음의 목적으로 상대방에게 오인, 착각, 부지를 일으키고는 상대방의 그러한 심적 상태를 이용하여 간음의 목적을 달성하는 것을 말하는 것이고, 여기에서 오인, 착각, 부지란 간음행위 자체에 대한 오인, 착각, 부지를 말하는 것이지, 간음행위와 불가분적 관련성이 인정되지 않는 다른 조건에 관한 오인, 착각, 부지를 가리키는 것은 아니라고 한다. '위계'의 개념을 매우 좁게 해석하는 배경에는 특별법인 「아동·청소년의 성보호에 관한 법률」에서 규정된 가중된 형벌에 따른 형량의 불합리성을 피하고자 하는데 있다고 보여진다. 예를 들어 행위자가 성교의 대가로 돈을 줄 의사를 갖고 미성년자와 성교행위를 하였을 경우에는 위 특별법 제5조 소정의 '청소년의 성을 사는 행위'에 해당하여 그 법정형이 1년 이상 10년 이하의 징역 또는 2천만원 이상 5천만원 이하의 벌금형이지만, 돈을 줄 의사 없이 거짓말을 하고 성교행위를 하였을 경우에는 위 법률 제7조 제5항의 '위계로써 청소년을 간음한 행위'에 해당한다고 보아 무기징역 또는 5년 이상의 유기징역에 처하도록 되어있어 법정형에 있어서 엄청난 차이가 발생하는 것이다.

Leading Case 8 풀이 ≫ 이 사안의 실제사건에서 대법원은 갑이 A에게 성교의 대가로 50만 원을 줄 의사나 능력이 없으면서도 위 돈을 주겠다고 거짓말을 하고 피해자가 이 말에 속아 피고인과 성교행위를 하였다고 하더라도, 사리판단력이 있는 피해자에 관하여는 그러한 금품의 제공과 성교행위 사이에 불가분의 관련성이 인정되지 않고 이로 인하여 A가 간음행위 자체에 대한 착오에 빠졌다거나 이를 알지 못하였다고 할 수 없다는 이유로 갑의 행위는 '위계'에 해당하지 않는다고 하였다. 그러나 만일 금전적 유혹이 없었다면 A가 갑과의 성교에 응하지 않았으리라는 점은 분명하므로 50만원의 교부라는 조건과 간음과는 불가분적 관련성이 있으므로 결국 갑은 위계로서 A와 간음한 것이라고 해석하는 것이 타당하다. •••

제2장 자유에 대한 죄   81

Leading Case 9   갑은 가출한 B를 찾기 위하여 만난 A(여, 15세)와 식사를 하던 중 욕정을 일으켜 A를 강간하기로 마음먹고 바람을 쐬러 가자며 갑의 차에 태워 여관방으로 데리고 간 후, 저항하는 A를 간음하기 위해 폭행을 하고 1회 성교하여 A를 강간하고, 이로 인하여 A에게 치료일수 미상의 처녀막파열상 등을 입게 하였다. 그런데 A는 이 사건 이전에 이미 성경험을 가졌음에도 불구하고 특이체질로 인해 새로 형성된 처녀막이 파열된 것으로 밝혀졌다. 갑의 죄책은?

| Point | 기본범죄로 인하여 상해의 결과가 발생한 경우에 가중처벌할 수 있는 결과적 가중범 형식의 규정들이 형법에 적지 않다. 특히 강간과 강제추행죄를 범하는 과정에서 발생한 상해가 일반 상해죄의 상해에 이르지 못한 경우에도 강간치상 또는 강제추행치상죄로 처벌되고 있다. 따라서 일반 상해죄의 상해의 개념과 강간치상 또는 강제추행치상죄의 상해개념의 차이를 이해하는 것은 중요하다. 이 사안에서는 A가 갑의 강간행위로 입은 치료일수 미상의 처녀막파열상을 상해로 보아 갑을 강간치상죄로 처벌할 수 있는지가 쟁점이 된다.

Q 9. 성범죄로 인한 상해결과에 대한 형법적 접근방식은 무엇인가?

강간 등 상해·치상죄에서 상해의 해석에 있어 상대적 상해개념이 논의되고 있다. 상대적 상해개념이란 강간상해·치상의 경우에는 형량이 과도하게 무거우므로 상해의 개념을 일반상해와 달리 보아야 한다는 것이다. 다수설과 판례가 따르는 생리적 기능훼손설에서 생리적 기능의 훼손이란 일반적으로 건강침해, 즉 육체적·정신적인 병적 상태의 야기와 증가를 말하고, 병적 상태는 결국 병리학적 상태를 의미하므로, 생리적 기능의 훼손은 질병을 일으키는 경우에 한하지 아니하고, 신체에 상처(피하출혈, 종창, 찰과상)를 내거나 신체 일부를 박리하는 경우도 당연히 포함되며, 외상이 있는 경우에는 그 정도와 치료일수를 묻지 아니하고 강간으로 인한 성병감염과 처녀막파열은 물론, 외관상의 상처가 없다고 하더라도 보행불능·수면장애·식욕감퇴 등 기능의 장애를 일으킨 경우도 상해에 해당한다고 한다.

이에 대하여 강간치상죄의 경우 상해의 개념에서 경미한 상해를 배제하자는 상대적 상해개념이 등장하게 되었다. 이 개념은 의학상 상해의 개념에 법률적 가치평가를 한 결과가 형법상 상해의 결과이고, 형법상의 상해도 각 칙의 각 조항의 내용이나 그 당시의 풍속이나 관념, 습관 등에 따라서 달라질 여지가 있으며, 결과적가중범에 대한 처단형이 과도하게 중하게 되어 있는 상황에서 극히 경미한 상해를 상해의 개념에서 제외하여 구체적 사안에서 타당한 결론을 도출하는데 그 의미를 부여하고 있다. 그러나 형법상 상해개념을 통일적으로 해석하여야 한다는 이유로 이에 반대하는 견해와 양형의 적절을 기하기 위하여 상해를 제한적으로 해석함으로써 경미한 상해는 형법상 상해에 포함시키지 않는 견해가 대립되고 있다.

판례는 강간행위에 수반하여 생긴 상해가 극히 경미한 것으로서 굳이 치료할 필요가 없어서 자연적으로 치유되며 일상생활을 하는 데 아무런 지장이 없는 경우에는 강간치상죄의 상해에 해당되지 않는다고 한다. 다만 그러한 논거는 피해자의 반항을 억압할 만한 폭행 또는 협박이 없어도 일상생활 중 발생할 수 있는 것이거나 합의에 따른 성교행위에서도 통상 발생할 수 있는 상해와 같은 정도임을 전제로 하는 것이므로 그러한 정도를 넘는 상해가 그 폭행 또는 협박에 의하여 생긴 경우라면 상해에 해당된다고 한다. 따라서 피해자의 건강상태가 나쁘게 변경되고 생활기능에 장애가 초래된 것인지는 객관적, 일률적으로 판단될 것이 아니라 피해자의 연령, 성별, 체격 등 신체, 정신상의 구체적 상태를 기준으로 판단되어야 한다고 한다. 이와 같이 판례에서 강간치상의 판단기준은 일상적으로 흔히 발생하는 상처인가? 치료받을 필요가 없고 자연치유되는 상처인가? 일상생활에 장애를 초래하는 상처인가? 그밖에 피해자가 상해를 입게 된 경위를 들고 있다. 이러한 판례의 입장을 구체적 타당성의 견지에서 상대적 상해개념을 인정하고 있다고 이해하는 견해도 있다.

판례와는 달리 강간치상죄에 있어서의 상해의 정도가 일반 상해죄의 경우보다 더 고도의 것이라고 해석할 아무런 법적 근거가 없고, 강간치상죄는 기본범죄만으로도 형법이 예정한 가장 흉악한 범죄이며, 그 기본범죄의 범행시 경미한 상해의 결과라도 피해자에게는 일반 상해죄에서보다 훨씬 증폭된 공포감 등의 피해를 줄 수 있고, 상대적 상해개념을 취하는 경우 형법상 상해의 규정을 자의적으로 해석할 여지가 있는 점 등을 들어 강간치상죄에 있어서의 상해의 정도는 일반 상해죄에 있어서의 그것과 동일한 정도면 충분하다고 한다.

상대적 상해개념은 추상적이고 불명확하며 다의적인 개념을 사용하여 상해의 개념을 정의하는 것은 객관적 입증을 어렵게 만들고, 법관의 자유심증에 너무나 의존하는 결과를 초래하게 되어 법적안정성이나 일관성을 해칠 우려가 있고, 성범죄 등에 대하여 중형주의로 나가면서 비친고죄화하고 있는 현행의 입법추세에 어긋난다는 비판이 있다. 그러나 경미한 상해에 대하여 판례를 통해 명확한 개념을 사용하여 구체적인 판단기준을 제시하고, 실무에서는 진단서, 소견서, 상해부위의 정도 등으로 쉽게 상해를 인정하기보다 의사로 하여금 육안이나 피해자의 주장만이 아니라 별도의 검사를 통하여 상처의 유무와 그 내용을 자세히 진단하고 상해진단서의 내용을 좀 더 명확히 하거나 실제로 치료를 받았는지 여부 혹은 그 상처가 자연적으로 치유 가능한 정도였는지 여부 등을 확인하는 방법 등을 통하여 문제된 상처가 상해에 해당하는지를 판단한다면 상대적 상해개념은 고려할 만 하다고 본다.

Leading Case 9 풀이 »» 이 사안의 실제사건의 원심법원은 A의 상처는 이미 성교경험을 가진 여자인 A의 몸에 일부 잔존해 있거나 특이 체질 등으로 인하여 재생된 처녀막이 성교행위로 인하여 새로이 파열되고, 성기 주변에 약간의 출혈이 생긴 정도에 불과한 것으로서 자연치유가 가능한 경미한 상처로 보았다. 따라서 A가 그 상처로 인하여 신체의 완전성이 손상되고 생활기능에 장애가 왔다거나 건강상태가 불량하게 변경되었다고 볼 수 없어서 강간치상죄의 상해에 해당되지 않는다고 하였다.

그러나 대법원은 처녀막은 부녀자의 신체에 있어서 생리조직의 일부를 구성하는 것으로서, 그것이 파열되면 정도의 차이는 있어도 생활기능에 장애가 오는 것이라고 보아야 할 것이고, 처녀막 파열이 그와 같은 성질의 것인 한 비록 A가 성경험을 가진 여자로서 특이체질로 인해 새로 형성된 처녀막이 파열되었다 하더라도 강간치상죄를 구성하는 상해에 해당되는 것이므로 갑에게 강간치상죄의 죄책을 인정하였다. •••

제3장 명예와 신용에 대한 죄

Leading Case 1   갑은 도청 감사담당관 사무실에서, 사실은 A에 대한 직무유기 등의 진정사건이 혐의가 인정되지 않아 내사종결처리 되었음에도 불구하고 시청 공무원 6명이 듣고 있는 가운데 "사건을 조사한 경찰관인 A에 대해서 내일로 검찰청에서 구속영장이 떨어진다"고 소리쳤다. 갑의 죄책은?

| Point | 명예훼손죄가 성립하기 위해서는 사실의 적시가 있어야 한다. 사실(事實)이란 현실적으로 발생하고 증명할 수 있는 과거와 현재상태를 의미한다. 이 사안에서 갑은 현재가 아닌 'A에 대해서 내일 구속영장이 떨어진다'고 소리쳤다. 따라서 과거 또는 현재의 사실을 기초로 하거나 이에 대한 주장을 포함하여 장래의 일을 적시하는 경우에도 명예훼손죄가 성립하는지 여부와 그 판단 기준이 쟁점이 된다.

Q 1. 명예훼손죄의 보호법익과 '사실의 적시'의 범위는?

'명예'는 인격적 가치에 관계되는 개념으로서 자기 또는 타인의 평가와는 독립하여 객관적으로 인격에 내재하는 진가로서의 내부적 명예, 인격적 가치에 대한 사회적 평가로서의 외부적 명예, 자기의 인격적 가치에 대한 자기 자신의 주관적인 가치로서의 명예감정으로 나누어진다. 명예훼손죄의 보호법익은 '외부적 명예'이다. 명예훼손행위에 의하여 피해자의 명예가 현실적으로 침해되었음을 요하지 아니하므로 침해범이 아니라 추상적 위험범에 해당한다.

명예훼손죄는 공연히 사실을 적시하여 사람의 명예를 훼손한 경우에 성립하는 범죄이며(형법 제307조 제1항), 적시된 사실이 허위인 경우에는 가중처벌된다(동조 제2항). 명예훼손죄가 성립하기 위해서는 사실의 적시가 있어야 하는데, 여기에서 적시의 대상이 되는 사실이란 현실적으로 발생하고 증명할 수 있는 과거 또는 현재의 사실을 말하며, 장래의 일을 적시하더라도 그것이 과거 또는 현재의 사실을 기초로 하거나 이에 대한 주장을 포함하는 경우에는 명예훼손죄가 성립한다. 장래의 일을 적시하는 것이 과거 또는 현재의 사실을 기초로 하거나 이에 대한 주장을 포함하는지 여부는 적시된 표현 자체는 물론 전체적인 취지나 내용, 적시에 이르게 된 경위 및 전후 상황, 기타 제반 사정을 종합적으로 참작하여 판단하여야 한다.

사실의 사전적 의미는 '실제로 있었던 일 또는 있는 일'로서 과거 및 현재의 일을 의미하며, 판례도 명예훼손죄에 있어서의 사실의 적시란 시간과 공간적으로 구체적인 과거 또는 현재의 사실관계에 관한 보고 내지 진술을 말한다고 하고 있으므로, 과거 및 현재의 사실이 명예훼손죄에 있어서 적시의 대상이 되는 사실임은 분명하다. 문제는 장래의 사실을 적시하는 것이 여기에 포함되는지 여부인데, 적시대상이 되는 사실은 사람의 지위, 가치를 훼손할 수 있는 것이면 무엇이라도 상관없으므로 과거·현재·미래의 사실을 불문하고 명예훼손죄가 성립될 수 있다는 견해도 있지만, 명예훼손죄에 있어서의 사실은 현실적으로 발생하고 증명할 수 있는 과거와 현재의 상태를 말하는 것으로서 원칙적으로 장래의 사실은 의견진술은 될 수 있어도 사실에 해당하지 않지만, 장래의 사실이더라도 과거 또는 현재의 사실을 기초로 하거나 이에 대한 주장을 포함하고 있는 경우에는 명예훼손죄가 성립된다는 견해가 통설이다.

사실은 가치판단과 구별된다. 사실은 그것이 진실임을 증명할 수 있지만,

가치판단은 그 정당성이 주관적 확신에 의하여 좌우된다는 점에 차이가 있으며, 사실인가 아니면 가치판단이나 평가를 내용으로 하는 의견인가를 구별함에 있어서는 언어의 통상적인 의미와 용법, 문제된 말이 사용된 문맥, 그 표현이 행하여진 사회적 상황 등 전체적 상황을 고려하여 판단하여야 한다. 단순히 모욕적인 추상적 판단을 표시한 것에 불과하다면 모욕죄에 해당할지언정 명예훼손죄를 구성하지는 않는다. 모욕죄와의 관계에서 보면 명예훼손죄에서 사실의 적시는 특정인의 사회적 가치 내지 평가가 침해될 가능성이 있을 정도로 구체성을 띠어야 한다.

Leading Case 1 풀이 »» 갑이 경찰관 A를 상대로 진정한 사건이 혐의인정되지 않아 내사종결 처리되었음에도 불구하고 공연히 "사건을 조사한 경찰관이 내일 검찰청에서 구속영장이 떨어진다."고 말한 것은 단지 갑의 희망이나 의견을 진술하거나 가치판단을 나타낸 것으로는 볼 수 없고, 수사가 진행 중이거나 검사가 구속영장을 청구하였다는 과거 또는 현재의 사실을 기초로 하거나 이에 대한 주장을 포함하여 장래의 일을 적시한 것으로 볼 수 있어 명예훼손죄에 있어서의 사실의 적시에 해당한다. •••

Leading Case 2 갑은 자신이 사망한 A의 친생자가 아니라는 사실을 잘 알고 있었음에도 불구하고 자신의 호적에 A가 아버지로 기재되었음을 기화로 마치 자신이 A의 친생자인 것처럼 행세하면서 A의 처인 B 등과 친생자분쟁을 계속하여 오던 중 주간신문기자인 을과의 전화인터뷰에서 "B를 만나면서 아버지가 집을 나가셨고, 우리 집은 사실상 파탄된 셈이며, B는 가정파괴범이다," "생전에 B 외에도 아버지의 여자관계가 복잡해 어머니가 무척 고생하셨으며, 바람을 많이 피웠다. 아직도 호적조차 올리지 않은 자식이 또 있다"라는 취지로 말하였다. 그러나 을은 갑의 진술을 기사화하여 보도하지는 않았다. 갑의 죄책은?

| Point | 명예훼손죄의 행위는 '공연히 사실 또는 허위사실을 적시하여 명예를 훼손'하는 것이다. 여기서 '공연히' 즉 공연성(公然性)이란 '불특정 또는 다수인이 인식할 수 있는 상태'를 의미한다. 이 사안에서는 갑은 기자 을에게 B의 명예를 훼손하는 사실을 적시하였지만, 을이 취재를 한 상태에서 아직 기사화하여 보도하지 않은 경우에 공연성을 인정할 것인지 여부가 쟁점이 된다.

Q 2. 명예훼손죄의 범죄구성요소로서 '공연히'란 무엇을 의미하는가?

사람은 사회적 존재로서 사회의 다른 구성원으로부터 인격체로 인정받고 그 가치에 적합한 대우를 받을 때에 적절한 사회생활을 유지하고 발전해 나갈 수 있으며, 만일 위와 같은 가치를 침해받을 때에는 사회의 구성원으로서 생활하고 발전해 나갈 가능성도 침해받게 되기 때문에 형법은 명예에 관한 죄를 두어 사람이 사회생활에서 가지는 가치를 보호하는 것이다.

'공연성'은 형법상 명예훼손죄(제307조 제1항), 모욕죄(제311조) 등 명예에 관한 죄에 있어서 그 구성요건이 되고 있을 뿐만 아니라 음화반포 등 죄(제243조), 공연음란죄(제245조) 등 풍속을 해하는 죄에 있어서도 그 구성요건이 되고 있으며, 풍속을 해하는 죄에 있어서의 '공연성'의 의미에 관해서도 학설, 판례는 비슷한 방식으로 "불특정 또는 다수인이 관람할(또는 알) 수 있는 상태"라고 설명하고 있다

명예훼손죄의 '공연히'란 '불특정 또는 다수인이 인식할 수 있는 상태'를 의미한다는 점에 대해서는 판례나 학설의 견해가 일치하고 있다. 그리고 여

기서의 '불특정 다수인'이란 '불특정 또는 다수인'으로 해석되므로, 결국 '불특정'이면 수의 다소를 불문하고 '다수인'인 경우에는 특정되었더라도 공연성을 인정할 수 있다는 해석에 이르게 된다.

　판례는 '불특정'과 '다수인'을 인정할 수 있는 구체적이거나 일반적인 기준을 제시하고 있지는 않다. 즉 사실적시의 상대방이 불특정인 경우에는 그 수의 다소에 상관이 없으며, 특정된 경우에는 다수임을 요한다고 하였을 뿐 어떠한 경우엔 특정되지 않았다고 볼 수 있는 지에 대한 기준이 나타나 있지 않으며, 어느 정도가 다수인지에 대해서도 일반적인 기준은 언급하고 있지 않다. 반면에 학설 중 다수설은 '불특정'이란 상대방이 '특수한 관계에 의해서 한정된 범위에 속하는 사람'이 아니라는 의미이며, 행위 시에 상대방이 구체적으로 누구인가 특정되어 있지 않다는 것을 의미하는 것은 아니라고 해석한다. 따라서 '특수한 관계에 의해 한정된 범위'에 속하는 사람이 특정인이고, 그렇지 않을 사람이 불특정인이라고 할 수 있다. 그러나 여기서도 '특수한 관계에 의해 한정된 범위'를 단순히 친족관계나 친구관계 등 종전부터 행위자와 밀접한 관계를 의미한다는 견해, 특수관계를 반드시 친족 등의 밀접한 관계로 한정할 필요는 없고 가족 등의 관계 이외에도 특정인물에 대한 정보를 공유할 이유가 있는 집단도 포함시키는 견해가 있다. 그러나 다수인은 특정되어도 상관없지만 다수여야 하므로 단순히 몇 명에 불과한 사람보다는 많은 수의 사람이 필요하다고 한다.

　불특정 또는 다수인이 인식할 수 있는 상태로 공연성을 해석하는 데에는 견해가 일치되지만 정작 '인식할 수 있는 상태'를 판단함에 있어서는 견해의 차이가 있다. 불특정인 또는 다수인이 직접 인식할 수 있는 상태 하에서 사실을 적시할 것을 요한다는 견해가 있다(직접인식가능성설). 즉 불특정 또는 다수인이 현실적으로 인식할 것을 요하지는 않지만(추상적위험범), 직접 들으려고 하면 언제든지 들을 수 있는 상태에 이르러야 공연성이 인정된다는 '직접인식가능성설'은 통설에 의해 주장된다. 이에 대해서 판례는 일관되게 소위 '전파성' 혹은 '전파가능성이론'을 주장한다. 전파성이론이란 사실을 적시한 상대방이 특정한 소수라 하더라도 그 말을 들은 사람이 불특정 또는 다수인에게 그 말을 전파할 가능성이 있는 때에는 공연성을 인정하고자 하는 이론을 말한다. 이 이론에 따르면 특정한 한 사람에 대한 사실의 적시는 그 말을 들은 사람과 피해자의 밀접한 결합관계 또는 직무상의 관계로 인하여 비밀이 보장되거나 전파될 가능성이 없는 특수한 경우에만 공연성이 부정되는 결과가 된다. 대법원은 대체적으로 다음과 같은 요소를 고려하여 전파가능성이 있는가의 여부에 대해서 판단한다. 첫째, 행위자와 사실적시의 상대방이 특별한 관계에 있는 경우이다. 예컨대 처의 추궁에 의해 피해자와의 동침사실을 처에게 이야기하거나, 피해자와 피고인의 남편 앞에서 피해자에게 말하거나, 피고인의 집안관계 사람들 앞에서 피고인의 형수에 대한 이야기를 한 때에는 전파가능성을 부정하였다. 둘째, 사실적시의 상대방이 피해자와 밀접한 결합관계 혹은 특별관계에 있는 경우이다. 예컨대 피해자의 남편 한 사람에게 사실을 적시하였거나, 피해자의 남편과 친척 앞에서 피해자의 불륜사실을 말한 경우, 혹은 피해자들의 딸·사위·매형 및 자신의 처 앞에서 모욕적 언사를 사용한 경우에 대법원은 전파가능성을 부정하였다. 셋째, 직무상의 관계로 인해 비밀이 보장될 수 있는 사정이 있는 경우도 대법원은 전파가능성을 부정하였는데, 그 예로는 피해자의 직장상사나 동업관계 내지 사업관계가 있는 자에게 이야기한 경우를 들 수 있다.

전파성이론을 비판하는 주된 논거는 다음과 같다. 첫째, 전파성이론은 공연성의 요건을 통해 보장하고자 하는 표현의 자유의 본질적 내용을 침해할 수 있다는 것이다. 즉 '공연히'를 범죄구성요건으로 규정함으로써 가벌적 행위의 범위를 축소시키고자 하는 형법의 근본취지를 무시하고 부당한 유추해석을 통하여 표현의 자유를 지나치게 제한하고 있다는 것이다. 이는 1인에게 이야기한 경우도 처벌하게 되므로 일반인의 일상생활에까지도 개입하는 결과가 되어 형법의 보충성의 원칙에 반하거나 개인적인 정보전달도 처벌할 가능성이 있게 된다고 한다. 둘째, 명예훼손죄의 성립여부가 상대방의 전파의사에 의해 좌우되어 범죄의 성립 여부가 상대방의 의사에 의해 결정되므로 법적 안정성에 문제가 있다는 것이다. 셋째, 전파가능성 여부를 판단할 객관적 기준이 없어 법관의 자의가 개입될 위험성이 높다는 점이다. 넷째, 전파성 이론은 행위의 태양으로 요구되는 공연성을 전파가능성으로 대체하고자 하는데, 이는 명예훼손죄의 외적 명예가 현실적으로 침해되지 않아도 침해될 위험만으로 성립되는 추상적 위험범이라는 보호의 법익이나 그 정도를 명예훼손죄의 행위태양과 혼동한 것으로 볼 수 있다는 것이다. 다섯째, 모욕죄도 논리적으로 전파가능성을 기준으로 공연성 여부를 판단해야 하나, 이를 기준으로 모욕죄를 인정한 판례는 없다는 점을 그 논거로 들기도 한다. 결국 전파가능성이론은 특정한 한 사람에 대한 사실의 적시도 비밀이 보장되거나 전파될 가능성이 없는 특수한 경우가 아니면 공연성을 인정하게 되어 공연성의 규정이 사실상 무의미하게 되고, 표현의 자유를 지나치게 제한하게 된다는 것이다. 따라서 '불특정 다수인'이 직접 인식할 수 있는 직접인식가능설이 타당하다고 주장한다.

Leading Case 2 풀이 ≫ 이 사안의 실제사건에서 대법원은 통상 기자가 아닌 보통 사람에게 사실을 적시할 경우에는 그 자체로서 적시된 사실이 외부에 공표되는 것이므로 그 때부터 곧 전파가능성을 따져 공연성 여부를 판단하여야 할 것이지만, 그와 달리 기자를 통해 사실을 적시하는 경우에는 기사화되어 보도되어야만 적시된 사실이 외부에 공표된다고 보아야 할 것이므로 기자가 취재를 한 상태에서 아직 기사화하여 보도하지 않은 경우에는 전파가능성이 없으므로 공연성이 없어 갑에게 명예훼손죄가 성립하지 않는다고 하였다. 즉 대법원은 전파성 이론을 적용함에 있어 사실 적시의 상대방이 일반인인지 아니면 기자인지 여부에 따라 그 취급을 달리하여야 한다고 한 것이다. 그러나 과연 사실 적시의 상대방이 누구인지에 따라 전파성 이론 적용을 달리할 필요가 있는지는 의문이다. 판례가 전파성 이론을 통해 '공연성' 여부에 대한 판단을 계속하고자 한다면 기자에게 사실을 적시한 경우에도 기자가 아닌 보통 사람에게 사실을 적시한 경우와 마찬가지로 그 자체로서 전파가능성 여부를 따져서 공연성을 판단하여야 할 것이다. ●●●

Leading Case 3   갑은 기자로서 신문에 '이모씨 사망 전 안기부 요원 동행'이라는 제목 아래 '모 대학 총학생회장 이모씨가 사망하기 직전에 마지막으로 동행한 사람은 남자 한 명, 여자 한 명이며 이 중 여자는 안기부에 근무하고 있다는 새로운 사실이 밝혀졌다'는 요지의 기사를 작성, 이를 게재한 위 신문을 그 날 전국일원에 보급하게 하였다. 그러나 이 기사는 진실과 부합하지 않는 것으로 판명되었다. 그런데 갑은 기사작성 당시에 적시사실을 진실한 것으로 믿었다. 갑의 죄책은?

| Point | 기자 갑이 기사 내용 중에 일부 허위사실이 포함된 신문기사를 보도한 이 사안에서는 기사 작성의 목적이 공공의 이익에 관한 것이고 그 기사 내용을 갑이 진실하다고 믿은 경우에도 출판물에 의한 명예훼손죄에 해당하는지 여부를 판단하는 기준과 적용법리가 쟁점이 된다.

Q 3. 공공의 이익을 위해서 타인의 명예를 훼손하는 것은 허용되는가?

형법 제310조는 「위법성조각」이라는 제목으로 '제307조 제1항의 행위가 진실한 사실로서 오로지 공공의 이익에 관한 때에는 벌하지 아니한다'고 규정하고 있다. 이 규정의 입법취지는 개인의 명예의 보호와 헌법상 언론, 표현의 자유의 보장이라는 상충하는 두 법익의 조화를 꾀한 것이다. 적시된 사실이 진실이고 또한 그 적시가 공공의 이익을 위한 경우까지 처벌하게 된다면 헌법상 보장된 언론의 자유(헌법 제21조)는 중대한 침해를 받게 되고 이러한 건전한 비판까지도 없는 사회와 국가의 발전은 기대할 수 없다. 왜냐하면 오늘날 민주주의의 요체인 언론, 표현의 자유는 비판의 자유를 그 핵심으로 삼고 있기 때문이다.

형법 제310조의 위법성이 조각되기 위해서는 첫째, 적시된 것이 진실한 사실이어야 한다. 따라서 허위사실을 적시하는 경우에는 원칙적으로 위법성이 조각되지 아니한다. 형법 제310조는 제307조 제1항의 명예훼손행위가 진실한 사실로서 오로지 공공의 이익에 관한 것일 때에만 적용되며, 사자(死者)에 대하여 진실한 사실을 적시한 경우는 아예 처음부터 구성요건에 해당하지 않으므로 위법성조각 여부는 문제되지 않는다. 마찬가지로 사람을 비방할 목적으로 출판물 등에 의하여 진실한 혹은 허위의 사실을 적시하여 사람의 명예를 훼손한 경우에는 적용이 없지만 비방할 목적이 없는 경우에는 적용된다. 진실한 사실은 적시된 사실이 세부적인 부분까지도 진실이어야 하는 것은 아니며 세부적인 부분이 다소 진실과 합치되지 아니하더라도 중요한 부분이 진실과 합치되는 사실이면 족하며, 다소 과장된 표현이 있다고 해서 곧 허위의 사실이라고 할 수 없다.

둘째, 적시 사실이 공공의 이익에 관한 것이며 주관적 정당화요소로서 진실한 사실을 공익을 위하여 적시한다는 동기·목적이 있어야 한다. 형법 제

310조에 따라서 위법성이 조각되어 처벌되지 않기 위해서는 사실이 객관적으로 볼 때 공공의 이익에 관한 것으로서 행위자도 공공의 이익을 위하여 그 사실을 적시하여야 한다. 또한, 개인의 사적인 신상에 관한 사실이라고 하더라도 그가 관계하는 사회적 활동의 성질이나 이를 통하여 사회에 미치는 영향력의 정도 등의 여하에 따라서는 그 사회적 활동에 대한 비판 내지 평가의 한 자료가 될 수 있는 것이므로 개인의 사적인 신상에 관하여 적시된 사실도 그 적시의 주요한 동기가 공공의 이익을 위한 것이라면 형법 제310조 소정의 공공의 이익에 관한 것으로 볼 수 있는 경우가 있다.

공익성의 판단기준은 당해 적시 사실의 구체적인 내용, 당해 사실의 공표가 이루어진 상대방의 범위, 그 표현의 방법 등 그 표현 자체에 관한 제반 사정을 감안함과 동시에 그 표현에 의하여 훼손되거나 훼손될 수 있는 명예의 침해정도 등을 비교·고려하여 결정하여야 하며, 행위자의 주요한 목적이나 동기가 공공의 이익을 위한 것이라면 부수적으로 다른 사익적 목적이나 동기가 내포되어 있더라도 형법 제310조의 적용을 배제할 수 없다. 공공의 이익에는 국가·사회 기타 일반 다수인의 이익에 관한 것뿐만 아니라 특정한 사회집단이나 그 구성원 전체의 이익에 관한 것도 포함된다.

허위의 사실을 진실한 사실이라고 오신하고 공공의 이익을 위한다는 목적으로 타인의 명예를 훼손한 경우, 즉 형법 제310조의 진실성에 관하여 착오가 있는 경우의 해결방법에 대한 논의는 형법상 어려운 주제 중의 하나이다. 다수설은 형법 제310조를 위법성조각사유로 인정하면서 이 조문 안에 규정된 진실성표지는 위법성조각의 요소이고 따라서 이에 대한 착오가 있으면 위법성조각사유의 전제사실에 대한 착오가 된다고 한다. 소수 견해는 형법 제310조의 진실성표지는 형법 제310조에 의한 위법성조각의 실체요건이 될 수 없고 단지 제310조의 적용대상이 되는 구성요건을 선결하는 기능만이 인정된다고 한다. 이 견해는 진실성 표지를 형법 제310조에 의한 위법성조각의 요건으로 인정할 경우 형법 제307조 제1항에서는 타인의 명예를 훼손하는 사실을 적시한 이상 그 사실이 진실한 것이라도 구성요건적 불법을 인정하여 금지의 대상으로 하면서 동시에 제310조에 의하여 진실한 사실을 적시하는 행위에 대하여 위법성조각을 인정하는 것은 모순이라고 한다. 따라서 진실성표지는 형법 제310조의 실체적 요건이 아니고 구성요건을 선결하는 기능 또는 제310조라는 허용규범이 적용될 수 있는 명령규범을 지정하는 의미를 갖는다고 한다. 또 다른 견해로 진실성의 착오가 있는 경우에 적시된 사실이 진실한 것이라는 증명이 없더라도 행위자가 그 사실을 진실한 것으로 믿었고 또 그렇게 믿을 만한 상당한 이유가 있는 경우에는 위법성이 조각된다는 입장이 있다. 판례도 이러한 입장과 같은 취지이다. 즉 적시사실이 진실하다고 믿었는데 그 진실성이 확인되지 않는 경우에는 사후적으로 허위라는 것이 밝혀지거나 진실인지 허위인지의 여부 자체의 확인 여부가 중요한 것이 아니고 행위 당시 적시사실의 진실성을 믿을만한 상당한 이유가 있었느냐에 따라 상당한 이유가 인정되면 형법 제310조에 의한 위법성조각을 인정한다.

Leading Case 3 풀이 ⟫⟫⟫　　이 사안의 실제사건은 당시 평양에서 벌어진 세계청년학생축전에 학생운동권 대표가 비밀리에 참가한 것을 계기로 정부수사기관과 학생운동권 간의 긴장이 고조되고 있던 시점에서 모 대학 총학생회장인 이모씨가 거문도의 외딴 해수욕장에서 의문의 변사체로 발견된 것과 관련하여 제기된 의혹들을 취재하여 보도하는 과정에서 기자인 갑에 의하여 작성된 것으로 그 주요 목적이 공공의 이익에 관한 것으로 볼 수 있을 뿐만 아니라 위 기사내용을 진실이라고 믿고 보도하게 되었던 것이므로 갑을 허위사실 적시로 인한 명예훼손죄로 처벌할 수는 없고 다만 형법 제307조 제1항의 죄로 처벌할 여지가 있을 뿐이다. 더 나아가 명예훼손죄에 있어서는 개인의 명예보호와 정당한 표현의 자유보장이라는 상충되는 두 법익의 조화를 꾀하기 위하여 형법 제310조를 규정하고 있으므로 적시된 사실이 공공의 이익에 관한 것이면 진실한 것이라는 증명이 없다 할지라도 갑이 진실한 것으로 믿었고 또 그렇게 믿을 만한 상당한 이유가 있는 경우여서 제310조에 의해서 위법성이 조각된다고 할 수 있다. •••

Leading Case 4   퀵서비스 운영자인 갑이 배달업무를 하면서, 손님의 불만이 예상되는 경우에는 평소 경쟁관계에 있는 A가 운영하는 회사의 퀵서비스 명의로 된 영수증을 작성·교부함으로써 손님들로 하여금 불친절하고 배달을 지연시킨 사업체가 A가 운영하는 회사의 퀵서비스인 것처럼 인식되게 하였다. 갑의 죄책은?

| Point | 신용훼손죄는 사람의 신용을 훼손함으로써 성립하는 범죄이고, '신용'이란 사람의 경제적 지위에 대한 사회적 평가로서 사람의 지불능력과 지불의사에 대한 사회적 신뢰를 말하는데 이 사안은 갑이 훼손한 것이 신용훼손죄의 '신용'에 해당하는지 여부가 쟁점이 된다.

Q 4. 신용훼손과 명예훼손의 차이는 무엇인가?

　신용훼손죄는 허위의 사실을 유포하거나 기타 위계로써 사람의 신용을 훼손하는 범죄이다. 보호법익은 사람의 신용, 즉 사람의 경제적 활동에 대한 사회적 평가, 즉 지불능력이나 지불의사에 대한 사회적 평가이다. 보호의 정도는 추상적 위험범이다. 행위의 객체는 사람의 신용이다. 신용이란 경제활동에 대한 평가로서 그 사람의 경제적 지불능력 또는 지불의사에 대한 타인의 신뢰를 말한다. 신용훼손이란 사람의 지불능력이나 지불의사에 대한 사회적 신뢰를 저하시킬 우려가 있는 상태를 발생하게 하는 것을 말한다. 본죄는 추상적 위험범이므로 신용을 훼손하는 결과가 현실적으로 발생할 것을 요하지 않고 신용을 훼손할 만한 허위사실의 유포 또는 기타 위계의 행사가 있으면 기수가 된다. 행위태양은 허위의 사실을 유포하는 것으로서 객관적으로 진실이 아닌 사실을 불특정 또는 다수인에게 전파하는 것을 말한다. 예를 들어 갑은 많은 사람 앞에서 '을은 파산당한 사람이므로 아무도 돈을 빌려주지 않는 것이 좋을 것'이라고 거짓말을 한 경우가 이에 해당한다. 다음으로 위계에 의한 경우이다. 위계란 상대방의 착오나 부지·부작위를 이용하거나 기망·유혹의 방법으로 상대방을 착오에 빠뜨리는 일체의 행위를 말하며 비밀로 행하든 공공연하게 행하든 불문한다. 판례는 허위사실의 유포도 위계의 한 형태로 본다.

Leading Case 4 풀이 ⟫⟫   신용훼손죄는 허위의 사실을 유포하거나 기타 위계로써 사람의 지불능력 또는 지불의사에 대한 타인의 신뢰를 훼손함으로써 성립하는 범죄이다. 그러므로 '어떤 사람의 점포에서 파는 물건값이 유달리 비싸다'라고 말하였을 때 그 물건의 값은 그 사람의 지불의사에 대한 사회적 신뢰를 훼손하는 것이라고는 볼 수 없다. 마찬가지로 이 사안처럼 갑이 손님들에게 불친절하고 배달을 지연시킨 경우에 해당 배달업체가 A가 운영하는 회사의 퀵서비스 업체인 것처럼 허위의 사실을 유포하여 A가 운영하는 회사를 곤란에 빠지게 한 경우라도 갑의 행위가 A의 경제적 신용, 즉 A의 지불능력이나 지불의사에 대한 사회적 신뢰를 해하는 행위라고 보기는 어렵다. 따라서 비록 갑의 행위가 사회에서 비난받을 행위이기는 하지만 신용훼손죄에 해당하는 행위로 평가되지는 않는다. •••

98 제2편 개인적 법익을 침해하는 범죄

Leading Case 5 갑은 경찰청 1층 민원실에서 자신이 진정한 사건의 처리와 관련하여 지방경찰청장의 면담 등을 요구하면서 이를 제지하는 경찰관들에게 큰소리로 욕설을 하고 행패를 부렸다. 갑의 죄책은?

| Point | 업무방해죄란 허위의 사실을 유포하거나 위계 또는 위력으로써 사람의 업무를 방해하는 것을 내용으로 한다. 위 사안은 공무원이 직무상 수행하는 공무를 방해하는 행위를 공무집행방해죄가 아니라 업무방해죄의 업무로 보아 업무방해죄로 처벌할 수 있는지 여부가 쟁점이 된다.

Q 5. 업무방해죄에서 업무의 범위는?

업무방해죄의 법적 성격에 대해서 재산죄설, 자유보호설 그리고 결합설이 제시되고 있다. 재산죄설은 업무방해죄가 신용 및 경매에 관한 죄와 함께 규정되어 있다는 입법체계적 이유와 업무의 보호는 재산을 보호하려는 목적 달성의 한 수단으로서 그 의미가 있다는 이유로 업무방해죄의 성격을 사람의 경제적 생활관계를 보호하는 것이라고 한다. 자유보호설은 업무방해죄의 본질을 사람의 자유로운 행위의 적정행사를 저해하는 데에 있다고 보아 자유와 사회의 안전에 대한 죄의 일종으로 파악하는 견해이다. 이에 대해서 결합설은 업무방해죄를 단순히 자본주의 경제질서의 보호라는 관점에서만 파악하는 재산죄설이나 자유라는 인격적 법익의 보호만을 목표로 한다는 자유보호설의 입장이 충분하지 않다고 한다. 그 이유로써 재산죄설은 업무로서 보호되어야 할 필요성이 있는 영역이 사회생활의 복잡화에 의하여 확대되고 있는 현실에서 업무방해죄의 업무를 반드시 사람의 경제적 활동만으로 제한하여야 할 이유가 없으며 사회적 활동으로서의 업무도 포함한다는 점, 그리고 자유보호설은 업무방해죄가 가지는 경제적 보완기능을 무시하고 있다고 비판한다. 결합설은 재산죄적 성격을 업무방해죄의 속성으로 보면서도 이에 국한하지 않고 사람의 활동의 자유라는 테두리 안에서 보호되는 것으로 업무방해죄는 사람의 사회적 활동의 자유를 경제적 측면에서 보호하는 것이라고 한다.

형법상 업무방해죄의 보호법익은 업무를 통한 사람의 사회적·경제적 활동을 보호하려는 데 있으므로, 그 보호대상이 되는 '업무'란 직업 또는 계속적으로 종사하는 사무나 사업을 말하고, 여기서 '사무' 또는 '사업'은 단순히 경제적 활동만을 의미하는 것이 아니라 널리 사람이 그 사회생활상의 지위에서 계속적으로 행하는 일체의 사회적 활동을 의미한다.

형법상 업무방해죄와 별도로 규정한 공무집행방해죄에서 '직무의 집행'이란 널리 공무원이 직무상 취급할 수 있는 사무를 행하는 것을 의미하는데, 이 죄의 보호법익이 공무원에 의하여 구체적으로 행하여지는 국가 또는 공공기관의 기능을 보호하고자 하는 데 있는 점을 감안할 때, 공무원의 직무집행이 적법한 경우에 한하여 공무집행방해죄가 성립하고, 여기에서 적법한 공무집행이란 그 행위가 공무원의 추상적 권한에 속할 뿐 아니라 구체적 직무집행에 관한 법률상 요건과 방식을 갖춘 경우를 가리키는 것으로 보아야 한다. 이와 같이 업무방해죄와 공무집행방해죄는 그 보호법익과 보호대상이 상이할 뿐만 아니라 업무방해죄의 행위유형에 비하여 공무집행방해죄의 행위유형은 보다 제한되어 있다. 즉 공무집행방해죄는 폭행, 협박에 이른 경우를 구성요건으로 삼고 있을 뿐 이에 이르지 아니하는 위력 등에 의한 경우는 그 구성요건의 대상으로 삼고 있지 않다. 또한, 형법은 공무집행방해죄 외에도 여러 가지 유형의 공무방해행위를 처벌하는 규정을 개별적·구체적으로 마련하여 두고 있으므로, 이러한 처벌조항 이외에 공무의 집행을 업무방해죄에 의하여 보호받도록 하여야 할 현실적 필요가 적다는 측면도 있다. 그러므로 형법이 업무방해죄와는 별도로 공무집행방해죄를 규정하고 있는 것은 사적 업무와 공무를 구별하여 공무에 관해서는 공무원에 대한 폭행, 협박 또는 위계의 방법으로 그 집행을 방해하는 경우에 한하여 처벌하겠다는 취지라고 보아야 한다.

다른 관점에서는 업무방해죄의 업무에는 공무도 포함된다고 주장한다. 이에 따르면 공무원이 직무상 수행하는 공무 역시 공무원이라는 사회생활상의 지위에서 계속적으로 종사하는 사무이므로 업무방해죄의 '업무'의 개념에 당연히 포섭되고, 업무방해죄의 업무에 공무를 제외한다는 명문의 규정이 없는 이상 공무도 업무방해죄의 업무에 포함된다고 한다. 뿐만 아니라 업무방해죄는 일반적으로 사람의 사회적·경제적 활동의 자유를 보호법익으로 하는 것인데, 공무원 개인에 대하여도 자신의 업무인 공무수행을 통한 인격발현 및 활동의 자유는 보호되어야 하므로 단순히 공무원이 영위하는 사무가 공무라는 이유만으로 업무방해죄의 업무에서 배제되어서는 안된다고 한다. 따라서 공무의 성질상 그 집행을 방해하는 자를 배제할 수 있는 강제력을 가지지 않은 공무원에 대하여 폭행, 협박에 이르지 않는 위력 등에 의한 저항 행위가 있는 경우에는 일반 개인에 대한 업무방해행위와 아무런 차이가 없으므로 업무방해죄로 처벌되어야 한다. 그리고 형법이 컴퓨터 등 정보처리장치에 대한 손괴나 데이터의 부정조작의 방법에 의한 업무방해죄의 규정을 신설하면서 같은 내용의 공무집행방해죄를 따로 규정하지 않은 것은 컴퓨터 등 정보처리장치에 대한 손괴나 데이터의 부정조작의 방법에 의한 업무방해죄의 규정에 의하여 이러한 방법에 의한 공무방해행위를 처벌할 수 있기 때문이라고 주장한다. 더 나아가 공무에 대하여는 업무방해죄가 성립하지 아니한다고 보게 되면 입법자가 예상하지 아니한 형벌의 불균형을 초래하고 현실적으로 공공기관에서 많은 민원인들의 감정적인 소란행위를 조장하는 결과를 초래하게 될 위험이 있기 때문에 업무방해죄에 있어 '업무'에는 공무원이 직무상 수행하는 공무도 당연히 포함되는 것으로서 직무를 집행하는 공무원에게 폭행 또는 협박의 정도에 이르지 않는 위력을 가하여 그의 공무 수행을 방해한 경우에는 업무방해죄가 성립한다.

Leading Case 5 풀이 ≫ 업무방해죄와 공무집행방해죄는 그 보호법익과 보호대상이 상이할 뿐만 아니라 업무방해죄의 행위유형에 비하여 공무집행방해죄의 행위유형은 보다 제한되어 있다. 즉, 공무집행방해죄는 폭행, 협박에 이른 경우를 구성요건으로 삼고 있을 뿐 이에 이르지 아니하는 위력 등에 의한 경우는 그 구성요건의 대상으로 삼고 있지 않다. 갑이 경찰서에서 행한 행위가 '욕설과 행패'로서 폭행과 협박에 해당하지 않으므로 공무집행방해죄로 처벌할 수 없다고 하여 이를 업무방해죄의 '위력'에 해당하는 행위로서 처벌하는 것은 '업무'와 '공무'의 구별을 전제로 한 형법의 취지에 반하는 것이므로 갑은 무죄에 해당한다. •••

제4장 사생활의 평온에 대한 죄

Leading Case 1   갑은 혼인한 자로서 을녀와 내연의 관계에 있던 중 을의 남편인 A가 외출한 틈을 타 을의 동의 하에 간통목적으로 A의 집에 들어가 을과 간통을 하였다. 갑의 죄책은?

| Point | 거주자 중 1인의 승낙은 있으나 타거주자의 의사에 반하여 주거에 출입하는 경우에 주거침입죄가 성립하는지가 쟁점이 된다. 이 사안은 주거침입죄의 보호법익과 관련해서도 자주 인용된다.

Q 1. 주거침입죄의 보호법익은 무엇인가?

주거침입죄의 보호법익은 '개인이 향유하는 사적인 공간에 대한 영역지배의 이익'으로 보는 것이 타당하다. 주거침입죄의 보호법익에 관한 사실상 평온설이나 주거권설 모두 물리적 침입이 전제가 되어 있다. 즉 사적인 평온이 보장받아야 할 영역인 주거, 건조물, 점유하는 방실에 대해서 개인이 향유할 이익은 사적(privacy)영역에 대한 지배이익이라고 할 수 있다. 여기서 지배란 출입과 체류에 대한 결정의 자유와 공간의 안전과 평온을 확보하는 것을 의미한다. 따라서 주거침입죄의 보호법익은 권리의 개념으로서 주거권도 아니며, 공간에서의 사실적인 생활상태 평온성도 아닌 '사적 공간에 대한 영역지배의 이익'이라고 할 수 있다.

주거침입죄의 보호법익을 '사적 공간에 대한 영역지배의 이익'이라고 보는 견해에 의하면 기존의 주거권설과 일견 권리의 내용을 기술해 놓은 인상을 준다. 그러나 주거권설은 권리를 향유하는 자, 즉 주거권자가 중심에 있다. 즉 Privacy권을 가진 자가 일정한 공간에 대해서 가지는 권리이며, 그 내용은 출입과 체류여부의 결정의 자유로 이루어져 있다. 이에 대해 '사적 공간에 대한 영역지배의 이익'의 관점은 '지배의 이익'에 중심이 있다. 이익의 내용이 규범적으로 정해진다는 점에 대해서는 주거권설과 같지만, 사실적인 지배의 이익도 포함한다는 점에서는 차이가 있다. 또한 주거권설은 형식적으로 정해진 주거권자라는 개념을 전제로 의사침해여부를 판단하지만, '사적 공간에 대한 영역지배의 이익'설은 실질적인 관점에서 영역에 대한 지배이익을 판단한다. 따라서 형식적으로 주거권을 향유하는 자보다, 실질적으로 영역지배의 이익을 갖는 자를 보호한다.

사실상 평온설은 사실적 관점에서 주거침입죄를 이해하는 반면에, '사적 공간에 대한 영역지배의 이익'설은 규범적 관점에서 주거침입죄를 이해한다는 점에서 다르다. 사실상 평온설이 '사실상'이라고 하는 이유는 규범적 관점의 주거권설과 차이를 표현한 것이다. 그러나 일정한 공간에 대한 평온은 특정한 자만이 아니라, 사회 전체가 필요로 하는 것이라는 점을 생각해 본다면, 개인을 위한 것이라는 의미보다는 사회를 위한 것이라고 볼 여지도 있다. 또한 사실상 평온은 '정서적(情緖的)' 안정이라는 의미변화를 연상시키므로 보호법익으로서 그 포섭범위가 적절하지 않은 것으로 보인다. 예를 들어 화장실의 용변칸이나, 평온한 방법으로 들어 온 경우에서 보는 것처럼 주거침입죄의 행위객체와 행위태양에 대한 해석의 경계를 분명하게 설명할 수 없게 한다. 왜냐하면 정서적 관점이 포함되게 되면 분석적이지 못하고 '인상(印象)'에 의해 판단하게 되기 때문이다. 이러한 점들은 '사적 공간에 대한 영역지배의 이익'설에 의하면 해소될 수 있다. 예를 들어 '사적 공간'에 대한 영역지배의 이익은 주관적으로 정해지는 것이 아니라, 규범적 관점에서 공동체 구성원의 자유와의 이익형량을 통해 조정되기 때문이다.

　계약기간이 만료한 후 퇴거하지 않고 있는 임차인의 주거에 임대인이 들어간 경우, 주거권설에 의하면 계약기간이 만료한 임차인의 권리는 소멸하였으므로 임대인에게 주거침입죄를 물을 수 없다고 한다. 그러나 형법상 누구에게 사적 공간에 대한 영역지배의 이익을 인정할 것인가는 민법상의 문제가 아니라 사실적 지배를 포함한 형법적 규범판단이 필요하다. 따라서 권원은 이미 소멸했지만 사실적인 사적공간을 향유해온 영역지배의 이익은 퇴거 전까지는 임차인에게 있다고 하는 것이 타당하다. 동일한 관점에서 사적인 영역의 지배는 이를 향유하는 자의 현실적 침해여부가 아니라, 보호되어야 할 공간에 대한 규범적 보호이므로 평온한 출입인지 침입인지는 객관적 행위태양으로 판단할 문제가 아니라, 사적인 영역지배의 이익을 해하였는지에 대한 형법적 판단이 기준이 되어야 할 것이다. 그러므로 침입자가 거주자가 외출하고 비어있는 집에 들어간 경우는 사실상 주거의 평온에 아무런 침해가 없으므로 주거침입죄의 미수가 될 수밖에 없다는 설명은 오해에서 비롯된 자의적 판단이라고 할 수 있다.

　일정한 영역은 개인이 지배하는 경우도 있고, 타인과 더불어 지배하는 경우도 있다. 즉 개인이 향유하는 사적인 영역지배의 이익은 당연히 수인이 공유할 수 있는 것이다. 공유하는 수인의 이해관계가 일치하지 않거나, 혹은 상반된 경우라 할지라도 그 중 1인의 동의가 있는 경우에는 침입이라고 할 수는 없다. 공유하는 수인사이의 내부적 문제는 형법상 평가의 대상으로 삼을 수는 없는 것이다. 일정한 Privacy 공간을 함께 공유하는 사람들의 내부적 불일치로 인한 갈등으로 '침입의 고의없는 제3자'가 처벌받는 것은 타당하지 않은 것이다. 왜냐하면 누구든지 자신이 신뢰하지 않는 자와 사적인 영역지배를 공유하는 자는 자신의 신뢰를 저버린 공동거주자로 인한 법익침해의 결과를 스스로 감수하는 것이 당연하기 때문이다.

Leading Case 1 풀이 ≫   이 사안의 실제 사건에서 대법원은 동거자중의 1인이 부재중인 경우라도 주거의 지배관리관계가 외관상 존재하는 상태로 인정되는 한 갑이 남편이 일시 부재중 간통의 목적 하에 그 처인 을의 승낙을 얻어 주거에 들어간 경우라도 남편 A의 주거에 대한 지배관리관계는 여전히 존속한다고 보고 사회통념상 간통의 목적으로 주거에 들어오는 것은 남편 A의 의사에 반한다고 보여지므로 비록 A의 처인 을의 승낙이 있었다 하더라도 남편의 주거의 사실상 평온은 깨어졌다 할 것이므로 이러한 경우에는 주거침입죄가 성립한다고 한다. 사실상 평온설을 취하면서도 이 사례에서 주거침입죄를 인정한 것에 특징이 있다. 그렇지만 주거권설에 의하면 침입이란 '주거권자의 의사에 반하여 들어가는 것'인데 이 사례에서 남편도 주거권자이고 따라서 부인과 간통하기 위해 집에 들어가는 행위는 남편의 의사에 반하는 것이기 때문에 대법원의 입장과 동일한 결론이 된다.

그러나 사실상 평온설에 의할 경우 주거침입죄를 인정하기가 어렵다고 해야 한다. 혼자 집을 지키고 있는 부인의 승낙, 나아가 환영을 받고 들어가는 것이 주거의 사실상 평온을 해친다고 할 수는 없다. 결국 대법원은 사실상 평온설을 표방하고 있으나 실제로는 주거권설에 입각한 것이고 아직도 구주거권설의 잔재가 남아 있는 것이라 할 수 있다. 왜냐하면 대법원은 '주거권자', '남편의 부재중에도 남편의 지배관리는 여전히 존재한다', '사회통념상…남편의 의사에 반한다'는 표현을 쓰고 있는데, 이러한 표현들은 주거권설에서 쓰는 용어이고 사실상 평온설과는 어울리지 않는 용어라고 할 수 있다. 즉 부재중이어서 현실적으로 주거를 지배관리하지 못하는 남편의 주거권을 현실적으로 주거를 지배·관리하는 부인의 주거권보다 우월하다고 하는 것은 사실적 개념을 포기하고 추상적·규범적 개념에 의지하지 않으면 불가능하기 때문이다. 따라서 갑은 공동주거권자인 을의 승낙을 받고 들어간 것이기 때문에 주거침입죄에 해당하지 않는다고 하는 것이 타당한 결론이다.

•••

Leading Case 2   갑은 다가구용 단독주택인 빌라의 잠기지 않은 대문을 열고 계단으로 들어간 후에 공용계단을 통해 빌라 3층까지 올라가서 그곳의 문을 두드려 본 후 다시 1층으로 내려오다 주민에게 발각되었다. 갑의 죄책은?

| Point | 다가구용 단독주택이나 공동주택 내부에 있는 공용 계단과 복도가 주거침입죄의 객체인 '사람의 주거'에 해당하는지 여부가 쟁점이 된다.

Q 2. 주거침입죄의 침입의 대상은 무엇인가?

주거침입죄의 행위객체로서 사람의 주거·관리하는 건조물·선박이나 항공기 또는 점유하는 방실의 해석은 사적 공간으로서 영역지배를 향유하는 자의 이익과 공동체 구성원의 관점을 고려하여야 한다.

영역지배가 인정되는 사적 공간이 넓어질수록 공동체 구성원의 자유로운 공간은 줄어든다고 할 수 있다. 형사사건에서 접하는 대부분의 침입자는 주거침입 그 자체가 목적이 아니라, 범죄의 대상장소에 침입하는 것이다. 형법의 보충성의 원리는 개인의 사적공간에 대한 영역지배의 대상에 대해서도 동일하게 작동되어야 한다. 주거 그 자체에 침입하는 경우에는 Privacy공간에 대한 영역지배의 이익보호가 엄격하게 적용되어야 한다. 그러나 주거침입과 결부된 가중범죄의 경우를 보면, 마치 중대범죄와 연결하기 위한 통과의례처럼 주거침입죄를 쉽게 인정하고 있는 것이 실무의 경향으로 보인다.

공용화장실 용변칸이나, 아파트 승강기, 공동주택 계단과 복도 등에서 범해진 성폭력범죄는 주거침입강간으로 처벌되고, 골리앗 크레인(조선소 등에 설치된 대형 레일식 크레인)과 타워크레인(일직선상으로 고공 조립된 수직 타워 상부에 크레인을 장착한 것)의 차이(판례는 조선소에 설치되어 선박건조자재를 운반하는 골리앗은 건조물에 해당하지만, 건축공사장의 건설기계인 타워크레인은 건조물에 해당하지 않는다고 한다), 파업과 공장 사무실 등등 노동현장에서 발생하는 갈등도 결국 주거침입죄 성립여부가 쟁점이 된다. 이러한 쟁점들에서 대법원은 사적 공간에 대한 개인의 영역지배의 이익이나, 공동체 구성원의 관점을 고려한다기 보다는 오로지 형사처벌의 필요성의 관점에서 주거침입죄의 적용을 확대하는 방향으로 대응해가고 있다고 보여진다.

또한 입법론적 관점에서 우리 형법규정상 주거침입죄의 행위객체에 비판적 검토가 필요하다고 생각한다. 항공기가 주거침입의 객체가 될 수 있는가? 「사람의 주거·관리하는 건조물·선박이나 항공기 또는 점유하는 방실」이라는 구체적 대상을 나열하는 것보다, 보호받아야 할 사적 공간에 대한 기준을 법규정에 제시하는 것이 타당할 것으로 생각된다. 그리고 주거침입과 결합되어 있는 범죄의 구성요건에서는 구체적이고 명확하게 행위객체로서 사적 공간을 규정하는 것이 바람직하다.

Leading Case 2 풀이 »» 이 사안의 실제사건에서 하급심법원은 갑이 위 빌라의 시정되지 않은 대문을 열고 들어가 계단으로 빌라 3층까지 올라가서 그곳의 문을 두드려 본 후 다시 1층으로 내려온 사실을 인정한 다음, 이러한 갑의 행위만으로는 피고인이 침입을 위한 구체적인 행위를 시작하였다거나 주거의 평온을 침해할 객관적인 위험성을 포함하는 행위를 한 것으로 볼 수 없어서 주거침입의 실행의 착수가 없다는 이유로 주거침입죄에 대해서 무죄를 선고하였다. 그러나 대법원은 주거침입죄에 있어서 주거라 함은 단순히 가옥 자체만을 말하는 것이 아니라 그 정원 등 위요지(圍繞地)를 포함하는 것이고, 다가구용 단독주택이나 다세대주택·연립주택·아파트 등 공동주택 안에서 공용으로 사용하는 계단과 복도는 주거로 사용하는 각 가구 또는 세대의 전용 부분에 필수적으로 부속하는 부분으로서 그 거주자들에 의하여 일상생활에서 감시·관리가 예정되어 있고 사실상의 주거의 평온을 보호할 필요성이 있는 부분이므로, 다가구용 단독주택이나 공동주택의 내부에 있는 공용 계단과 복도는 특별한 사정이 없는 한 주거침입죄의 객체인 '사람의 주거'에 해당한다고 보아 갑에게 주거침입죄를 인정하였다. •••

Leading Case 3   갑은 00:10경 A녀의 집에서 A를 강간하기 위하여 A의 집 담벽에 발을 딛고 창문을 열고 안으로 얼굴을 들이밀었다가 A가 소리치는 바람에 도주하였다. 갑의 죄책은?

| Point | 주거침입죄는 미수범을 처벌하고 있다. 따라서 주거침입의 기수와 미수는 구별되어야 하는 개념이다. 이 사안에서는 갑이 A의 주거에 침입한 것으로 보아 주거침입의 기수를 인정할 것인지 아니면 아직 침입한 것은 아니라는 관점에서 주거침입죄의 미수를 인정할 것인지에 대한 주거침입죄의 기수시점의 판단기준이 쟁점이 되고 있다.

Q 3. 언제 주거침입이 기수가 되는가?

주거침입죄의 기수시기에 대해서는 일부침입설, 전부침입설 등이 대립하고 있다. 일부침입설은 행위자의 신체가 들어가지 않아서는 침범이라고 할 수 없으나, 행위자의 신체 전부가 주거에 들어갈 필요는 없고 신체의 일부만 들어가도 기수가 된다는 견해이다. 이에 의하면 문을 닫지 못하게 하기 위해 집안으로 발을 들여밀은 경우라고 하더라도 주거침입죄는 성립한다는 것이다. 전부침입설은 신체의 전부가 들어가야 기수가 된다는 견해로서 통설의 입장이다. 이 견해는 독일에서는 주거침입죄의 미수범 처벌규정이 없으나 우리 형법에는 미수범 처벌규정이 있기 때문이라는 것을 그 근거로 들고 있다. 이 견해에 의하면 처음부터 신체의 전부가 들어갈 고의없이 신체의 일부만 들어갈 고의로 발, 손, 얼굴 등을 들이민 경우에는 미수의 고의만이 있으므로 주거침입죄가 성립하지 않는다.

주거침입죄의 침입은 사적 공간에 대한 영역지배 이익을 향유하는 자의 의사에 반해서 신체의 일부가 들어감으로써 실행의 착수가 되고, 전부가 들어감으로써 기수가 된다. 판례처럼 신체의 일부가 들어감으로써 이미 '사실상 평온'이라는 법익이 침해될 수 있는 정도라면 기수가 된다고 한다면, 주거침입죄는 사적인 영역지배에 대한 이익을 향유하는 자의 정서적 침해만으로 이미 기수가 되는 결과가 된다. 여기서 더 확장된다면 아파트 앞동에서 고성능 망원경으로 자신의 거실을 눈앞에서 훔쳐보고 있는 행위도 주거침입죄로 처벌될 수도 있을 것이다. 사생활의 평온에 대한 장에서 주거침입죄가 주거에 대한 사실상의 평온을 보호한다고 하더라도 창문에 얼굴을 (비록 피고인이 강간의 의사를 가지고 혼자있는 여자의 방을 밤 12시 경에) 들이미는 행위를 주거침입죄의 기수라고 하는 것은 타당하지 않다. 왜냐하면 주거침입죄의 기수란 사적인 영역지배란 공간적 개념을 전제로 하여 의사에 반하여 타인의 신체의 전부가 자신의 영역지배에 들어온 경우이며, 타인이 자신의 지배영역에 들어오기 시작하면 주거침입죄의 실행의 착수 시점이며, 신체의 전부가 들어오지 못한 경우는 미수가 되는 것이기 때문이다.

Leading Case 3 풀이 ≫ 이 사안의 실제사건에서 대법원은 주거침입죄는 사실상의 주거의 평온을 보호법익으로 하는 것이므로, 반드시 행위자의 신체의 전부가 범행의 목적인 타인의 주거 안으로 들어가야만 성립하는 것이 아니라 신체의 일부만 타인의 주거 안으로 들어갔다고 하더라도 거주자가 누리는 사실상의 주거의 평온을 해할 수 있는 정도에 이르렀다면 범죄구성요건을 충족하는 것이라고 한다. 따라서 주거침입죄의 범의는 반드시 신체의 전부가 타인의 주거 안으로 들어간다는 인식이 있어야만 하는 것이 아니라 신체의 일부라도 타인의 주거 안으로 들어간다는 인식이 있으면 족하다고 할 것이고, 이러한 범의로써 예컨대 주거로 들어가는 문의 시정장치를 부수거나 문을 여는 등 침입을 위한 구체적 행위를 시작하였다면 주거침입죄의 실행의 착수는 있었다고 보아야 하고, 신체의 극히 일부분이 주거 안으로 들어갔지만 사실상 주거의 평온을 해하는 정도에 이르지 아니하였다면 주거침입죄의 미수에 그친다고 할 것이다.

미수범처벌규정이 있는 우리 형법의 해석에서 일부침입설보다는 전부침입설이 좀 더 자연스러운 것은 사실이다. 문을 열고(실행의 착수) 신체의 일부가 들어간 후 신체의 전부가 들어가고 집 안에 머문 후 퇴거하는(종료) 주거침입죄의 전과정에서 일부침입시보다는 전부침입시를 기수시기로 하는 것이 논리필연적은 아니지만 좀더 자연스러운 해석이라고 할 수 있다. 둘째, 주거침입죄가 사실상 평온을 해할 것을 요하기 때문에 부진정거동범이라는 주장은 결과범과 거동범의 구분과 침해범과 위험범의 구별을 혼동한 것이라고 해야 한다. 결과범과 거동범의 구분은 보호법익의 침해여부를 기준으로 한 구분이 아니라 구성요건적 행위 외에 일정한 결과의 발생이 외부세계에 나타나야 하는가의 여부를 기준으로 한 구분이고 여기에서의 결과는 반드시 보호법익을 침해하는 성질의 것이 아니어도 무방하다고 할 수 있다.

대법원 판결들이 사실상의 평온을 침해하였는가 여부를 가지고 기수, 미수를 결정하려고 한 것은 주거침입죄를 침해범으로 해석한 것이라고 할 수 있다. 이와 같이 주거침입죄를 침해범으로 해석한다면 오히려 전부침입시에 사실상의 평온이 완전히 침해되었다고 해석하는 것이 더 타당하다. 셋째, 침입을 신체의 전부가 들어감이라고 해석하는 것이 축소해석이고 일부가 들어가는 것이 문리해석이라고 하지만, 오히려 전자가 문리해석이고 후자가 축소해석이라고 하는 것이 더 타당할 것이다. 신체의 일부가 들어간 단계에서 '들어가는' 혹은 '들어감'이라는 말을 쓸 수 있겠지만 '들어간'이라는 말은 맞지 않는다. 결국 '들어간' 혹은 '침입한'을 신체의 전부가 들어간 경우를 지칭하는 말로 해석하는 것이 문자의 의미에 따른 해석이다. 우리 형법의 주거침입죄의 요건이 다른 나라들의 그것보다 매우 광범위하고 형벌도 무겁다는 것을 고려한다면 '침입'이라는 말을 축소함으로써 형벌권의 범위를 확대시키는 해석은 바람직하지 않다.

대법원은 갑이 창문을 열고 안으로 얼굴을 들이밀었다가 A가 소리쳐서 침입하지 못한 경우에 갑에게 주거침입죄의 기수를 인정하였지만, 주거침입의 고의를 가지고 A의 집 창문에 신체의 일부만 침입한 갑의 행위는 주거침입죄의 실행의 착수는 인정되지만 기수에 이르렀다고 할 수 없으므로 주거침입죄의 미수범에 해당한다.

제5장 재산에 대한 죄

Leading Case 1   A주식회사는 직물원단고무코팅시스템을 독자적으로 개발하였는데, 동 회사의 직원 갑은 업무용으로 지급한 노트북 컴퓨터에 저장되어 있는 직물원단고무코팅시스템의 설계도면과 공정도를 A2용지에 2장을 출력하여 가지고 나왔다. 갑의 죄책은?

| Point | 이 사안에서는 컴퓨터에 저장된 정보가 절도죄의 객체로서 재물에 해당하는지 여부와 정보를 복사하거나 출력해 간 경우 절도죄를 구성하는지 여부가 쟁점이 된다.

Q 1. 절취의 대상인 재물의 의미는?

형법상 재물의 개념은 다의적이기는 하지만, 일반적으로는 민법상의 물건과 같은 의미를 가진다. 즉, 민법 제98조에는 물건을 "유체물 및 전기 기타 관리할 수 있는 자연력"이라고 규정하고 있다. 이에 대하여 형법 제346조에는 "본 장에 있어서 관리할 수 있는 동력은 재물로 간주한다."고 규정하여 절도죄·사기죄·공갈죄 및 횡령죄·배임죄 등의 죄에 각각 준용하고 있다.

전통적인 재물의 개념은 일정한 공간을 차지하는 유체물(고체·액체·기체)에 한정된다고 보는 유체성설에 의한 것이었다. 유체성설은 구민법(제85조)에 '물(物)이란 유체물을 말한다'고 규정하고 있으므로 형법상 재물도 유체물로 한정하는 것으로 이해하려는 관점에서 출발하였다. 그러나 문명의 발달로 인하여 재물을 유체물로 한정하는 것은, 전기를 무단으로 끌어다 쓰는 사례가 빈발하는데도 처벌할 수 없는 결과가 되는 것과 같이, 사회현상에 대한 적절한 대처에 한계를 느끼게 되었다. 즉 형법적 재산의 핵심표지인 재물의 개념은 그 외연을 확장해 왔다. 이에 따라 무체물도 형법적으로 보호해야 하므로 형법상 재물을 유체물에 한정할 수 없다는 관리가능성설(管理可能性說)이 등장하게 되었다. 유체성설은 관리가능한 동력을 재물이라고 규정한 형법 제346조를 민법 제98조의 특별규정이라고 해석하고, 관리가능성설은 이를 예시규정에 불과하다고 해석한다.

일정한 공간을 차지하는 유체물이 재물임에는 틀림없으나, 재물의 개념 내용은 모든 재산범죄에서 같은 의미를 가지는 것이 아니다. 그것은 구성요건적 행위개념이나 해석에 의하여 반사적인 제한을 받는다. 예컨대, 여권(旅券)은 재물로서 절도죄나 사기죄 객체가 되지만, 공무원을 기망하여 여권을 발급받는 행위는 그 여권을 편취한 사기죄가 되는 것이 아니다. 또 부동산은 재물로서 사기·공갈·횡령죄에 있어서의 재물에 포함된다는 데에는 다른 견해가 없다. 그런데 절도·강도죄에서의 재물에 포함되는가에 관하여는 논의가 있다. 물론 부동산일지라도 모래나 자갈과 같이 가동물건(可動物件)으로 전환된 때에는 절도죄나 강도죄의 객체가 될 수 있음은 당연하고, 이는 행위개념으로부터 당연히 도출되는 객체의 문제가 아니라 보호법익의 문제로 보아야 한다. 부동산이 절도·강도죄에서의 재물에 포함된다는 견해는, 형법은 재물을 동산에 한정하는 규정을 두고 있지 않으므로 한정하여 해석할 이유가 없고, 절취·강취의 개념을 재물에 대한 장소적 이전이 있어야 하는 것으로 해석할 이유가 없으며, 부동산의 침탈에 대한 처벌로서 경계침범죄나 주거침입죄만으로는 형사정책적 문제가 생기고, 수목(樹木)과 같이 민법 제99조 제1항에 의하여 부동산으로 취급되는 토지의 정착물은 취거할 수 있어 절도죄의 객체가 될 수 있다는 등의 논거를 든다. 이에 대하여 불포함설에 의하면 역사적으로 절도죄의 객체는 동산에 한정되어 왔고, 절도죄는 탈취죄로서 점유의 이전을 개념요소로 하므로 가동성(可動性)이 없는 부동산은 포함될 수 없으며, 부동산에 대한 절도는 사실상 경계를 침범하거나 침입하여 점거하는 것을 생각할 수 있을 뿐인데 이러한 행위는 경계침범죄와 주거침입죄에 해당하고, 토지의 정착물은 점유배제와 점유확립이 가능하므로 절도죄의 객체가 되는 것일 뿐이라는 등의 논거를 든다.

사람의 신체도 재물이 아니다. 그러므로 살아있는 사람의 장기(臟器)를 적출하는 행위는 재산범죄가 아니라 상해죄의 문제이다. 사체(死體)도 제례(祭禮)의 대상이 되는 것은 재산죄의 객체가 될 수 없고, 신앙에 관한 범죄인 사체영득죄 등의 구성요건으로 해결된다. 이러한 해석은 재물의 개념문제라기 보다는 구성요건해석의 문제이다. 사람의 신체도 분리되거나 적출된 상태의 것이라면 재산죄의 객체가 되고, 사체도 해부용이거나 사체에서 분리된 금이빨과 같이 제례의 대상이 아닌 것은 재산죄의 객체가 될 수 있다.

재산범죄는 재산권이나 소유권을 보호하려는 것이라는 점에서 소유 또는 점유가 금지되는 금제품도 그 객체가 될 수 있는지가 문제가 된다. 단순히 점유가 금지된 경우(예컨대, 불법무기)는 재물성을 인정할 수 있으나, 소유까지 금지된 경우(예컨대, 위조통화)에는 재물성이 부정되어야 한다는 견해도 있다. 그러나 재물성이란 소유권의 목적이 될 수 있느냐의 여부에 따라 결정되는 것이고, 금제품은 개인에 대한 관계에서는 소유가 금지되어 있으나 궁극적으로는 국가가 몰수에 의하여 소유권을 취득하는 경우가 있고 무주물과는 달리 소유권이 존재하지 않는다고 할 수 없으므로 절도죄 등의 객체가 된다고 하는 견해가 타당하다.

재산범죄란 재산을 보호하려는 범죄라는 점에서 객체인 재물은 반드시 재산적 가치를 가져야 하는가? 학설과 판례는 재물은 소유자가 소유권의 대상으로 할 수 있는 주관적 가치 내지 소극적 가치만 있으면 충분하고 금전적 교환가치는 필요로 하지 않는다고 하고 있다. 재산범죄의 객체인 재물은 반드시 객관적인 금전적 교환 가치를 가질 필요는 없고 소유자 또는 점유자가 주관적인 가치를 가지고 있음으로서 족하고 주관적·경제적 가치 유무의 판별은 그 대상물이 타인에 의하여 이용되지 않는다고 하는 소극적 관계만 있으면 그 가치가 인정될 수 있다. 그러므로 부모의 사진과 같이 주관적 가치가 있는 것은 금전적 교환가치가 없더라도 재물에 해당하고 발행자가 회수하여 세 조각으로 찢어버림으로서 폐지가 되어 쓸모없는 것처럼 보이는 약속어음도 절도죄의 객체인 재물에 해당한다. 논란이 되는 경우는 경제적 가치가 매우 경미하고 주관적 가치조차 없는 것도 재산범죄에서 말하는 재물에 해당하는가이다. 이에 대해서 소유권을 보호하는 규범의 목적에 비추어 일반인에게 주관적 가치도 인정될 수 없으면 재물이 될 수 없다는 견해도 있고, 재물에는 해당하지만 피해자의 승낙 또는 추정적 승낙의 이론이나 사회상규에 위배되지 않는다는 이론에 의하여 구성요건해당성 또는 위법성이 조각된다는 견해도 있다.

현대사회에서 기업비밀에 속하는 정보의 가치가 증대되어 가므로 그것을 유출시키는 행위가 사회문제로 대두되고 있다. 정보도 물리적인 관리가 가능하므로 재물이라고 할 여지가 전혀 없지 않으나, 학설과 판례는 정보란 유체물도 아니고 물질성을 가진 동력도 아니므로 그 자체를 재물이라고 해석하는 것은 유추해석이라고 하는 데에 거의 일치하고 있다. 정보는 재물이 아니므로 타인의 정보 그 자체를 암기하거나 기술적 방법으로 유출하더라도 절도·횡령죄가 성립할 수 없다. 다만 재산상 이익에 해당하므로 타인의 정보를 관리하는 자가 그것을 부정유출하는 경우에는 배임죄가 성립될 수 있다. 그런데 정보가 기재된 종이와 같이, 정보가 어떤 소재에 화체(化體)되면 그 화체물은 재물이다. 그러므로 타인의 소유인 그 화체물을 무단으로 가져가는 행위는 절도죄가 성립된다. 문제는 정보 그 자체가 그것이 화체된 소재와 '일체'로 평가되어 절도죄의 객체가 될 수 있는가, 아니면 정보가 화체된 그 '소재만'이 객체로 되는가에 있다. 판례는 정보를 소재와 일체로서 취급하는 것이 아니라 그것을 분리하여 소재에 대한 절도죄만을 인정하고 있다. 그러나 향후의 형법해석에서 '정보'의 보호가치는 소홀할 수 없는 것이므로 '정보'가 화체된 소재만을 유체물로서 재산범죄의 행위객체로 이해할 것이 아니라 '정보가 화체되어 있는 소재'라는 점에서 보호대상이 되어야 할 것이다. 그리고 더 나아가 '정보' 그 자체를 재산권으로서 보호할 수 있는 규정을 입법화하여야 한다.

Leading Case 1 풀이 »» 현행 형법해석상 절도죄의 객체는 관리가능한 동력을 포함한 '재물'에 한한다. 또한 절도죄가 성립하기 위해서는 그 재물의 소유자 기타 점유자의 점유 내지 이용가능성을 배제하고 이를 자신의 점유하에 배타적으로 이전하는 행위가 있어야만 한다. 그러므로 컴퓨터에 저장되어 있는 '정보' 그 자체는 유체물이라고 볼 수 없고, 물질성을 가진 동력도 아니므로 재물이 될 수 없으며, 이를 복사하거나 출력하였다 할지라도 그 정보 자체가 감소하거나 피해자의 점유 및 이용가능성을 감소시키는 것이 아니므로 그 복사나 출력 행위를 가지고 절도죄를 구성한다고 볼 수 없다.

이 사안의 실제사건에서 대법원은 갑이 출력한 설계도면과 공정도는 갑이 소유할 목적으로 새로 생성시킨 문서이므로 갑의 소유이고, A의 점유도 인정되지 않으며, 정보는 출력해가더라도 그 자체가 감소되거나 A의 이용가능성을 해치는 것도 아니므로 정보의 불법영득이란 인정되지 않는다는 법리에 근거하여 갑의 절도죄를 부인하면서 만일 검사가 갑이 설계도면을 생성시키는 데 사용된 (회사소유의) 용지 자체(사안에서는 A2용지 2매)를 절취하였다고 기소하였다면 절도죄의 성립가능성을 배제하지는 않았다. •••

Leading Case 2 고속버스의 승객인 갑은 옆자리의 승객인 A가 물건을 두고 내리자 고속버스 운전사가 이 물건을 발견하기 전에 이를 갖고 내렸다. 갑의 죄책은?

| Point | 이 사안에서 고속버스의 운전사에게 승객이 두고 내린 물건에 대해 점유할 권한이 있는가 여부에 따라 갑은 절도죄 또는 점유이탈물횡령죄에 해당하게 되므로 형법상 점유의 개념적 이해가 쟁점이 된다.

Q 2. 형법상 점유개념과 절취의 의미는?

점유는 일반적인 지배의사에 의한 재물에 대한 사실상의 지배관계로 정의된다. 즉 점유자에게 재물에 대하여 사실적·물리적 작용을 가할 수 있는 가능성을 제공해 주는 사실적인 지배관계를 의미한다. 이때 가능성은 적법한 지배 가능성을 의미하지 않는다. 따라서 절취한 재물도 절도범의 점유가 인정되어 이를 또 다시 절취한 자는 절도범의 점유를 배제하여 새로운 점유를 취득한 것으로서 절도죄의 구성요건에 해당한다.

점유의 개념은 세 가지 요소로 구성되어 있다. 먼저 객관적·물리적 요소이다. 이는 사실상의 재물지배는 물건에 직접적으로(점유자 자신이) 또는 간접적으로(예컨대 가정부 또는 상점종업원과 같은 점유보조자를 통하여) 객관적·물리적 영향력을 행사하려는 점유자의 의사의 실현에 어떠한 장애도 없는 경우에 인정된다. 재물에 대하여 객관적·물리적 작용을 가할 수 있는 가능성을 제공해 주는 사실적인 지배관계에는 물건과 사람 사이의 장소적 밀접성이 필요하다. 따라서 옷 속이나 손 또는 신체의 일부에 지니고 있는 물건은 물론 집, 거실이나 상점, 군부대의 훈련지역과 같이 장소적으로 제한된 지배영역은 점유범위 내에 속한다. 그리고 주관적·정신적 요소이다. 이는 사실상의 재물지배는 순전히 사실상의 지배의사를 의미하는 점유의사를 전제로 한다. 따라서 어린아이나 정신병자도 이러한 의미의 점유의사는 있다. 점유의사를 가질 수 없는 법인과 관청은 점유의 주체가 될 수 없다. 문제는 점유의사가 지배범위 내의 개별적인 재물에 미쳐야 하는가이다. 즉 점유의사가 현실적이어야 하는가이다. 특정한 재물에 대한 구체적인 점유의사, 현실적인 재물지배인식 또는 명시적인 지배의사의 표현을 요하지 않는다고 본다. 따라서 수면 중인 자 또는 의식을 잃은 자의 점유를 인정할 수 있다. 또한 점유의사는 일정한 지배영역 내의 재물에 대한 사실상의 지배의사이므로 장소적으로 제한된 지배범위 내에 존재하는 모든 물건에 대하여는 일반적인 점유의사가 인정된다. 따라서 아파트의 우편함에 들어 있는 편지나 아파트 문 앞에 던져져 배달된 조간신문 등은 배달이 된 사실을 아파트 주인이 모르더라도 점유가 인정된다. 사실상의 재물지배는 순전히 사실상의 지배의사를 의미하는 점유의사를 전제로 한다는 점에서 사자의 점유는 원칙적으로 부정되어야 한다. 따라서 피해자를 살해한 후 비로소 재물영득의 의사로 피해자의 재물을 영득한 경우에는 절도죄가 아니라 점유이탈물 횡령죄가 성립한다. 그러나 사망자의 생전의 배타적 지배범위 내에 존재하는 피해자의 재물이라면 예외적으로 생전의 점유가 계속된다고 보는 것이 타당하다. 마지막으로 사회적·규범적 관점이다. 이는 지배의사에 의한 재물에 대한 사실적인 작용 가능성은 점유형태의 다양성과 작용 가능성의 정도 등을 고려하여 사회의 경험칙과 관행에 따라 정해져야 한다. 따라서 객관적·물리적 요소와 주관적 요소에서 중요시되는 재물에 대한 신체적 근접성, 지배의사의 강도와 재물과의 관계를 유지해 주는 물리적인 힘 등에 관계없이 사회에서 통용되는 사회생활상의 규칙이 점유의 개념내용을 수정하게 된다. 이러한 이유로 점유개념에서 결정적인 요소는 거래관행과 거래질서이다. 이를 통하여 한편으로는 일시적인 물리적 작용 불가능성이 존재하거나 공간적 근접성이 없음에도 불구하고 점유를 인정할 수 있게 되어 점유개념이 확대되기도 한다. 예컨대 도로상에 주차된 자동차, 고속도로의 갓길에 정차되어 있는 고장차량, 휴가여행 중인 집안의 물건, 강간피해자가 도피하면서 현장에 두고 간 손가방, 아침에 문 앞에 배달된 신문 등은 점유가 이탈되거나 상실된 것이 아니라 여전히 주인의 점유가 인정된다. 다른 한편으로는 사회적·규범적 요소 때문에 재물에 대한 공간적 근접성이나 사실적인 지배 가능성에도 불구하고 (단독)점유가 부정되어 점유개념이 제한되는 경우도 있다. 예를 들어 음식점에서 음식을 담은 그릇을 손님이 사실상 손으로 잡고 있다고 하더라도 음식점 주인의 점유에 속한다.

절도죄에서의 점유란 재물에 대한 사실상의 지배를 의미하며 법률적 지배를 의미하는 민법상의 점유와는 다르다. 민법상의 간접점유자는 형법상의 점유자가 아니고, 민법상 점유가 인정되지 않는 점유보조자에게도 형법상으로는 점유가 인정될 수 있다. 앞에서 설명한 바와 같이 절도죄의 점유는 사실상의 지배라는 물리적 요소와 잠재적 지배의사인 정신적 요소가 필요하다. 점유로 인정될 범위는 사회규범적 요소에 의하여 확장되거나 축소된다. 따라서 예식장의 축의금 접수대에서 접수인을 가장한 제3자가 축의금을 교부받더라도 축의금은 혼주에게 전달하는 뜻으로 교부되는 것이므로 그 제3자는 축의금의 점유자가 아니다.

현실적으로 소지하지 않더라도 점유가 인정될 수 있다. 이사하는 사람이 길거리에 내놓은 가재도구, 어부가 쳐 놓은 그물에 들어간 고기 등에 대하여는 집 주인과 어부의 점유가 인정된다. 음식점에서 손님이 사용하는 그릇은 음식점 주인이 점유하는 것이다. 주인이 가정부에게 집을 지키게 하고 떠난 경우에도 그 집안의 물건에 대한 점유는 가정부가 아니라 주인에게 있다. 주인이 잘못 두고 온 물건도 그 소재를 알고 있으면 주인의 점유에 속한다. 여행객이 붐비는 버스터미널 대합실에 감시하는 자가 없이 놓여있는 물건은 점유이탈물로 취급될 위험성이 있다. 그러나 주인이 잠시 놓아두고 현장을 떠난 경우는 물론이고, 물건을 놓아두었다는 사실을 잠시 망각하고 떠난 경우에도 사회통념상 주인의 점유를 인정해야 한다.

소유자가 어디에 두었는지 모르는 물건은 소유자의 점유를 이탈한 물건이다. 그러나 다른 사람이 관리하는 장소로서 그의 배타적 지배범위에 있으면 그 다른 사람의 새로운 점유가 시작된다. 다만 다른 관리자의 배타적 지배가 인정되는가의 판단에는 어려움이 있는 것이 사실이다. PC방이나 당구장에서 잃어버린 물건은 PC방 주인이나 당구장 주인의 점유하에 있으므로 그것을 다른 손님이 가져가는 행위는 절도죄가 된다. 그러나 공중의 출입이 자유롭고 빈번하여 관리자의 배타적 지배가 미치기 어려운 경우에는 점유이탈물이라고 할 것이다. 고속버스의 운전사나 지하철전동차의 승무원은 유실물법상 승객의 유실물을 교부받을 권능을 가질 뿐, 승객의 물건을 점유한다고 볼 수 없으므로 승객이 잊어버리고 차내에 두고 내린 물건은 운전사나 승무원이 현실적으로 그 물건을 발견하기 전에는 그들의 점유를 인정할 수 없어 점유이탈물이 된다.

재물을 탈취할 의도로 사람을 살해하고 그의 물건을 취득하는 경우는 사망자의 점유를 인정함으로써 강도살인죄가 된다는 데에는 의견이 일치한다. 다만 피해자가 사망한 후 비로소 그의 재물에 대한 영득의 의사가 생긴 경우가 문제이다. 사망한 자는 권리주체가 될 수 없고 상속에 의한 점유이전도 인정할 수 없으므로 점유이탈물이 될 뿐이라는 견해와 사망자 자신의 점유는 인정할 수 없지만, 그의 생전의 점유가 사망 후에도 계속된다고 보아 절도죄를 인정하는 견해가 있다. 후자의 견해가 타당하지만 사망 후 상당한 시일이 흐른 후이거나, 그 사망과 무관한 자가 우연히 사망자에게 접근하여 사망자의 소지품을 영득하는 경우에는 사망자의 점유를 침해하는 것이라고 할 수 없으므로 사망자의 소지품은 점유이탈물이 된다.

공동으로 재물을 지배하는 경우는 나누어 보아야 한다. 동업자와 같은 대등한 관계에서는 각자가 점유자이고, 상점주인과 종업원과 같은 상하관계에서는 하위점유자도 대외적으로는 점유자이나 상위점유자에 대한 관계에서는 점유자로 인정되지 않는다. 그러나 주인으로부터 특별히 위탁받은 경우라면 점유가 인정되어 그가 몰래 물건을 빼돌리면 횡령죄가 된다. 또한 독자적인 책임이 인정되는 백화점의 금전출납직원이나 경기장의 매표담당직원 등에게는 단독점유가 인정된다.

화물운송의 경우에는 위탁자의 감독과 통제가 미치는가에 따라 판단해야 한다. 단독으로 심부름하는 종업원이나 운반자는 단독점유자이고, 화물자동차의 운전수도 단독점유자이나, 시간과 궤도에 따라 운행하는 철도운송의 경우에는 철도승무원에게 그 화물의 점유가 인정되지 않는다.

봉함되거나 시정되어 위탁된 물건의 내용물에 대한 점유에 관하여는 견해가 일치하지 않는다. 과거 판례는 포장물 전체는 수탁자의 점유에 속하나 그 내용물의 점유는 위탁자에게 속한다고 보아, 보관계약에 따라 보관중인 포장된 가마니 속의 정부미는 정부가 점유한다는 이유에서 이를 발취한 보관자의 행위를 절도죄에 해당한다고 한 적이 있었다. 그러나 이러한 결론은 포장물 전체를 영득하면 횡령죄이고, 그 내용물을 영득하면 그보다 법정형이 무거운 절도죄가 된다는 점에서 불합리하다는 비판이 불가피했다. 현재의 학설로서는 포장물 전체가 수탁자의 점유에 속하므로 전체이건 그 내용물이건 수탁자의 영득은 횡령죄가 성립할 뿐이라는 견해, 위탁된 용기의 크기와 위탁자의 접근가능성을 기준으로 하여, 용기의 이동이 곤란하면 그 내용물은 위탁자의 단독점유이고, 이동이 가능하면 수탁자의 단독점유가 원칙이라는 견해, 구체적인 위탁관계를 고려하여 형식적인 위탁관계라면 위탁자의 점유, 실질적인 위탁관계라면 수탁자의 점유에 속한다는 견해 등으로 나누어져 있다. 위탁의 취지를 고려하여 판단한다는 견해가 타당하다. 봉함의 여부는 결정적 판단기준이 아니다. 그 취지가 물건의 관리를 맡긴 것이면 수탁자의 점유이고, 단순히 감시만을 맡기거나 운반을 의뢰한 것이면 위탁자의 점유라고 할 것이다.

언제 점유가 상실되고, 또 점유가 이탈된 재물의 새로운 점유가 개시되었는지 여부는 절도죄, 횡령죄 및 점유이탈물 횡령죄의 구별에서 중요하다. 점유는 점유자가 재물에 대한 사실상 지배를 자의적으로 포기하거나 잃어버린 경우에 상실된다. 또한 장소적으로 한정된 지배영역을 벗어나게 되면 (예를 들어 도로, 공원 또는 숲과 같이) 점유는 이탈된다. 그러나 점유의 상실이 타인의 점유범위 내에서 (예컨대 공공기관, 은행 등,) 행해진 경우에는 원점유자의 점유의 상실과 동시에 일반적 점유의사가 미치는 범위인 그 장소적 지배영역의 점유자에게 새로운 점유가 개시된다. 이 경우에도 다가구주택의 계단이나 다수의 회사가 입주해 있는 오피스텔의 복도와 같이 그 장소적 지배영역이 누구에게 속하는지가 분명하지 않을 때에는 새로운 점유가 개시되는 것은 아니다.

Leading Case 2 풀이 >>> 공간적으로 제한된 영역은 그 장소의 점유자의 지배범위에 속하고, 통상 그 공간에 존재하는 모든 물건에 대해 사실적으로 지배하려는 일반적 지배의사가 있다고 본다. 점유자의 점유의사에는 현실적인 의사뿐만 아니라 잠재적 의사 및 일반적 점유의사도 포함되기 때문에 운전사가 손님이 놓고 내린 물건을 발견하지 못하여 구체적으로 무엇인지를 몰랐다 하더라도 자신의 관리 하에 놓여 있는 장소적 범위 내에 존재하는 물건은 그 재물에 대해 관리자인 운전자의 새로운 점유가 개시되어 점유이탈물이 될 수 없다고 본다. 승객이 두고 내린 물건이 절도죄와 점유이탈물 횡령죄의 한계에서 문제되는 잊어버린 물건과 잃어버린 물건 중 어디에 속하는지를 판단하여야 하지만 대중교통으로 이용되는 운송수단의 경우에는 점유자가 잊고 두고 온 장소를 알고 다시 찾을 수 있는 조치를 취한 경우와 소재를 모르는 경우를 구별할 실익이 없다. 이 사안에서 고속버스 운전사는 고속버스의 관수자로서 차내에 있는 승객의 물건을 점유하는 것이 아니고, 승객이 잊고 내린 분실물은 이를 교부받을 권능을 가질 뿐이므로, 그 유실물을 현실적으로 발견하지 아니하는 한 이에 대한 점유를 개시하였다고 할 수 없고, 그 사이에 갑이 유실물을 발견하고 이를 가져갔다면 절도에 해당하지 아니하고 점유이탈물횡령죄에 해당한다. •••

Leading Case 3 갑은 만화천국 가게의 종업원인바, 마침 가게의 주인인 A녀가 자리를 비운 틈을 타서 핸드백에서 신용카드 1장을 꺼내어 근처에 설치된 현금자동지급기에서 위 신용카드를 이용하여 50만원을 현금서비스 받고, 다시 위 가게로 돌아와서 A녀의 핸드백 안에 그 신용카드를 넣어 두었다. 갑의 죄책은?

| **Point** | 이 사안에서는 타인의 신용카드를 임의로 가지고 가 현금자동지급기에서 현금을 인출한 후 곧바로 반환한 경우에 절도죄의 구성요건요소인 불법영득의사가 충족되어 절도죄가 성립할 수 있는지 여부가 쟁점이 된다.

Q 3. 타인의 물건을 허락없이 가져가서 사용하고 돌려줘도 절도죄가 되는가?

불법영득의사란 권리자를 배제하고 타인의 물건을 자기의 소유물처럼 이용하고 처분할 의사를 의미한다. 즉 권리자의 점유를 배제한다는 배제의사와 이러한 재물을 최소한 일시적으로 소유자처럼 이용한다는 이용의사를 그 내용으로 한다. 불법영득의사의 소극적 요소인 배제의사에 의하여 횡령죄 및 사용절도와 구별되며, 적극적 요소인 이용의사에 의하여 절도죄는 손괴죄와 구별된다. 형법은 독일형법과 달리 불법영득의사를 명시적으로 규정하고 있지 않지만 학설과 판례는 불법영득의사를 요구하고 있다. 불법영득의사의 대상이란 영득행위의 목적과 관련되어 있다. 예를 들어 절도죄의 객체인 도품을 권리자처럼 이용한다고 할 때 그 이용의 본질이 구체적으로 무엇을 의미하는가에 관한 문제이다. 이에는 물체설과 가치설 및 결합설이 있다. 물체설은 영득의 본질을 형식적으로 파악하여 영득물 자체를 영득의사의 대상으로 파악하며, 영득물을 통하여 실현되는 간접적 이익은 영득의사의 대상이 아니라는 견해이다. 그러나 이 견해는 예금통장을 절취하여 예금을 인출한 다음 이를 반환한 경우에는 이론상 재물에 대한 배제의사가 흠결되어 절도죄를 인정할 수 없다는 결론에 도달하여 한계성이 있다. 이러한 한계성을 보완하기 위하여 등장한 것이 가치설이다. 가치설은 재물에 화체된 가치를 영득의사의 대상으로 파악한다. 그러나 가치만이 영득의사의 대상이라면 가치를 갖지 않는 재물 자체에 대한 영득죄인 절도죄가 단순한 이득죄로 변질된다. 그러므로 오늘날은 물체와 가치를 모두 영득의사의 대상물로 파악하는 결합설의 입장이 통설이다. 즉 영득물의 이용은 재물 자체일 수도 있고, 재물이 표창하는 가치일 수도 있다. 판례 역시 이러한 입장에 서 있다. 그러나 타인의 재물을 점유자의 승낙 없이 무단으로 사용하는 경우에 그 사용으로 인하여 물건 자체가 가지는 경제적 가치가 상당한 정도로 소모되거나 또는 사용 후 그 재물을 본래 있었던 장소가 아닌 다른 장소에 버리거나 곧 반환하지 아니하고 장시간 점유하고 있는 것과 같은 때에는 그 소유권 또는 본권을 침해할 의사가 있다고 보아 불법영득의 의사를 인정할 수 있을 것이나, 그렇지 않고 그 사용으로 인한 가치의 소모가 무시할 수 있을 정도로 경미하고, 또한 사용 후 곧 반환한 것과 같은 때에는 그 소유권 또는 본권을 침해할 의사가 있다고 할 수 없어 불법영득의 의사가 있다고 인정할 수 없다.

Leading Case 3 풀이 〉〉〉 신용카드업자가 발행한 신용카드는 이를 소지함으로써 신용구매가 가능하고 금융의 편의를 받을 수 있다는 점에서 경제적 가치가 있다 하더라도, 그 자체에 경제적 가치가 화체되어 있거나 특정의 재산권을 표창하는 유가증권이라고 볼 수 없고, 단지 신용카드회원이 그 제시를 통하여 신용카드회원이라는 사실을 증명하거나 현금자동지급기 등에 주입하는 등의 방법으로 신용카드업자로부터 서비스를 받을 수 있는 증표로서의 가치를 갖는 것이어서(여신전문금융업법 제2조 제3호., 제13조 제1항 제1호 참조), 이를 사용하여 현금자동지급기에서 현금을 인출하였다 하더라도 신용카드 자체가 가지는 경제적 가치가 인출된 예금액만큼 소모되었다고 할 수 없으므로, 이를 일시 사용하고 곧 반환한 경우에는 불법영득의 의사가 없다고 보아야 할 것이다.

갑이 A가 자리를 비운 틈을 A의 핸드백에서 신용카드 1장을 꺼내어 현금자동지급기에서 현금서비스 받고 A의 핸드백 안에 신용카드를 넣어 둔 경우에 신용카드를 이용하여 현금자동지급기에서 현금을 인출하였다 하더라도 그 카드 자체가 가지는 경제적 가치가 인출된 예금액만큼 소모되었다고 할 수 없을 뿐만 아니라 사용 후 바로 원래의 위치에 넣어 둔 점에 비추어 불법영득의 의사가 인정되지 않으므로 갑에게는 신용카드 그 자체 대한 절도죄가 성립하지 않는다(물론 A의 신용카드로 현금을 인출한 행위는 별도의 절도죄로 평가받게 된다). •••

Leading Case 4   갑은 모텔을 운영하는 A가 평소 비어 있는 객실의 문을 열어 둔다는 사실을 알고 15:40경 모텔로 들어가 비어있던 202호에 침입한 다음, 같은 날 21:00경 그곳에 설치되어 있던 A소유의 LCD모니터 1대 시가 3만 원 상당을 가지고 나왔다. 갑의 죄책은?

| Point | 절도죄의 가중적 구성요건으로서 야간주거침입절도죄는 '야간', '주거침입', '절도'로 결합된 범죄이다. 절도행위는 물론이고 주거침입행위도 독립적인 행위태양으로서 범죄를 구성하고 있는데, 여기에 더하여 '야간'이라는 행위상황에 의해서 가중되는 야간주거침입절도죄에서 '야간'의 적용범위에 따라 갑의 죄책이 달라지므로 이 사안에서는 야간주거침입절도죄에서 야간의 의미가 무엇인가가 쟁점이 된다.

Q 4. 야간주거침입절도죄의 구성요건요소는 무엇인가?

야간주거침입절도죄는 야간에 사람의 주거, 간수하는 저택, 건조물이나 선박 또는 점유하는 방실에 침입하여 타인의 재물을 절취함으로써 성립하는 범죄이다(형법 제330조). 야간주거침입절도죄는 침입행위의 객체인 건조물의 종류에 따라서 야간주거(저택, 건조물, 선박, 방실)침입절도 등으로 각각 그 죄명이 표시된다.

야간주거침입절도죄에서 '야간'의 적용대상이 주거침입인지 절도인지에 대해서 견해의 대립이 있다. 절취행위시설은 야간주거침입절도죄는 야간에 이루어지는 절취행위의 위험성을 고려한 가중적 구성요건이므로 절취행위만 야간에 이루어지면 된다고 한다. 주거침입시설은 야간이라는 시간적 행위상황은 주거침입행위에 요구되는 것이므로 주거침입 시를 기준으로 하여, 주거침입이 야간에 이루어져야 본죄가 성립한다고 한다. 다수설은 본죄의 성격이 야간이라는 시간적 제한을 받는 주거침입죄와 절도죄의 결합범이라는 전제에서 주거침입과 절취행위 중 어느 하나만 야간에 이루어지면 된다고 한다. 이에 대해서 야간주거침입절도죄의 법문의 문리적 구조상 주거침입과 절취행위 양자 모두 야간에 이루어져야만 한다는 견해가 있다.

판례는 형법 제330조의 규정형식과 구성요건의 문언에 비추어 보면, 형법은 야간에 이루어지는 주거침입행위의 위험성에 주목하여 그러한 행위를 수반한 절도를 야간주거침입절도죄로 중하게 처벌하고 있는 것으로 보아야 한다고 하면서, 본죄의 '야간'의 의미를 주거침입이 야간에 이루어져야 해석하고 있다. 판례에 의하면 만일 주거침입의 시점과는 무관하게 절취행위가 야간에 이루어지면 야간주거침입절도죄가 성립한다고 해석하거나, 주거침입 또는 절취 중 어느 것이라도 야간에 이루어지면 야간주거침입절도죄가 성립한다고 해석한다면, 주간에 주거에 침입하여 야간에 재물을 절취한 경우에도 야간주거침입절도죄의 성립을 인정하여 결국 야간절도를 주간절도보다 엄하게 처벌하는 결과가 된다고 한다. 또한 현행법상 야간절도라는 이유만으로 주간절도보다 가중하여 처벌하는 규정은 없을 뿐만 아니라, 재산범죄 일반에 관하여 야간에 범죄가 행하여졌다고 하여 가중처벌하는 규정이 존재하지 아니할 뿐만 아니라 절도행위가 야간에 이루어졌다고 하여 절도행위 자체만으로 주간절도에 비하여 피해자의 심리적 불안감이나 피해

중대 등의 위험성이 커진다고 보기도 어렵다.

만일 주거침입의 시점과는 무관하게 절취행위가 야간에 이루어지면 본죄가 성립한다고 해석하거나, 주거침입 또는 절취 중 어느 것이라도 야간에 이루어지면 본죄가 성립한다고 해석할 경우, 주간에 주거에 침입하여 야간에 재물을 절취한 경우에도 본죄의 성립을 인정하여 결국 야간절도를 주간절도보다 엄하게 처벌하는 결과가 된다. 따라서 주거침입이 야간에 이루어져야 야간주거침입절도죄가 성립하고 절취행위가 야간인가 주간인지는 중요하지 않다고 하는 것이 타당하다.

Leading Case 4 풀이 ⟫ 형법 제330조의 야간주거침입절도죄의 문언에 비추어 '야간'은 '침입하여'를 수식하거나 '침입하여'와 '절취한'을 모두 수식하는 것으로 해석하는 것이지 '침입하여'를 수식하지 않고 '절취한'만을 수식한다고 해석하기는 어렵다. 주간에 방실에 침입하여 야간에 타인의 재물을 절취한 경우에도 야간방실침입절도죄가 성립한다고 해석하게 되면 불합리한 결과가 초래될 수 있다. 예를 들어 만일 갑이 주간에 방실에 침입하여 잠복하고 있다가 발각된 경우에 갑의 주장에 따라서 범죄의 성립이 달라지게 된다. 즉 갑이 야간절도를 계획했다고 진술하면 야간방실침입절도미수죄가 성립하고, 주간절도를 계획했다고 진술하면 절도죄는 실행의 착수가 없어 무죄가 되게 된다. 따라서 주간에 방실에 침입하여 야간에 재물을 절취한 경우에도 야간방실침입절도죄가 성립한다고 해석하는 것은 형벌법규를 유추하여 적용한 것이거나 지나치게 확장하여 해석하는 것으로서 죄형법정주의의 원칙에 반한다. 따라서 이 사안에서 주간에 A의 모텔에 침입한 갑은 야간주거침입절도죄가 아니라 주거침입죄와 절도죄의 경합범으로 처벌된다. •••

Leading Case 5   갑은 을과 함께 갑의 삼촌인 B가 경영하는 카센터를 방문하였다가, 마침 B는 자리에 없고 그 친구인 A가 자신 소유의 승용차를 카센터 앞 노상에 주차한 채 카센터의 숙소에서 잠을 자고 있자, 갑은 을에게 A의 승용차를 몰래 며칠 운전하고 돌아다니다가 돌려주자고 하자 을도 동의하여 잠을 자고 있는 A의 바지 주머니에서 차량 열쇠를 꺼내 갑과 을이 A의 승용차를 운전하고 자신들의 거주지 인근을 다니다가 불심검문에 걸려 체포되었다. 갑과 을의 죄책은?

| Point | A의 승용차를 타고 간 갑의 행위는 외관상 절취행위로 볼 수 있어 절도죄에 해당하는 것이라고 할 수 있다. 그러나 갑이 단순히 A의 승용차를 운전만 하고자 하였다면 불법영득의사를 인정할 수 없어 절도죄로 처벌할 수 없다. 따라서 이 사안에서 갑이 차량을 반환할 의사로 A의 동의 없이 일시 사용한 경우에 성립되는 자동차등불법사용죄의 구성요건을 검토하는 것이 쟁점이 된다.

Q 5. 타인의 자동차를 허락없이 일시 사용한 경우도 형사처벌의 대상이 되는가?

권리자의 동의없이 타인의 자동차, 선박, 항공기 또는 원동기장치자전거를 일시 사용하면 자동차등불법사용죄로 처벌된다. 자동차 등에 대하여 영득의 의사가 없는 사용절도행위를 처벌하기 위한 범죄로서 계속범이다. 그러므로 영득의사를 요건으로 하는 절도죄나 횡령죄가 성립하는 경우에는 본죄는 성립하지 않는다. 본죄의 보호법익에 대해서는 사용권설과 소유권설로 나뉜다. 만일 보호법익을 사용권이라고 본다면 소유자 역시 사용권자에 대한 관계에서 본죄의 행위자가 될 수 있을 것이다. 그러나 사용권은 소유권의 파생효과이므로 소유권을 본죄의 보호법익으로 보는 것이 타당하다. 그 결과 소유자는 본죄의 행위주체가 될 수 없다.

본죄의 행위객체는 자동차 등과 같이 동력기관을 장치한 것이어야 한다. 그러므로 자동차에 연결되어 이동하는 트레일러는 자체 원동기를 가지고 있지 않으므로 본죄의 행위객체에 해당하지 않는다. 원동기장치 자전거의 범위는 「도로교통법」 제2조 제19호에 규정되어 있다. 이에 따르면 「자동차관리법」 제3조에 따른 이륜자동차 가운데 배기량 125cc 이하의 이륜자동차와 배기량 50cc 미만(전기를 동력으로 하는 경우에는 정격출력 0.59킬로와트 미만)의 원동기를 단 차를 말한다. 일시 사용한다는 것은 시간적으로 영득의사를 인정할 수 없을 만큼 짧은 시간 내에 본죄의 행위객체를 본래의 용도에 따라 사용하는 것을 말한다. 그러므로 요금을 내지 않고 자동차 등을 이용하는 무임승차는 본죄의 행위방법에 해당하지 않는다.

논란이 되는 것은 불법하게 개시된 사용행위만이 해당되는가 아니면 정당하게 사용을 개시한 후 불법적으로 계속 사용하는 경우도 포함하는가의 문제이다. 예를 들어 렌트카를 적법하게 대여한 자가 계약기간이 만료된 후에 제때 반환하지 못한 경우를 생각해 볼 수 있다. 형법은 기본적으로 단순한 사용절도는 처벌하지 않는 것을 원칙으로 하므로 본 구성요건도 제한적으로 해석하는 것이 타당하고 단순한 계약위반사항까지도 형벌로 해결하려는 것은 형법의 보충적 기능에 반하기 때문에 이때에는 불법하게 개시된 사용행위만이 본죄에 해당한다. 그리고 만일 정당하게 사용권을 가진 자가 사용기간이 경과한 다음에도 계속하여 사용한 것이 자동차 등의 가치감소를 현저히 가져올 정도라면 불법영득의 의사가 인정되어 본죄가 아니라 절도죄가 성립할 수 있다.

'권리자의 동의'에서 권리자란 자동차 등의 소유자 및 소유자로부터 사용권한을 인수한 사람을 의미한다. 그리고 동의는 묵시적인 경우도 포함한다고 본다. 동의가 없음에도 불구하고 착오로 권리자의 동의를 오인한 경우에는 본죄의 고의를 인정할 수 없다. 만일 권리자의 동의가 있음에도 불구하고 없다고 오인한 경우에는 객체의 불가능성으로 인해 불능범 또는 불능미수가 된다. 본죄의 기수시점은 행위자가 자동차 등에 승차하여 시동을 걸고 출발하는 시점이다. 본죄의 미수범은 처벌한다(제342조). 미수범은 예를 들어 시동을 걸었으나 출발하지는 않은 경우가 해당될 수 있다.

Leading Case 5 풀이 ⟫⟫   갑과 을이 갑의 삼촌인 B의 친구인 A의 승용차를 A의 동의없이 며칠 동안 그들이 거주하는 곳의 인근만을 돌아다니다가 불심검문에 체포된 것을 고려한다면 차량을 반환할 의사를 가지고 A의 동의 없이 일시 사용한 것이라고 볼 수 있으므로 갑과 을의 행위는 특수절도죄가 아니라 형법 제331조의2에서 규정하고 있는 자동차등불법사용죄에 해당한다.

•••

Leading Case 6   할아버지 A 소유 예금통장을 절취한 손자 갑은 A가 거래하는 B 금융기관에 설치된 현금자동지급기에 예금통장을 넣고 조작하는 방법으로 A명의 계좌의 예금 잔고를 갑이 거래하는 다른 금융기관에 개설된 갑 명의의 계좌로 이체하였다. 갑의 죄책은?

| Point | 이 사안에서는 할아버지 A 소유의 재산을 침해한 손자 갑의 행위에 대해서 형법 제328조 친족상도례를 적용할 수 있는지 여부가 쟁점이 된다.

Q 6. 친족간의 재산범죄에 대한 형법의 적용여부는?

친족 사이의 재산범죄에 대해서는 특별하게 취급하는 친족상도례의 규정은 친족관계의 정도에 따라 그 취급을 달리하고 있다. 즉 직계혈족, 배우자, 동거친족, 호주, 가족 또는 그 배우자간의 재산범죄는 형을 면제한다(제328조 1항). 전항 이외의 친족 간에 재산범죄를 범한 때에는 고소가 있어야 논한다(동2항). 전2항의 신분관계가 없는 공범에 대하여는 전2항을 적용하지 아니한다(동3항). 친족상도례 규정은 강도의 죄와 손괴의 죄를 제외한 모든 재산범죄와 그 미수범에 준용한다.

친족의 정의와 그 범위는 민법에 따른다. 직계혈족은 직계존속과 직계비속을 말하고 동거의 유무는 묻지 않는다. 혈족에는 자연혈족과 법정혈족(양자)도 포함된다. 혼인 외의 자는 그 부가 인지하기 전에는 친족상도례의 규정을 적용할 수 없다. 배우자는 혼인으로 결합한 남녀의 일방으로서 법률혼에 한한다. 동거친족은 직계혈족과 배우자를 제외하고 사실상 동거하고 있는 친족을 말한다. 여기서의 동거는 동일한 주거에서 일상생활을 같이 하는 것을 말하고 일시숙박이나 가출한 친족은 포함하지 않는다. 친족관계의 인식이 필요한가에 관해서는 친족상도례의 본질을 이해하는 입장에 따라 결론을 달리한다. 인적처벌조각사유설에 의하면 범죄는 성립하고 친족관계로 형만 면제하는 것이므로 친족관계는 객관적으로 존재하면 충분하고 이를 인식할 필요는 없으며, 이에 대한 착오는 고의를 조각하지 못한다.

친족관계는 범죄행위자와 누구와의 사이에 존재해야 하는가에 관해서도 견해가 나누어진다. 소유자관계설은 재산범죄의 피해자는 소유자 기타의 본권자이고 점유자는 아니라는 이유로 친족상도례는 피해자인 소유자와 행위자 사이에 친족관계가 있을 때에 적용된다고 한다. 점유자관계설은 재산범죄 특히 절도죄는 사실상 지배하고 있는 점유 그 자체를 침해하는 것이므로 피해자인 점유자와 행위자 사이에 친족관계가 있으면 친족상도례가 적용된다고 한다. 소유자·점유자 관계설은 소유자·점유자의 쌍방과 행위자 사이에 친족관계가 있어야 한다는 견해로 다수설과 판례의 입장이다.

　예금이체에 의한 컴퓨터사용 사기죄에 친족상도례가 적용되려면 친족관계가 행위자와 피해자와의 사이에 존재하여야 한다. 다만 피해자는 보호법익의 귀속주체를 의미하므로 보호법익을 무엇으로 보는가에 따라 피해자가 달라질 수 있다. 그러므로 예금불법이체에 의한 컴퓨터사용 사기죄의 피해자가 누구인가는 두 가지 기준에 의해 결정될 것이다. 첫째 기준은, 컴퓨터사용 사기죄의 보호법익이고, 둘째 기준은 예금 불법이체의 피해자이다. 첫째의 기준과 관련하여 컴퓨터사용 사기죄의 보호법익을 재산이라고 보는 입장에서는 피해자를 재산상 손해를 입은 자라고 함에 반하여, 재산과 함께 자동적·기계적 자료처리과정도 보호대상이라는 입장에서는 재산상 손해를 입은 자는 물론 자료처리의 주체도 피해자라고 하게 된다. 둘째의 기준과 관련해서 두 가지 견해가 있다. 먼저 금융기관이 피해자라는 견해이다. 이 견해는 민법상 예금계약의 성질이 소비임치(민법 제702조)로서 예금주가 은행에 맡긴 금전의 소유권은 은행에 귀속(민법 제702조, 제598조)된다는 점과 사기죄의 손해는 현실적인 손해는 물론 손해발생의 위험도 포함하므로 변제의 효력 여부와 무관하게 은행은 이중지급의 위험이 있다는 점을 근거로 한다. 즉 예금에 대한 소유권자인 은행이 해당 금전의 소유와 점유를 상실함으로써 피해를 입게 된다는 것이다. 다음으로 예금주가 피해자라는 견해이다. 그 근거로써 금융기관의 현금카드이용약관에 따르면 자동지급기 등이 신고된 비밀번호와 대조하여 틀림없다고 인정하여 현금이 지급된 경우 카드의 위조·변조·도용 등으로 인하여 발생한 사고나 손해에 대하여 금융기관의 과실이 있는 경우가 아니면 금융기관은 그 책임을 지지 아니한다는 점과 타인이 예금주의 카드와 비밀번호를 이용하여 예금을 이체한 것은 민법상 채권의 준

점유자에 대한 변제(민법 제470조)로서 변제의 효력이 발생하므로 예금주의 예금채권이 소멸된다는 점을 들고 있다. 다음으로 형사상 손해나 피해란 개념은 반드시 법적으로 유효한 처분행위로 인한 확정적인 손실의 발생만을 말하는 것이 아니라, 경우에 따라 손해 발생의 개연성이나 위험까지도 포함하는 개념이므로 거래 은행과 예금 명의인 모두 피해자로 보는 견해가 있다. 그 논거로써 거래 은행만을 피해자로 보는 견해는 대부분의 예금 명의인에게 현실적으로 발생하고 있는 손해를 도외시함으로써 금융거래의 현실과 괴리되고, 예금 명의인만을 피해자로 보는 견해는 법리상 일차적이고 직접적인 손해 부담자인 금융기관이 그 손해를 전가하기 위하여 마련해 둔 거래 약관이나 권리외관 법리를 들어 금융기관의 손해 부담 자체를 부정하는 것은 논리적으로 모순된다는 것을 든다. 이 견해가 타당하다. 따라서 예금이체에 의한 컴퓨터사용 사기죄의 경우에는 친족상도례를 적용하려면 행위자와 예금주 및 금융기관 사이에 소정의 친족관계가 존재하여야 하므로 결론적으로 친족상도례가 적용되는 경우는 없게 된다.

Leading Case 6 풀이 〉〉 이 사안처럼 컴퓨터사용사기죄가 적용되는 경우 친족상도례의 적용여부는 피해자를 누구로 보느냐에 따라 결론이 달라진다. 소비임치에 해당하는 예금의 법률관계를 중시하여 예금계좌를 개설해 준 금융기관을 피해자로 본다면 친족상도례가 적용되는 경우가 없지만, 채권의 준점유자에 대한 변제를 유효로 보는 민법규정을 강조한다면 예금주를 피해자로 인정하여 친족상도례가 적용될 것이다. 예금의 법적 성질이 소비임치로서 예금액의 소유권과 점유는 금융기관에 속한다는 점, 금융기관은 여전히 예금주에 대하여 지급할 위험을 부담한다는 점을 고려하면 금융기관도 피해자라고 보는 것이 타당하다.

이 사안에서 갑의 범행으로 인한 피해자는 이체된 예금 상당액의 채무를 이중으로 지급해야 할 위험에 처하게 되는 B금융기관과 예금 명의인 A이다. 거래 약관의 면책 조항이나 채권의 준점유자에 대한 법리 적용 등에 의하여 위와 같은 범행으로 인한 피해가 갑의 범행으로 예금 명의인인 A에게 전가될 수 있다고 하여, 자금이체 거래의 직접적인 당사자이자 이중지급 위험의 원칙적인 부담자인 B금융기관이 컴퓨터 등 사용사기 범행의 피해자가 아니라고 할 수 없다. 물론 이런 해석에 의하면 친족의 예금이체에 의한 컴퓨터사용 사기죄에 대하여는 친족상도례가 적용될 여지가 없게 된다는 문제가 있지만, 갑에게는 컴퓨터사용사기죄가 성립하고 친족인 할아버지의 예금을 불법으로 이체한 경우라 하더라도 친족 사이의 범행을 전제로 하는 친족상도례를 적용할 수 없다. ●●●

Leading Case 7　　갑과 을은 빌린 승용차를 함께 타고 돌아다니다가 범행대상 여자가 나타나면 갑이 범행대상을 쫓아가 돈을 빼앗고 을은 승용차에서 대기하다가 범행을 끝낸 갑을 차에 태워 도주하기로 공모하였다. 갑과 을은 A(여, 55세)가 현금인출기에서 돈을 인출하여 가방에 넣고 나오는 것을 발견하고 갑은 그 곳에서 400m 가량 떨어진 은행 입구까지 5~6m 정도의 거리를 두고 A를 따라가다가 A가 상가건물 안의 위 은행으로 들어가려고 하는 것을 보고 A의 뒤쪽 왼편으로 접근하여 A의 왼팔에 끼고 있던 손가방의 끈을 오른손으로 잡아당겼으나 A가 가방을 놓지 않으려고 버티다가 넘어졌다. 갑이 가방 끈을 잡고 계속하여 당기자 A는 바닥에 넘어진 상태로 가방 끈을 놓지 않은 채 '내 가방, 사람 살려'라고 소리치면서 약 5m 가량 끌려가다가 힘이 빠져 가방을 놓쳤고, 그 사이에 갑은 A의 가방을 들고 도망가던 중 붙잡혔다. A는 바닥에 넘어져 끌려가는 과정에서 왼쪽 무릎이 조금 긁히고 왼쪽 어깨부위에 견관절 염좌상을 입게 되었다. 갑과 을의 죄책은?

| **Point** | 이 사안은 '날치기' 수법으로 타인의 재물을 탈취하는 과정에서 피해자에게 가한 강제력의 행사가 피해자의 반항을 억압하거나 항거 불능케 할 정도여서 강도죄에 해당하는지 아니면 그 정도에 이르지 않아 절도죄에 해당하는지를 판단하는 강도죄 수단으로서 '폭행'의 정도가 무엇인지가 쟁점이 된다.

Q 7. 강도죄의 구성요건요소는 무엇인가?

강도죄는 폭행이나 협박을 수단으로 하여 재물을 교부받거나 재산상 이익을 취득하는 범죄이다. 폭행이나 협박을 수단으로 하는 점에서는 공갈죄와 같다. 강도죄의 수단인 폭행·협박은 상대방의 반항을 억압하거나 불가능하게 할 정도여야 한다. 그리고 강도죄의 폭행·협박은 피해자로 하여금 다른 선택의 여지가 없게 한다는 점에서, 겁을 주어 상대방의 의사에 하자를 일으키게 하는 정도의 폭행·협박이 있으면 족한 공갈죄의 수단과는 그 정도에 차이가 있다.

반항을 억압한다거나 불가능하게 할 정도라는 것은 피해자가 정신적 또는 신체적 자유를 상실할 정도를 의미하지만 밧줄로 묶이는 경우와 같이 반항할 능력이나 의사를 완전히 상실하는 것을 의미하는 것은 아니다. 예를 들어 칼로 위협하는 경우에도 신체상의 위험을 무릅쓴다면 반항은 가능하므로 그 능력이나 의사가 완전히 상실되는 것은 아니지만, 일반적으로는 반항하더라도 결과적으로 별다른 소용이 없고 신체상의 위험만 초래한다고 판단하여 반항을 포기한 경우에도 강도죄는 성립한다. 상대방의 반항을 불가능하게 할 정도의 폭행·협박인가는 구체적 사안에서 피해자의 주관적 심리상태가 아니라, 피해자의 입장에 놓인 일반인을 표준으로 하여 객관적으로 판단한다. 객관적으로 판단한다는 것은 추상적 평균인을 기준으로 한다는 의미가 아니라, 행위 당시의 구체적 사정을 고려한 객관적 표준, 즉 피해자의 연령·성별, 범행의 시간과 장소, 폭행·협박의 태양과 행위자의 인상 등을 종합적으로 고려한다는 의미이다.

폭행·협박과 재물의 강취는 수단과 목적의 관계에 있어야 한다. 재물의 탈취가 있더라도 그것을 목적으로 한 폭행·협박의 결과가 아니라면 강도죄는 성립하지 않는다. 그러므로 장소적·시간적 관련이 요구된다. 재물강취의 목적이 없이 폭행을 하던 중에 강취의 고의가 생겨 폭행을 계속하면서 재물을 취거한 때에는 그 폭행이 강취의 수단이 되었으므로 강도죄가 성립한다는 데에는 의문이 없다. 다만 피해자가 항거불능의 상태에 빠진 후에 재물강취의 고의가 생겨 재물을 취거한 때가 문제된다. 이러한 경우에는 그 폭행이 강취의 수단이 되었다고 볼 수 없으므로 강도죄의 성립을 부정하고 폭행죄와 절도죄의 경합범이라고 해야 한다. 그런데 대법원은 강간범이 강간한 후에 새로운 강도의 범의를 일으켜 재물을 강취한 경우에는 강간죄와 강도죄의 경합범이라고 한다. 판례를 지지하는 견해도 있으나, 강간죄와 절도죄의 경합범이라고 해야 한다는 견해가 많다. 강간의 성립에 필요한 폭행의 정도는 반항을 현저히 곤란할 정도로서 족하고 강도의 경우와 같이 반항억압의 수준에 이를 것이 필요하지는 않다는 사정 때문에 일률적으로 말하기는 어려우나, 강간피해자가 이미 항거불능에 빠진 상태를 이용하는 경우라면 강도죄가 아니라 절도죄로 보는 것이 타당하다.

객관적으로 피해자의 반항을 억압할 정도의 폭행·협박과 재물의 강취 사이에는 인과관계가 있어야 한다. 그 수단과 목적에는 인과관계가 있어야 하고 시간적·장소적 연관성이 있어야 한다. 이와 관련하여 생각해 볼 수 있는 여러 유형은 다음과 같다. 첫째, 반항을 억압할 정도의 폭행·협박을 했으나 피해자가 전혀 억압당하지 않고 연민의 정에서 재물을 교부했다면 강도미수죄가 된다. 둘째, 반항을 억압할 정도의 폭행·협박을 했으나 피해자가 단순히 외포되어 재물을 교부한 경우에는 공갈죄와 강도미수죄의 상상적 경합이 된다는 견해와 강도미수죄만 성립된다는 견해가 있다. 셋째, 강도의 고의를 가졌으나, 행위의 정도가 공갈의 방법에 그치면 강도죄의 구성요건인 실행행위가 없으므로 공갈죄가 된다. 폭행·협박이 객관적으로 반항을 억압할 정도가 아닌데도 피해자가 겁이 많아 반항을 억압당한 경우에도 마찬가지이다. 넷째, 객관적으로 피해자의 반항을 억압할 정도의 폭행·협박이 있더라도 피해자가 그로 인하여 반항이 억압됨으로써 재물을 교부한 것이 아니라면 강도죄(기수)는 성립되지 않는다. 다섯째, 폭행·협박이 있어 반항이 억압된 바 있었더라도 그로부터 상당한 시간이 흐른 후 다른 장소에서 재물이 교부된 경우에도 마찬가지이다. 마지막으로 재물강취의 목적이 없이 폭행을 하던 중에 강취의 고의가 생겨 폭행을 계속하면서 재물을 취거한 때에는 그 폭행이 강취의 수단이 되었으므로 강도죄가 성립한다는 데에는 의문이 없다. 다만 피해자가 항거불능의 상태에 빠진 후에 재물강취의 고의가 생겨 재물을 취거한 경우에는 그 폭행이 강취의 수단이 되었다고 볼 수 없으므로 강도죄의 성립을 부정하고 폭행죄와 절도죄의 경합범이 된다.

Leading Case 7 풀이 》》   소위 '날치기'와 같이 강제력을 사용하여 재물을 절취하는 행위가 때로는 피해자를 넘어뜨리거나 상해를 입게 하는 경우가 있고, 그러한 결과가 피해자의 반항 억압을 목적으로 함이 없이 점유탈취의 과정에서 우연히 가해진 경우라면 이는 강도가 아니라 절도에 불과하지만, 그 강제력의 행사가 사회통념상 객관적으로 상대방의 반항을 억압하거나 항거 불능케 할 정도의 것이라면 이는 강도죄의 폭행에 해당한다. 그러므로 날치기 수법의 점유탈취 과정에서 이를 알아채고 재물을 뺏기지 않으려는 상대방의 반항에 부딪혔음에도 계속하여 피해자를 끌고 가면서 억지로 재물을 빼앗은 행위는 피해자의 반항을 억압한 후 재물을 강취한 것으로서 강도에 해당한다.

이 사안에서 갑이 A로부터 가방을 탈취하면서 A에게 사용한 강제력이 단지 A로부터 순간적이고 강력한 방법으로 가방을 절취하는 날치기 수법으로서 절도행위 과정에서 우연히 가해진 것에 불과한 것 이라기보다는 가방을 뺏기지 않으려는 A의 반항을 억압하기 위한 목적에서 행사한 폭행이며 A의 반항을 억압하기에 족한 정도의 폭행에 해당하므로 강도죄에 해당하고 A가 이로 인해 상해를 입었기 때문에 갑과 을은 공동정범으로서 강도치상죄의 죄책을 진다.

●●●

Leading Case 8 갑이 운영하는 주점에서 갑과 을은 술을 먹고 분리된 방실에서 잠이 든 손님 A를 깨워 무릎을 꿇게 한 다음 A에게 "내가 조직폭력배 대부다. 잠을 잤으면 방세를 주고 가야지"라고 말하면서 맥주를 강제로 마시게 하였다. 그리고 빈 맥주병으로 A의 머리를 3~4회 때리면서 "이 자식아, 술을 먹었으면 돈을 주어야지"라고 말하면서 A가 소지하고 있던 신용카드 2장을 A로부터 받아서 주점에 있던 신용카드 매출전표발급기를 이용하여 90만원에 상당하는 카드 매출전표 3장을 만든 후 가위를 A의 귓가에 바짝 들이대면서 "서명하지 않으면 귀를 잘라 버리겠다"고 위협하여 A로 하여금 위 각 매출전표에 서명하게 하였다. 갑과 을의 죄책은?

| Point | 갑과 을의 폭행·협박으로 A가 매출전표에 서명을 하였지만, 후에 신용카드 회사가 하자있는 A의 서명은 사법상 유효하지 않다는 이유로 지급을 거절할 수 있는 경

우에도 갑과 을이 형법 제333조 후단의 강도죄(이른바 강제이득죄)의 요건이 되는 재산상 이익을 취득하였는지가 문제가 된다. 따라서 이 사안에서는 강도죄의 행위객체로서 '재산상 이익'의 의미가 무엇인지가 쟁점이 된다.

Q 8. 재산상 이익의 의미는 무엇인가?

재산상 이익이란 재물 이외의 모든 재산적 가치나 이익을 말한다. 형법은 재산범죄의 행위의 객체를 규정함에 있어서 재물과 재산상의 이익 개념을 구별하여 명시하고 있다. 이에 따라 재물만을 행위객체로 하는 재산범죄를 '재물죄'라 하고, 재산상의 이익만을 객체로 하는 재산범죄를 '(순)이득죄'라고 하는 등, 재산범죄의 분류가 행해지고 있다. 이러한 분류법에 따른다면, 재물죄로서는 절도죄, 횡령죄, 장물죄, 손괴죄가 있고, 이득죄로서는 배임죄와 컴퓨터사용사기죄가 있으며, 재물죄이면서 이득죄로 규정된 재산범죄로는 강도죄, 사기죄, 공갈죄가 있다. 판례도 현행 형법이 명시하고 있는 재산범죄의 행위객체를 존중하여 재물과 재산상의 이익을 구별하고 있다.

재산상 이익의 개념과 관련해서 법률적 재산개념설은 형법이 보호하는 재산에는 각 개인의 모든 주관적 권리가 속하며 권리의 경제적 가치는 문제되지 않는다고 하여 소유권, 담보권이나 채권 등으로 비록 경제적 가치를 가지지 않는 권리도 재산인 반면에, 노동력이나 기대권, 기업의 정보 등은 비록 경제적 가치가 있어도 형법상 보호할 재산이 아니라고 보았다. 그러므로 법률적 재산개념은 노동력 등 보호해야 할 경제적 가치가 있는 것을 보호하지 못하기 때문에 한편으로는 재산개념을 좁게 파악하는 반면에, 다른 한편으로는 경제적 가치가 없는 주관적 권리까지도 보호하게 되므로 재산개념을 지나치게 확대해서 해석한다는 비판을 받고 있으며 오늘날 법률적 재산개념을 주장하는 학자는 없으며 법률적·경제적 재산개념설의 이론적 출발점으로서의 의의를 가진다.

경제적 재산개념설은 경제적 이익의 총체를 형법상의 재산으로 보고, 그 경제적 가치가 법적으로 승인된 것인가의 여부는 묻지 않는다. 그러므로 법적 권리라 할지라도 그것이 경제생활에 있어서 가치가 있을 때에만 재산이 되고, 반대로 사실상 경제적 가치가 있는 지위는 권리가 아니더라도 재산에 포함된다고 본다. 따라서 노동력, 기대권, 기업의 정보도 재산에 속한다. 더 나아가 금지되거나 비도덕적인 법률행위로 인해 무효인 채권도 실제 변제가능성 여부를 판단하여, 채무자가 어떠한 이유에서건 변제할 것이 분명한 경우에는 무효인 채권도 경제적 가치가 있으므로 재산에 속한다고 보았다. 결국 경제적 재산개념에 의하면 보호받지 못하는 재산은 거의 없다고 할 수 있다. 이러한 재산의 경제적 가치는 객관적으로 각 재산 구성요소의 시장가격 또는 교환가격, 금전적 가치가 그 척도가 된다.

법률적·경제적 재산개념설은 이는 경제적 재산개념에서 출발하나 이의 단점을 제거하고자 시도하는 견해이다. 즉 경제적 재산개념에 의하면 재산적 가치가 있는 것이면 어떠한 것이든 재산으로 보호하여야 하는 반면에, 법률적·경제적 재산개념은 이러한 출발점에서 더 나아가 법규범이 인정하는 것만이 재산이 될 수 있다는 점을 추가하였다. 이 견해는 법률적 재산개념과는 권리의 상실이 아닌 경제적 가치있는 지위를 재산으로 인정한다는 점에서 구별되고, 이러한 경제적인 제 가치들이 법질서에 의해 보호될 수 있어야 된다는 점에서 순수한 경제적 재산개념에 제한을 가하고 있다. 이 견해의 문제점은 전체 법질서 내에서 형법과 사법질서 간에 상호 모순된 평가가 내려지게 될 때 난관에 봉착하게 된다. 즉 형법은 그 재산귀속자와의 관계에 비추어 특정한 경제재를 형법상의 재산에 포함시키고자 하나, 반대로 사법질서가 이를 재산개념으로 인정하고자 하지 않을 때에는 이의 조정이 불가피하게 된다. 예를 들어 법적으로 무효인 청구권의 경우에 경제적 재산개념설에 의하면 재산으로 인정되지만 법률적·경제적 재산개념설에 의하면 재산으로 인정될 수 없게 된다.

경제적 재산개념설과 법률적·경제적 재산개념설의 논쟁은 형법적 보호의 대상을 어떻게 보는가 하는 점에 실익이 있다. 예컨대, 성매매여성의 성노동은 보통 여자의 그것과 달리 평가되어 경제적 가치로 평가되므로 경제적 재산개념설의 입장에서는 성매매여성에게 매음료를 지불할 의사와 능력이 없음에도 지불할 것처럼 가장하여 성노동을 제공받는 행위는 사기죄에 해당한다고 하는 것이 논리적으로 당연한 결론이다. 그러나 법률적·경제적 재산개념설의 입장에서는 성매매여성의 성노동은 불법적인 것이어서 형법이 보호하는 재산이 아니므로 그에 대한 사기죄의 성립은 이론상으로는 불가능하게 된다. 그러나 법률적·경제적 재산개념설의 입장을 취하면서도 사회에서 받아들이는 현실을 외면할 수 없다는 이유로 매음료를 지불할 의사도 없이 성매매여성과 성교한 행위에 대하여 사기죄의 성립을 인정하는 견해도 있다. 형법적인 보호관점을 고려한다면 사법상 권리는 아니더라도 사실상 경제적 이익이 있는 한, 형법이 그것을 재산의 개념에 포함시킴으로써 그에 대한 침해로부터 보호하는 것이 타당하므로 경제적 재산개념에 의해서 '재산상 이익'을 이해하는 것이 적절하다.

Leading Case 8 풀이 >>> 형법 제333조 후단의 강도죄(이른바 강제이득죄)의 요건이 되는 재산상의 이익이란 재물 이외의 재산상의 이익을 말하는 것으로서, 그 재산상의 이익은 반드시 사법상 유효한 재산상의 이득만을 의미하는 것이 아니고 외견상 재산상의 이득을 얻을 것이라고 인정할 수 있는 사실관계만 있으면 된다.

갑과 을이 폭행·협박으로 A로 하여금 3장의 매출전표에 각각 서명을 하게 한 다음 이를 교부받아 소지함으로써 이미 외관상 각 매출전표를 제출하여 신용카드회사들로부터 그 금액을 지급받을 수 있는 상태가 되었다면, A가 각 매출전표에 허위 서명한 탓으로 갑과 을이 신용카드회사들에게 각 매출전표를 제출하여도 신용카드회사들이 신용카드 가맹점 규약 또는 약관의 규정을 들어 그 금액의 지급을 거절할 가능성이 있지만 갑과 을이 각 매출전표 상의 금액을 지급받을 가능성이 완전히 없어져 버린 것이 아니고 외견상 여전히 그 금액을 지급받을 가능성이 있는 상태에 있으므로 갑과 을은 '재산상 이익'을 취득하였다고 볼 수 있어 특수강도죄가 성립한다. •••

Leading Case 9   A가 경영하는 소주방에서 갑은 술과 안주를 시켜 먹은 후 시간이 늦어져 소주방에는 갑과 A만 남아있게 되었다. A가 술값을 내지 않고 나가려는 낌새를 눈치 채고 갑에게 술값을 지급할 것을 요구하며 갑의 허리를 잡고 도망가지 못하게 하자, 갑은 그 술값을 면할 목적으로 A를 살해하고 도주하였다. 갑의 죄책은?

| Point | 채무자가 채무를 면탈할 의사로 채권자를 살해한 경우에 단순살인죄가 성립하는지 아니면 강도살인죄가 성립하는지 여부가 쟁점이 된다.

Q 9. 채무면탈을 할 목적으로 채무자가 채권자를 살해한 경우 죄책은?

채무면탈목적 살인이란 외형상으로는 단순살인죄의 객관적 구성요건을 충족하는 것으로 보이나, 주관적으로는 행위자에게 사람을 살해함으로써 채무를 면탈하고자 하는 목적이 있는 경우이다. 이와 같이 채무의 면제를 통해 재산상 이익을 취득하기 위하여 살인을 하는 경우에 채무를 면해주는 채권자의 처분행위가 없기 때문에 단순 살인죄가 성립하는지 아니면 살해행위로 인해 채무자가 재산상 이익을 얻는다고 보아 강도살인죄가 성립하는지를 구별하는 문제에 대해서 견해가 나누어진다. 단순살인죄에 해당한다고 보는 입장에서는 이러한 채무면탈목적이라는 주관적인 요소는 살해행위의 동기에 불과하다고 보는 반면에, 이를 강도살인죄로 보는 입장에서는 채무면탈목적을 불법이득의사라고 본다.

강도살인죄가 성립하려면 먼저 강도죄의 성립이 인정되어야 하고, 강도죄가 성립하려면 불법영득(또는 불법이득)의 의사가 있어야 하며, 형법 제333조 후단 소정의 이른바 강제이득죄의 성립요건인 '재산상 이익의 취득'을 인정하기 위하여서는 재산상 이익이 사실상 피해자에 대하여 불이익하게 범인 또는 제3자 앞으로 이전되었다고 볼 만한 상태가 이루어져야 한다. 강도죄가 성립하기 위해서는 이익이 채권자로부터 채무자로 이동해야 하는데, 이 이동이 살해행위와 동시에, 또는 살해행위만으로 바로 이루어 질 수 있는지 아니면 피해자의 채무면제 의사표시처럼 외부에서 볼 때 재산상 이익을 취득했다고 할 수 있는 처분이 있어야 하는지를 둘러싸고 논란이 되고 있다. 이러한 논란의 근저에는 처분행위의 내용을 이해하는 시각차가 존재한다.

재산범죄 중에서 재산상 이익이 행위객체로 되어 있는 강도죄, 사기죄, 공갈죄, 배임죄 중에서 배임죄는 행위자의 배임행위의 대상으로서 피해자의 처분행위를 요하지 않고, 사기죄, 공갈죄에서는 처분행위에 의해서 재산상 이익을 취득해야 한다. 그렇다면 강도죄에서 재산상 이익은 어떻게 취득될 수 있는가? 재산상 이익은 피해자의 처분행위에 의해서만 취득될 수 있다는 관점에서 이득강도, 이득사기, 이득공갈을 동일하게 해석하게 되면, 이득강도에서도 피해자의 처분행위를 요구해야 한다. 그러나 강도죄에서 이미 반항을 억압할 정도의 폭행·협박이 있었기 때문에 더 이상 임의의 처분을 기대할 수 없기 때문에, 그와 같은 처분행위를 강도죄에서는 요구할 수 없다.

강도죄가 성립하기 위해 피해자의 처분의사를 요하지 않는다는 점에서 학설과 판례가 일치한다. 학설은 채무면탈 목적으로 채권자를 살해하면 곧바로 강도살인죄를 긍정하고 있다. 판례는 여기서 좀 더 신중한 행보를 보이고 있다. 즉 강도죄가 되기 위한 무엇인가의 객관적 근거를 끌어대려고 하여 피해자 측의 추급가능성을 제시하고 있다. 즉 상속인이 있고 그 상속인이 채무의 존재를 알고 있어서 채권추심이 일시 유예된 때에 불과한 경우에는 살해행위로 채무자가 재산상의 이익을 취득한 것으로 보지 않는다. 결국 채무면탈목적의 살인을 강도살인죄로 포섭하기 위해서는 채무면제라는 소극적 이익을 취득하는 이익강도가 먼저 인정되어야 하므로 채무자가 채권자를 살해한 경우 언제 재산상 이익이 취득되는 것인가를 판단하여야 한다. 그런데 통설과 판례에 의하며 강취행위에 의해서 재산상 이익을 취득하는 경우에 피해자의 처분행위는 필요하지 않기 때문에, 행위자에게 채무면탈이라는 주관적 범죄의도가 있는 경우에는 강도살인죄가 성립되고, 채무를 독촉하는 채권자에 대한 적의로서 살해한 경우에는 단순살인죄가 되는 모호한 상황이 발생하게 된다.

피해자의 처분행위가 없는 채무면탈목적 살인의 경우에는 강도살인죄가 성립할 여지없이 단순살인죄만이 성립할 수 있다고 보는 것이 타당하다. 판례처럼 동일한 피해자를 살해한 행위의 경우, 피해자의 상속인이 있는 경우와 없는 경우가 달라지며 더 나아가 피해자에게 상속인이 있는 경우에 법적으로 채권이 상속되지만 상속인이 그 채무의 존재를 알고 있는 경우와 알지 못하는 경우에 따라 강도살인죄와 단순살인죄가 성립될 수 있다는 것은 명확하지 않은 기준이 된다. 사망한 채권자의 상속인이 존재하고, 그 상속인이 채무의 존재를 알고 있는 경우에는 형법적으로 재산상 이익의 취득이 없기 때문에 단순살인죄로 처벌되고, 피해자의 상속인이 없는 경우에는 피해자의 사망으로 바로 채권이 소멸하기 때문에 행위자는 재산상의 이익을 취득한 것이고 따라서 강도살인죄가 된다는 것은 타당하지 못하다.

Leading Case 9 풀이 » 이 사안의 실제사건에서 대법원은 갑이 A를 살해할 당시 그 소주방 안에는 갑과 A 두 사람밖에 없었다는 사실을 근거로 갑이 A를 살해하면 A는 갑에 대하여 술값 채권을 행사할 수 없게 되고, A 이외의 사람들에게는 A가 갑에 대하여 술값 채권을 가지고 있음이 알려져 있지 않으므로 A의 상속인이 있다 하더라도 갑에 대하여 그 채권을 행사할 가능성은 없으므로 이러한 상황에서 갑이 채무를 면탈할 목적으로 A를 살해한 것은 재산상의 이익을 취득할 목적으로 살해한 것이라 할 수 있어서 강도살인죄에 해당한다고 하였다. •••

Leading Case 10 갑은 을과 함께 영업을 마친 주점을 대상으로 주점 내에 있는 양주를 훔치기로 하고서 그 범행에 필요한 무전기, 플라스틱 바구니 3개 정도를 준비한 후 장소를 물색하던 중, A가 운영하는 Bar에 이르러, 을은 1층과 2층 계단 사이에서 갑과 무전기로 연락을 취하면서 망을 보고, 갑은 Bar의 시정장치를 뜯고 침입하여 Bar 내 진열장에 있던 양주를 미리 준비한 자루에 담고 있던 중, Bar의 종업원

B, C가 Bar로 돌아오는 소리를 듣고서 갑은 양주를 그대로 둔 채 출입문을 열고 나오다가 B와 C에게 발각되어 B가 갑을 붙잡자, 체포를 면탈할 목적으로 갑의 목을 잡고 있던 B의 오른손을 깨무는 등 폭행하였다. 갑의 죄책은?

| Point | 이 사안은 절도미수범이 체포를 면탈할 목적으로 폭행한 행위에 대하여 준강도죄의 미수인지 기수인지의 여부를 판단하는 기준이 쟁점이 된다.

Q 10. 절도범이 어떻게 강도가 될 수 있는가?

형법 제335조는 '절도가 재물의 탈환을 항거하거나 체포를 면탈하거나 죄적을 인멸할 목적으로 폭행 또는 협박을 가한 때에는 강도의 예에 의하여 처벌한다'고 하여 준강도죄를 규정하고 있다. 준강도죄는 목적범이고, 절도와 폭행·협박이 하나의 구성요건으로 결합되어 있다. 행위의 주체가 절도라는 신분을 요구하고 있다는 점에서 신분범이라고 하는 견해도 있으나, 신분이란 사회생활상의 지위를 말하는 것이고, 절도를 신분이라고 할 수는 없으므로 신분범은 아니라는 견해가 타당하다.

준강도죄를 강도죄에 준하여 처벌하는 이유는 그 불법내용이 강도와 동일하게 평가될 수 있기 때문이다. 대법원도 '준강도죄는 절도범인이 폭행 또는 협박을 하는 행위가 그 태양에 있어 재물탈취의 수단으로서 폭행·협박을 가하는 강도죄와 같이 보여 질 수 있는 실질적 위법성을 지니게 됨에 비추어 이를 엄벌하기 위한 취지로 규정된 것'이라고 한다.

형법은 준강도죄가 성립하는 데에 필요한 폭행·협박의 정도에 관하여 아무런 규정을 하고 있지 않으므로 이에 대해서는 해석에 맡겨져 있다. 학설은 준강도죄가 강도죄에 준하여 처벌된다는 점에서 그 폭행·협박도 강도죄의 폭행·협박과 동일한 정도여야 한다는 데에 의견이 일치하고 있다. 판례도 준강도죄에서의 폭행·협박의 정도는 일반 강도죄와의 균형상 사람의 반항을 억압할 정도의 것임을 요하므로 일반적·객관적으로 체포 또는 재물탈환을 하려는 자의 체포의사나 탈환의사를 제압할 정도라고 인정될 만한 폭행·협박이 있을 것을 요구한다. 그리고 반항을 억압할 정도인가의 판단은 강도죄와의 균형상 체포되려는 구체적 상황에 비추어 체포의 공격력을 억압함에 족한 정도의 것인지 여부에 따라 결정된다고 한다. 본래 체포를 당하지 않으려고 도주하거나 폭행·협박하는 것은 인간심리의 자연적 발현이다. 그런데 절도범에게는 도주하지 말고 체포될 것을 형법적 의무로 요구하여 그 요구에 불응하는 경우 준강도죄로 처벌하는 것은 위헌의 소지마저 있다. 특히 절도범이 영득한 재물을 버리고 도주하거나 절도가 미수에 그친 상태에서 도주하면서 단순히 체포를 면탈하기 위하여 폭행·협박하는 경우라면 더욱 그 폭행·협박의 정도가 준강도의 그것에 해당하는지를 신중히 고려해야 한다.

준강도가 성립하기 위해서는 행위상황으로서 절도의 기회에 행하여졌을 것을 요건으로 한다. 즉 절도와 시간적·장소적 근접성이 있어야 한다. 시간적 근접성은 폭행·협박은 절도의 실행에 착수한 이후 '종료'되기까지의 사이에 있어야 한다. 따라서 사회통념상 절도범행이 완전히 종료된 후에는 본죄는 성립할 여지가 없다. 판례도 폭행 또는 협박은 절도의 실행에 착수하여 그 실행중이거나 그 실행 직후 또는 실행의 고의를 포기한 직후로서 사회통념상 범죄행위가 완료되지 아니하였다고 인정될 만한 단계에서 행해져야 한다고 한다. 장소적 근접성은 폭행·협박은 절도현장 또는 그 부근에서 행해져야 한다. 그러나 현장에서 발각되어 추적을 받는 경우에는 거리가 떨어진 때에도 장소적 근접성은 인정될 수 있다.

　형법 제342조는 준강도죄의 미수를 처벌하고 있으므로 기수와 미수의 구별이 필요하다. 그 구별기준에 관하여 학설은 세 갈래로 나뉘어져 있다. 절취행위표준설은 재물절취의 기수·미수 여부에 따라 구별해야 한다는 견해로서 폭행·협박이 가해졌더라도 절도가 미수이면 준강도도 미수가 된다고 한다. 주된 이유로는 준강도도 재산범인 이상 강도와 마찬가지로 재물취득의 여부에 따라 기수·미수를 구별해야 한다는 점, 만약 폭행·협박을 기준으로 삼게 되면 절도의 미수범이 폭행·협박을 한 경우 준강도의 기수로서 강도죄의 기수에 준해 처벌받게 되는 반면, 강도범이 폭행·협박을 하였으나 재물의 강취에 성공하지 못한 경우에는 강도죄의 미수로 처벌을 받게 되어 형의 불균형이 생긴다는 점을 든다. 폭행·협박행위표준설은 폭행·협박의 기수·미수 여부에 따라 결정해야 한다는 견해이다. 이 견해는 절도가 기수이더라도 폭행·협박이 기수에 이르지 못하면 준강도의 미수가 성립한다고 한다. 그 논거로는 준강도는 강도죄와 행위구조가 다르다는 점, 본죄의 구성요건행위가 폭행·협박이기 때문에 기수·미수의 기준도 당연히 폭행·협박에서 찾아야 한다는 점, 절취행위표준설을 취하게 되면 절도의 미수단계에서 폭행·협박을 한 경우 항상 준강도의 미수만 성립하게 되어 부당하다는 점을 든다. 결합설은 준강도죄는 절취행위와 폭행·협박이 결합되어 있는 범죄이기 때문에 절취행위의 기수·미수와 폭행·협박의 기수·미수 양자를 모두 기준으로 삼아 판단해야 한다는 입장이다. 여기서 폭행·협박의 미수란 폭행·협박에 의해 상대방의 반항이 억압되지 않은 경우를 의미한다고 한다. 결합설에 따르면 절도가 기수이더라도 폭행·협박에 의해 상대방의 반항이 억압되지 않은 경우라던가, 상대방의 반항을 억압하는 폭행·협박이 행해졌더라도 절도가 미수에 그친 경우에는 모두 준강도죄의 미수가 성립한다. 따라서 절도의 기수범이 폭행·협박하여 상대방의 반항이 억압된 경우에만 준강도의 기수가 성립하게 된다.

　대법원은 종래 폭행·협박시설을 취하고 있었으나 2004년 전원합의체판결의 다수의견으로 절취를 기준으로 기수, 미수를 결정한다고 하는 절취행위기준설로 판례를 변경하였다. 이 판결에서 대법원의 다수의견은 '형법 제335조에서 절도가 재물의 탈환을 항거하거나 체포를 면탈하거나 죄적을 인멸할 목적으로 폭행 또는 협박을 가한 때에 준강도로서 강도죄의 예에 따라 처벌하는 취지는, 강도죄와 준강도죄의 구성요건인 재물탈취와 폭행·협박 사이에 시간적 순서상 전후의 차이가 있을 뿐 실질적으로 위법성이 같다고 보기 때문이다. 그러므로 피해자에 대한 폭행·협박을 수단으로 하여 재물을 탈취하고자 하였으나 그 목적을 이루지 못한 자가 강도미수죄로 처벌되는 것과 마찬가지로, 절도미수범인이 폭행·협박을 가한 경우에도 강도미수에 준하여 처벌하는 것이 합리적이라 할 것이다. 만일 강도죄에 있어서는 재물을 강취하여야 기수가 됨에도 불구하고 준강도의 경우에는 폭행·협박을 기준으로 기수와 미수를 결정하게 되면 재물을 절취하지 못한 채 폭행·협박만 가한 경우에도 준강도죄의 기수로 처벌받게 됨으로써 강도미수죄와의 불균형이 초래된다. 위와 같은 준강도죄의 입법 취지, 강도죄와의 균형 등을 종합적으로 고려해 보면, 준강도죄의 기수 여부는 절도행위의 기수 여부를 기준으로 하여 판단하여야 한다고 봄이 상당하다'고 판시하였다.

　강도죄와 준강도죄는 그 행위의 선후만 다를 뿐 동일한 태양의 범죄라고 할 것인데, 만일 폭행·협박기준설을 취한다고 한다면 절도미수범이 체포를 면탈할 목적으로 폭행·협박을 한 경우에는 준강도기수로 처벌받게 되는 반면, 재물강취의 목적으로 폭행·협박을 하였으나 재물을 강취하지 못한 경우에는 강도미수로 처벌받게 됨으로써 양형의 균형이 맞지 아니한다.

즉, 강도죄의 죄질은 준강도죄의 그것보다 더 무겁다는 것이 일반적인 견해인데, 죄질이 더 무거운 범죄를 저질렀음에도 재물을 강취하지 못한 자는 강도미수죄로서 법률상 감경이 가능함에 반하여, 강도미수보다 죄질이 더 가벼운 준강도의 경우 재물을 절취하지 못하였음에도 불구하고 준강도기수로 처벌받아야 한다는 결과는 부당하다. 그렇다면, 폭행·협박을 하여 재물을 강취하고자 하였으나 재물강취의 목적을 이루지 못한 자를 강도미수죄로 처벌하는 것과 마찬가지로, 절도미수범인이 폭행·협박을 가한 경우에도 강도미수에 준하여 취급하는 것이 양형의 균형이라는 측면에서 보더라도 합리적이다.

Leading Case 10 풀이 〉〉〉 이 사안에서 절취행위를 기준으로 준강도의 미수를 결정하게 되면 갑은 준강도미수로 처벌되고, 폭행·협박시를 기준으로 결정하면 갑은 준강도의 기수로 처벌된다. 변경된 판례의 다수의견과 같이 절취행위를 기준으로 하는 입장에서 보면 갑은 준강도미수로 처벌되며 을도 갑의 폭행을 예견할 수 있었다면 준강도의 미수로 처벌된다. ●●●

Leading Case 11 갑은 A와 여관건물에 대한 임대차계약을 체결하면서 당시 그 여관건물에 대하여 법원의 경매개시결정에 따른 경매절차가 진행 중인 사실을 알려주지 않았다. A는 그 건물에 관한 등기부를 확인 또는 열람하는 것이 가능함에도 불구하고 하지 않음으로써 경매절차가 진행 중인 사실을 모르고 계약을 체결하였다. 갑의 죄책은?

| Point | 사기죄는 행위자의 기망행위에 의한 착오와 그 착오로 인한 처분행위의 연쇄적인 연결고리로 성립한다. 이 사안에서는 사기죄의 기망행위의 여러 태양 중에서

부작위에 의한 기망행위의 의미 및 법률상 고지의무의 인정여부가 쟁점이 된다.

Q 11. 사기죄가 성립하기 위한 구성요소와 각 요소의 연결관계는 무엇인가?

사기죄의 보호법익에 관하여 전체로서의 재산권만이 보호법익이라는 견해, 재산 외에도 2차적으로 거래상의 진실이나 성실성도 보호한다는 견해, 재산 및 재산처분의 자유라는 견해 등이 대립하고 있다. 대법원은 사기죄의 요건으로서의 기망은 널리 재산상의 거래관계에 있어서 서로 지켜야 할 신의와 성실의 의무를 저버리는 모든 적극적 및 소극적 행위로서 사람으로 하여금 착오를 일으키게 하는 것을 말하며, 사기죄의 본질은 기망에 의한 재물이나 재산상 이익의 취득에 있다고 하여 거래상의 진실성이 보호법익이 된다고 한다.

재산만 보호법익이라고 하는 견해는 사기죄를 순수한 개인적 법익에 대한 재산범죄로 이해함으로써 사회적 법익인 거래상의 진실성을 제외하는 입장이다. 사기죄를 통한 거래의 진실성은 사기죄를 처벌하는 데에 따른 반사적 이익으로서 행위태양이 기망행위에 해당하는가를 판단하는 기준일 뿐이라고 한다. 자유경쟁사회에서는 거래상의 진실성이 독립된 보호법익이 될 수 없는 것이고, 공갈죄에서 자유도 보호법익이 되는 것은 자유란 독립된 보호법익이기 때문인 것이므로 사기죄의 거래상의 진실성과는 사정이 다르다는 것이다. 거래상의 진실성도 2차적인 보호법익이라고 하는 견해는 행위태양인 기망행위로부터 거래상의 진실성이라는 부차적인 보호법익이 도출되는 것은 강도죄나 공갈죄의 행위태양인 협박으로부터 의사의 자유가 부차적인 보호법익이 되는 것처럼 오히려 당연하다는 입장이다. 만일 거래상의 진실성이라는 법익을 도외시하고 재산만이 보호법익이라고 하면 사기죄와 공갈죄의 구별도 곤란하다고 주장한다. 다만 거래상의 진실성이 1차적 법익으로 둔갑하는 것은 재산범죄인 사기죄를 경제범죄로 탈바꿈하는 것이 되므로 경계해야 한다고 한다. 이러한 견해들 중에서 거래상의 진실 등을 보호법익에 포함시키게 되면 사기죄는 자칫 재산범죄로서의 성격마저 부인됨으로써 그 범위가 너무 넓어질 위험이 있으므로 사기죄의 보호법익은 재산권에 한정해야 한다는 견해가 타당하다. 거래상의 신의칙과 같은 것은 신의칙에 위반하는 행위는 사기죄를 적용함으로써 사실상 형법적 보호를 받게 되는 것이므로 그것을 보호법익에서 제외하더라도 불합리가 발생하지는 않는다고 판단된다.

사기죄가 성립되려면 기망행위로써 피기망자가 착오에 빠져 어떤 재산상의 처분행위를 하도록 유발하여 재산적 이득을 얻을 것을 요하고 피기망자와 재산상의 피해자가 같은 사람이 아닌 경우에는 피기망자가 피해자를 위하여 그 재산을 처분할 수 있는 권능이나 지위에 있어야 하며 기망, 착오, 처분, 이득 사이에 인과관계가 있어야 한다. 즉 사기죄의 구성요건표지, 즉 기망 → 착오 → 처분행위 → 재산손해 또는 재산상 이익취득의 상호관계에서 전자는 각각 후자의 전제 조건이고 상호 인과관계가 인정되어야 한다.

기망이란 상대방이 재산적 처분행위를 하는 데 판단의 기초가 되는 사실에 관하여 허위사실을 주장하거나, 진실을 왜곡하거나, 은폐함으로써 착오에 빠뜨리는 행위이다. 사실이란 물건의 성질이나 품질과 같은 외부적 객관적 사실, 대금지불의사와 같은 심리적 사실, 법률적 효력과 같은 법률적 사실 등을 포함한다. 장래의 사실, 예를 들어 장차 땅값이 오를 것이라고 거짓말한다고 하더라도 이러한 예측적인 사실은 현재로서 그 진위를 증명할 수 없으므로 기망행위라고 할 수 없으나, 돈을 얼마 내면 판사에게 청탁하여 무죄로 해주겠다고 거짓말한 경우와 같이 현재의 내적사실을 속이면서 장래를 예측한 경우에는 기망이 된다는 것이 통설이다. 판례도 자기를 믿으면 모든 병을 고칠 수 있고 헌금하지 않는 신도는 영생할 수 없다는 취지의 설교로 신도를 기망한 행위는 사기죄에 해당한다고 한다.

가치판단이나 의견을 포함시킬 것인가에 관하여는 학설이 대립한다. 적극설은 매각하려는 미술품의 예술적 가치가 높다고 하는 등의 가치판단도 기망에 해당한다고 한다고 한다. 이에 대해 소극설은 가치판단이나 의견진술은 주관적인 판단으로서 객관적 판단에 반한다는 점이 증명될 성질이 아니므로 기망에 포함되지 않는다고 한다. 그러나 감정전문가의 고가품이라는 판단은 진품이라는 사실판단을 포함하는 것처럼 가치판단에 사실주장이 결부되는 경우에는 기망에 포함된다고 함으로써 사실상 절충적 입장을 취한다. 사실판단과 가치판단은 그 한계가 명백한 것이 아니라는 사실은 소극설도 인정하고 있으며, 가치판단도 객관적 판단에 반한다는 사실을 증명할 수 있는 경우도 있으므로 굳이 가치판단을 제외할 이유가 없다.

동기의 착오를 일으키게 한 경우에 기망행위가 되는가에 관해서도 견해의 차이가 있다. 동기의 착오만으로는 착오라고 할 수 없고, 착오의 대상도 사실에 관한 것이어야 하므로 용도를 속이고 돈을 빌린 경우에는 사기죄가 성립되지 않는다는 견해도 있다. 그러나 실행행위로서의 기망은 반드시 법률행위의 중요 부분에 관한 허위표시임을 요하지 아니하고 상대방을 착오에 빠지게 하여 행위자가 희망하는 재산적 처분행위를 하도록 하기 위한 판단의 기초가 되는 사실에 관한 것이면 충분하므로, 용도를 속이고 돈을 빌린 경우에 만일 진정한 용도를 고지하였더라면 상대방이 빌려 주지 않았을 것이라는 관계에 있는 때에는 사기죄의 실행행위인 기망은 있는 것으로 보아야 한다는 견해가 지배적이다.

　사기죄의 기망이 되려면 상대방을 착오에 빠뜨리는 것만으로는 부족하고, 그 정도가 재산상의 거래관계에 있어서 서로 지켜야 할 신의와 성실의 의무에 반하는 것이어야 한다. 그 정도에 해당하는가는 거래의 상황, 상대방의 지식·성격·경험·직업 등 구체적 상황을 고려하여 일반인의 입장에서 객관적으로 판단해야 한다. 사기죄가 성립하는가의 문제에 있어 가장 어려운 것은 바로 어느 정도의 기망이 사기죄의 기망에 해당하는가 하는 점일 것이다. 대표적으로 문제되는 사례로서 허위·과장광고를 들 수 있다. 대법원은 상품의 품질이나 가치에 관한 광고·선전에는 다소의 과장이 수반되는 것이 보통이라는 사실을 인정하면서, 그 과장이 일반 상거래의 관행과 신의칙에 비추어 시인될 수 있는 정도의 것이라면 사기죄의 기망성이 결여된다고 한다. 문제는 그 '다소의 과장'이 어느 정도의 과장에 그쳐야 그것이 '상거래의 관행과 신의칙에 비추어 시인될 수 있는 정도'인가 하는 점, 즉 허위·과장광고의 한계이다. 판례가 기망행위로 인정한 사례로서는 TV홈쇼핑업체에 납품한 삼이 인공적으로 재배한 것임에도 자연방임상태에서 성장시킨 산양산삼이라고 광고한 사안, 한우만을 취급한다는 취지의 상호를 사용하면서 광고선전판에도 그렇게 기재하고 수입쇠고기를 판매한 사안, 오리·하명·누에 등 여러 가지 재료를 혼합하여 제조·가공한 제품이 당뇨병이나 관절염 등에 특효약이라고 강의식 선전을 한 사안 등을 들 수 있다.

　기망이라 함은 널리 거래관계에서 지켜야 할 신의칙에 반하는 행위로서 착오를 일으키게 하는 행위이다. 기망행위는 명시적일 필요가 없고 묵시적으로도 가능하며, 또한 작위가 아니라 부작위로도 가능하다. 그러나 작위인 묵시적 기망과 부작위에 의한 기망과의 구별은 명백하지 않다. 그럼에도 불구하고 그 구별은 사기죄의 성립범위에 영향을 미친다. 즉 묵시적 기망이라고 하면 사기죄를 인정하기 용이하나, 부작위에 의한 기망이라고 보면 상대방의 착오를 제거해야 할 보증인적 지위에서 고지의무 위반이라고 할 수 있어야만 사기죄가 성립되기 때문이다. 묵시적 기망은 설명가치가 있는 일정한 사항에 대하여 암묵적으로 허위의 외관을 표시하는 것이다. 묵시적 기망행위가 되는가는 그 행동이 사회통념에 의하여 어떤 설명가치를 가지는가에 따라 판단될 문제이다. 부작위에 의한 기망은 행위자의 태도와는 무관하게 스스로 착오에 빠진 자에 대한 고지의무를 위반하는 것이다.

부동산을 매도하는 자가 그 부동산에 채무담보를 위한 가등기나 근저당 설정등기가 되어 있다는 사실을 고지하지 않고 매도하는 행위를 한 경우에 이를 부동산에 가등기나 저당권이 설정되어 있지 않다는 사실을 묵시적으로 설명한 행위라고 하여 묵시적 기망행위라고 하는 견해도 있고, 부작위에 의한 기망행위라고 하는 견해도 있다. 대법원은 부작위로 보아 그 사실을 고지하지 않았더라도 적극적으로 은폐한 것이 아니라면 그 사실만으로는 기망행위가 되지 아니하고, 매수인이 그 사실을 알았다면 매수하지 아니할 사정이 있거나 계약체결에 매우 중요한 요소인 경우에는 기망행위가 된다고 한다.

처분행위란 비록 하자가 있으나 자유로운 의사로 직접 재산상 손해를 초래하는 작위·부작위의 행위를 말한다. 범인이 물건을 가져가는 것을 피해자가 묵인하거나 방치하는 것도 포함한다. 그런데 처분행위라고 하려면 자신의 행위로 인하여 재물의 점유나 권리가 타인에게 이전되거나 자신이 채무를 부담하게 된다는 처분의사가 있어야 하느냐의 여부에 관해서는 다툼이 있다. 다수설은 처분의사가 필요하다는 입장이고, 대법원도 '처분행위란

주관적으로 처분결과를 인식하고 객관적으로는 이러한 의사에 지배된 행위'
라고 한다. 처분행위가 있느냐 없느냐 하는 것은 사기죄와 절도죄를 구별하
는 기준이 된다. 절도죄는 피해자의 의사에 반하여 점유를 탈취하는 범죄이
다. 또한 처분행위라고 하려면 그 효과의 직접성이 인정되어야 한다. 재산
처분행위와 손해발생 사이에 제3의 행위가 개입하여 간접성을 띠우면 사기
죄가 성립되지 않는다.

처분행위자가 피해자가 아닐 경우에 처분행위자에게 피해자의 재산을 처
분할 수 있는 일정한 자격이 있어야 한다. 이른바 삼각사기를 인정하기 위해
서는 처분행위자의 자격이 있어야 한다. 처분행위를 할 자격이 없는 자는 처
분행위를 할 수 없으므로 이용자는 절도죄로 처벌된다. 따라서 처분행위자
의 자격은 절도죄와 삼각사기를 구별하는 하나의 기준이 된다. 권한설(權限
說)은 재산처분행위자가 재산피해자이거나 또는 법규범에 의해 피해자의 재
산을 처분할 수 있는 권한이 있는 경우, 다시 말해서 처분행위자가 피해자의
재산영역에 들어와 있는 경우에는 처분행위자와 피해자사이에 삼각사기가
성립할 수 있다고 본다. 지위설(地位說)은 통설로서 법적 처분권한이 있는 경
우뿐만 아니라 한 걸음 더 나아가 순전히 사실상 처분할 수 있는 지위를 인
정할 수 있는 경우에도 삼각사기가 성립하는 것으로 본다. 판례는 처분행위
자가 피해자를 위해 재산을 사실상 처분할 수 있는 권한이 있을 필요는 없
고, 다만 그럴 수 있는 지위에 있으면 된다고 하여 지위설의 입장과 같다.

형법은 '재물의 교부를 받거나 재산상 이익을 취득'한다는 사실만을 구성
요건으로 하고 재산상 손해를 가한다는 요건은 명시하고 있지 않다. 그러므
로 사기죄의 기수성립에 손해를 가한다는 요건이 필요한지가 논의된다. 예
를 들어 정당한 대가가 지급된 경우에도 사기죄가 성립할 수 있는가 하는
점이 다투어 진다. 이는 사기죄의 보호법익이 재산인가 거래상의 진실인가

하는 문제, 또는 재산이라고 하더라도 전체로서의 재산인가 개개의 재물이나 이익인가 하는 문제와 결부되어 있다. 재산상 손해가 사기죄의 구성요건요소로서 필요하다는 견해는 사기죄는 재산범죄이고, 보호법익은 개별적인 재물이나 개개의 채권과 같은 재산권이 아니라 개인이 가지고 있는 전체로서의 재산이므로 손해의 발생은 기술되지 아니한 구성요건요소라고 한다. 이에 대해서 재산상 손해가 사기죄의 구성요건 요소로서 필요하다고 할 근거가 없고, 사기죄의 보호법익은 개별재산이므로 개개의 재물이나 재산상 이익이 침해되면 사기죄는 성립된다고 하면서 '재산상 손해'라는 요건은 불필요하다는 견해가 있다. 이에 대해서 이분설은 재물사기죄에서는 재물의 상실 자체가 손해이므로 다른 손해발생이 필요 없으나, 이득사기죄에서는 재산상 손해발생이 필요하다고 한다. 판례는 사기죄의 본질은 기망에 의한 재물이나 재산상 이익의 취득에 있으므로 상대방에게 현실적으로 재산상 손해가 발생함을 그 요건으로 하지 아니하며, 재물편취를 내용으로 하는 사기죄에 있어서는 기망으로 인한 재물교부가 있으면 그 자체로써 피해자의 재산침해가 되어 이로써 곧 사기죄가 성립하는 것이고 상당한 대가가 지급되었다거나 피해자의 전체 재산상에 손해가 없다 하여도 사기죄의 성립에는 영향이 없고, 그 대가가 일부 지급된 경우에도 그 편취액은 피해자로부터 교부된 재물의 가치로부터 그 대가를 공제한 차액이 아니라 교부받은 재물 전부라고 한다.

Leading Case 11 풀이 》》》   사기죄의 요건으로서 기망은 널리 재산상 거래관계에서 서로 지켜야 할 신의와 성실의 의무를 저버리는 모든 적극적 또는 소극적 행위를 말하는 것이고, 이러한 소극적 행위로서의 부작위에 의한 기망은 법률상 고지의무 있는 자가 일정한 사실에 관하여 상대방이 착오에 빠져 있음을 알면서도 이를 고지하지 않는 것이다. 따라서 일반거래의 경험칙상 상대방이 그 사실을 알았더라면 당해 법률행위를 하지 않았을 것이 명백한 경우에는 신의칙에 비추어 그 사실을 고지할 법률상 의무가 인정된다.

이 사안에서 갑이 A와 임대차계약을 체결하면서 임차인 A에게 임대목적물이 경매진행중인 사실을 알리지 아니한 경우, A가 임대차계약 당시 임차할 여관건물에 관하여 법원의 경매개시결정에 따른 경매절차가 이미 진행 중인 사실을 알았더라면 그 건물에 관한 임대차계약을 체결하지 않았을 것임이 명백하다고 볼 수 있으므로 갑은 신의칙상 A에게 이를 고지할 의무가 있다 할 것이고, A 스스로 그 건물에 관한 등기부를 확인 또는 열람하는 것이 가능하였더라도 갑에게는 사기죄가 성립한다. •••

Leading Case 12 갑은 B에게 C가 발행한 액면 2000만원의 당좌수표 1장을 할인해 주었음에도 불구하고 위 수표가 부도나서 할인해 준 금원을 회수할 수 없게 되자, B를 자기에게 소개시켜 준 A 때문에 손해를 입게 되었다는 이유로, 마치 A에게 그 수표를 할인해 준 것처럼 허위주장을 하며 법원에 A를 상대로 허위의 지급명령을 신청하였다. 갑의 죄책은?

| Point | 소송당사자가 법원을 기망하여 타인의 재산을 편취하는 것을 이른바 소송사기라고 한다. 사안에서는 갑이 허위의 증거를 조작하는 등 적극적인 사술을 사용하지 않은 채 단순히 지급을 구하는 취지의 지급명령만을 신청한 경우에도 사기죄의 한 유형인 소송사기죄가 성립하는 여부가 쟁점이 된다.

Q 12. 소송사기란 무엇인가?

소송사기는 오래 전부터 별 이의 없이 사기죄의 한 유형으로 인정되어오고 있다. 소송사기는 행위자가 허위의 사실을 주장하여 법관으로 하여금 소송 상대방의 재산을 침해하는 판결을 하도록 하는 것이다. 소송사기는 기망의 상대방과 처분행위를 하는 법원 그리고 법원의 처분행위에 의해 소송의 타방 당사자가 피해자가 되는 구조로써 피기망자와 피해자가 일치하지 않는 소위 삼각사기의 대표적인 경우로 사기죄를 구성한다는 데에 견해가 일치하고 있다.

소송사기는 법원을 기망하여 자기에게 유리한 판결을 얻음으로써 상대방의 재물 또는 재산상 이익을 취득하는 것을 내용으로 하는 범죄이다. 그런데 소송사기를 쉽게 인정하게 되면 필연적으로 누구든지 자기에게 유리한 주장을 하고 소송을 통하여 권리구제를 받을 수 있다는 민사재판제도의 위축을 가져올 수밖에 없다. 즉 청구인의 불충분한 진술만을 믿어 소송사기로 인정하는 것은 마치 민사재판에서 그 주장사실이 인정되지 아니하여 패소한 원고는 모두 소송사기죄에 해당할 수 있게 될 우려가 있다. 그러므로 판례는 '피고인이 그 범행을 인정한 경우 외에는 그 소송상의 주장이 사실과 다름이 객관적으로 명백하고 피고인이 그 소송상의 주장이 명백히 허위인 것을 인식하였거나 증거를 조작하려고 한 흔적이 있는 등의 경우 외에는 이를 쉽사리 유죄로 인정하여서는 안 된다'고 하여 그 적용범위를 제한하고 있다. 따라서 소송사기가 인정되기 위해서는 제소 당시에 그 주장과 같은 채권이 존재하지 아니하다는 것만으로는 부족하고, 그 주장의 채권이 존재하지 아니한 사실을 잘 알고 있으면서도 허위의 주장과 입증으로써 법원을 기망한다는 인식을 하고 있어야만 한다.

단순히 사실을 잘못 인식하거나 법률적인 평가를 그르침으로 인하여 존재하지 않는 채권을 존재한다고 믿고 제소하는 경우에는 소송사기가 성립되지 않는다. 또한 허위채권을 근거로 가압류를 신청하거나 가압류집행을 하는 것은 사기죄의 실행에 착수한 것이 아니다. 가압류가 강제집행의 보전 방법에 불과한 것이어서 허위채권에 관하여 현실적으로 청구의 의사를 표시한 것으로 볼 수 없으므로 사기죄의 실행의 착수가 아니고, 본안소송을 제기할 때 실행의 착수가 있다.

Leading Case 12 풀이 » 지급명령신청의 방법에 의한 소송사기는 일반적인 소송사기와 달리 대립적인 구조를 전제로 하지 않고 있고, 증거서류를 첨부하지 않고 허위 주장 자체에 의한 것이므로 지급명령신청 내용에 허위 사실이 기재되어 있다고 하는 사정만으로 쉽게 소송사기로 인정하기는 어렵다. 그러나 이 사안에서 갑에게 허위의 내용으로 지급명령을 신청하여 법원을 기망한다는 고의가 있는 경우에 법원을 기망하는 것은 반드시 허위의 증거를 이용하지 않더라도 당사자의 주장이 법원을 기만하기 충분한 것이라면 기망수단이 된다. 또한 지급명령신청에 대해 A가 이의신청을 하면 지급명령은 이의의 범위 안에서 그 효력을 잃게 되고 지급명령을 신청한 때에 소를 제기한 것으로 보게 되는 것이지만 이로써 이미 실행에 착수한 사기의 범행 자체가 없었던 것으로 되는 것은 아니므로 갑은 사기죄의 죄책을 진다. •••

Leading Case 13 갑은 PC방에 게임을 하러 온 A로부터 2만원을 인출해 오라는 부탁과 함께 A의 현금카드를 건네받고 은행에 설치되어 있는 현금자동인출기에서 권한 없이 인출금액을 5만원으로 입력하여 동 금액을 인출한 후 그 중 2만원만 A에게 건네주어 3만원 상당의 재산상 이익을 취득하였다. 갑의 죄책은?

| Point | 이 사안에서는 현금카드 소유자인 A로부터 일정액의 현금을 인출해 오라는 부탁과 함께 현금카드를 건네받아 그 위임받은 금액을 초과하여 현금을 인출한 갑의

행위가 금전에 대한 절도죄가 성립하는지 횡령죄가 성립하는지 문제되며 초과부분의 개념을 재산상 이익개념으로 보아 컴퓨터 등 사용사기죄의 성립을 인정할 수 있는지 여부가 쟁점이 된다.

Q 13. 컴퓨터 등 사용사기죄의 적용범위는?

컴퓨터 등 정보처리장치에 허위의 정보 또는 부정한 명령을 입력하거나 권한 없이 정보를 입력·변경하여 정보처리를 하게 함으로써 재산상의 이익을 취득하는 경우에 컴퓨터 등 사용사기죄가 성립한다. 형법 제347조의 2에서 컴퓨터 등 사용사기죄의 객체는 재산상 이익이라고 명시하고 있어 재물의 경우는 그 객체에서 배제하고 있어서 논란이 되고 있다. 컴퓨터 등 사용사기죄의 객체는 재물을 제외한 재산상 이익만을 그 대상으로 하는 순수한 이득죄라는 견해에 의하면 현금을 재산상의 이익으로 보는 것은 법문언상의 한계를 넘어서는 것이다. 동 조항에 '재물'을 규정하지 않은 것은 입법을 통해 해결해야할 문제이지, 재산상의 이익에 재물을 포함하는 해석은 유추적용금지의 원칙에 반한다고 한다. 이에 대해서 컴퓨터등 사용사기죄의 재산상 이익은 재물을 포함한다는 입장은 재물과 재산상 이익은 택일관계가 아니라 특별관계라는 것을 그 근거로 제시하며, 다만 재물을 추가하여 입법적으로 논란을 해결할 필요가 있다고 한다. 형법에서 재물과 재산상 이익은 구별되고, 컴퓨터등 사용사기죄의 재산상 이익은 재물을 제외한 개념이라는 종전 판례의 일관된 입장에 따르면, 현금취득행위에 대해 컴퓨터등 사용사기죄를 인정할 수 없다. 그러나 컴퓨터등 사용사기죄의 경우 재산상 이익은 재물을 포함하는 개념이라고 해석하면, 현금취득행위를 컴퓨터등 사용사기죄로 평가할 수 있게 된다.

신용카드를 이용하여 소유자의 요청에 의해 한도를 넘는 현금을 인출한 경우에 성립하는 범죄와 관련하여 배임죄설, 횡령죄설 그리고 컴퓨터등 사용사기죄설 등이 제시되고 있다. 컴퓨터등 사용사기죄의 성립과 관련하여 신용카드 등을 이용하여 금전을 인출한 경우 재물에 대한 범죄임이 분명하므로 이에 해당하지 않는다는 견해와, 인출을 위임받은 범위 이외의 부분은 그 비율로 계산하여 역시 재산상 이익에 해당할 수 있다는 견해가 대립한다. 대법원은 위임받은 액수와 그 차액 상당을 위법하게 이득할 의사로 현금자동지급기에 그 초과된 금액이 인출되도록 입력하여, 그 초과된 금액의 현금을 인출한 경우에 인출한 현금 총액 중 인출을 위임받은 금액을 넘는 부분의 비율에 상당하는 재산상 이익을 취득한 것으로 보아 컴퓨터등 사용사기죄의 성립을 긍정하는 입장이다.

Leading Case 13 풀이 ≫ 이 사안의 실제사건에서 대법원은 카드 소유자로부터 일정한 금액의 현금을 인출해 오라는 부탁을 받으면서 이와 함께 현금카드를 건네받은 것을 기회로 그 위임을 받은 금액을 초과하여 현금을 인출하는 방법으로 그 차액 상당을 위법하게 이득할 의사로 현금자동지급기에 그 초과된 금액이 인출되도록 입력하여 그 초과된 금액의 현금을 인출한 경우에는 그 인출된 현금에 대한 점유를 취득함으로써 인출한 현금 총액 중 인출을 위임받은 금액을 넘는 부분의 비율에 상당하는 재산상 이익을 취득한 것으로 볼 수 있으므로 이러한 행위는 그 차액 상당액에 관하여 형법 제347조의2(컴퓨터등 사용사기)에 규정된 '컴퓨터등 정보처리장치에 권한 없이 정보를 입력하여 정보처리를 하게 함으로써 재산상의 이익을 취득'하는 행위로서 컴퓨터 등 사용사기죄에 해당된다고 한다. 이 사안에서 갑은 A의 위임을 받아 현금인출기에서 위임범위를 초과하는 금액을 인출하여 차액 3만원의 이익을 취득한 것이므로 컴퓨터등 사용사기죄의 죄책을 진다. •••

164   제2편 개인적 법익을 침해하는 범죄

Leading Case 14   갑은 B의 자취방에서 B가 보관하고 있던 A의 신용카드를 절취하고, 같은 날 10:40경 가전마트에서 TV를 구매하면서 그 대금을 절취한 A의 신용카드로 결제한 것을 비롯하여 같은 날 13:00경까지 약 2시간 20분 동안에 걸쳐 카드 가맹점 일곱 곳에서 물품을 구입한 후 그 대금을 A의 신용카드로 결제하였다. 갑의 죄책은?

| Point | 이 사안은 신용카드를 절취한 후 이를 사용한 경우 신용카드의 부정사용행위는 별도의 범죄를 구성하는지 아니면 절도범행의 불가벌적 사후행위에 해당하는지 여부가 쟁점이 된다.

Q 14. 신용카드로 인해 발생하는 범죄들은 무엇인가?

▷ **신용카드를 절취한 후 이를 사용하여 현금인출기에서 현금을 인출한 경우**
이 경우에는 절도죄($^{신용카드}_{절취}$), 여신전문금융업법위반죄($^{신용카드}_{부정사용}$), 절도죄($^{현금}_{절취:}$ 판례에 의하면 현금자동지급기를 설치·관리하는 은행은 정당한 카드소지인에게 현금서비스를 하겠다는 의사를 표시한 것일 뿐 비밀번호를 알고 있는 카드소지인 모두에게 현금서비스를 하겠다는 의사를 표시한 것은 아니므로 타인카드의 부정사용에 의한 현금서비스는 현금자동지급기를 관리하는 은행의 의사에 반하여 기계 내의 현금에 대한 점유를 침해하는 것이므로 절도죄가 성립한다)가 성립하고 각 범죄는 실체적 경합범이 된다. 신용카드를 절취한 후 이를 사용한 경우 신용카드의 부정사용행위는 새로운 법익의 침해로 보아야 하고 그 법익침해가 절도범행보다 큰 것이 대부분이므로 위와 같은 부정사용행위가 절도범행의 불가벌적 사후행위가 되는 것은 아니고, '도난, 분실된 신용카드 또는 직불카드를 판매하거나 사용한 자'에 절취한 본범이 해당되지 않는다고 볼 수 없으므로, 신용카드를 절취한 후 이를 위 신용카드의 가맹점에서 물품을 구입하는데 사용한 행위는 여신전문금융업법상의 신용카드 부정사용죄에 해당한다. 또, 신용카드 부정사용행위는 사회적 법익으로서 신용거래의 안전이라고 하는 별개의 법익을 위태롭게 한다는 점에서도 절도죄의 불가벌적 사후행위로 볼 수 없다. 신용카드 매출표의 서명 및 교부가 별도로 사문서위조 및 위조사문서행사죄의 구성요건을 충족한다고 하여도 이 사문서위조 및 위조사문서행사죄는 위 신용카드 부정사용죄에 흡수되어 신용카드 부정사용죄의 1죄만이 성립하고 별도로 사문서위조 및 위조사문서행사죄는 성립하지 않는다.

▷ **신용카드를 절취한 후 현금인출기에서 현금서비스를 받거나 예금을 인출하려다가 적발되어 검거된 경우**

이 경우에는 절도죄(신용카드 절취)와 절도미수죄(현금 절취 미수)의 실체적 경합범이 된다. 절취한 신용카드로 대금을 결제하기 위하여 신용카드를 제시하였으나 카드확인과정에서 도난카드임이 밝혀져 매출전표도 작성하지 못한 채 검거된 경우에는 신용카드 부정사용의 미수행위에 불과하므로 신용카드를 사용하여 현금인출을 시도하였으나 그 목적을 이루지 못한 경우에는 역시 신용카드 부정사용의 미수행위에 불과하고 여신전문금융업법에서 위와 같은 미수행위를 처벌하는 규정을 두고 있지 아니한 이상 위 여신전문금융업법위반죄로는 처벌할 수 없다.

▷ **신용카드를 절취한 후 그 신용카드를 이용하여 가맹점에서 물품을 구입한 경우**

절취한 신용카드를 가지고 자신이 그 신용카드의 정당한 소지인인양 가맹점의 점주를 속이고 그에 속은 점주로부터 주류 등을 제공받아 취득하면 절도죄, 신용카드부정 사용죄와 별도로 사기죄가 성립하고, 위 각 죄는 실체적 경합범 관계에 있게 된다. 판례는 절취한 신용카드로 가맹점들로부터 물품을 구입하겠다는 단일한 범의를 가지고 그 범의가 계속된 가운데 동종의 범행인 신용카드 부정사용행위를 동일한 방법으로 반복하여 행한 경우, 신용카드의 각 부정사용의 피해 법익도 모두 위 신용카드를 사용한 거래의 안전 및 이에 대한 공공의 신뢰로서 동일하기 때문에 같은 신용카드를 반복하여 부정사용한 행위는 포괄하여 일죄에 해당한다고 한다. 그리고 신용카드를 부정사용한 결과가 사기죄의 구성요건에 해당하고 각 사기죄가 실체적 경합관계에 있다고 하여도 신용카드 부정사용죄와 사기죄는 그 보호법익이나 행위의 태양이 전혀 달라 실체적 경합관계에 있다.

▷ **신용카드를 절취한 후 그 신용카드를 이용하여 가맹점에서 물품을 구입하려다가 도난카드임이 적발되어 검거된 경우**

이 경우 절도죄($_{절취}^{신용카드}$), 사기미수죄($_{미수}^{물품편취}$)의 실체적 경합범이 된다. 신용카드 부정사용죄의 구성요건적 행위인 '신용카드의 사용'이라 함은 신용카드의 소지인이 신용카드의 본래 용도인 대금결제를 위하여 가맹점에 신용카드를 제시하고 매출표에 서명하여 이를 교부하는 일련의 행위를 가리키므로 단순히 신용카드를 제시하는 행위만으로는 신용카드 부정사용의 미수행위에 불과하고, 여신전문금융업법에서 위와 같은 미수행위를 처벌하는 규정을 두고 있지 않으므로 여신전문금융업법위반죄로는 처벌할 수 없다.

▷ **분실된 신용카드를 사용하여 물품을 구입하거나 현금을 인출한 경우**

점유이탈물횡령죄, 여신전문금융업법위반죄, 사기죄 또는 절도죄의 실체적 경합범이 된다.

▷ **횡령한 신용카드를 사용하여 물품을 구입한 경우**

횡령한 신용카드는 분실 또는 도난된 신용카드에 해당하지 아니하므로 여신전문금융업법상 부정사용죄는 성립하지 않는다. 다만, 신용카드 자체를 사문서로 보아 형법상 사문서부정사용죄로 의율하거나 매출전표 위조행위를 사문서위조로 처벌할 수 있고, 물품구입의 점에 대하여는 별도로 사기죄로 처벌하는 것이 타당하다.

▷ 사용권한을 초과하여 신용카드를 사용한 경우

신용카드의 진정한 소유자로부터 사용권한을 위임받은 금액을 초과하여 사용하는 경우에는 신용카드 자체에 대한 횡령죄나 여신전문금융업법상 신용카드 부정사용죄는 성립하지 않는다. 다만, 사용권한이 있는 것처럼 가장하여 물품을 구입하면 별도로 사기죄가 성립하고, 현금을 인출하는 경우 절도죄가 성립하며, 매출전표 위조의 점은 사문서위조죄로 처벌하는 것은 가능하다.

▷ 자기명의 신용카드와 관련된 경우

자신의 신용카드 사용행위로 인한 경우도 형사처벌 될 수 있다. 신용카드의 거래는 신용카드회사로부터 카드를 발급받은 사람이 위 카드를 사용하여 카드가맹점으로부터 물품을 구입하면 그 카드를 소지하여 사용하는 사람이 카드회사로부터 카드를 발급받은 정당한 소지인인 한 카드회사가 그 대금을 가맹점에 결제하고, 카드회사는 카드사용자에 대하여 물품구입대금을 대출해 준 금전채권을 가지는 구조로 이루어진다. 마찬가지로 카드사용자가 현금자동지급기를 통해서 현금서비스를 받아 가면 현금대출관계가 성립한다. 이와 같은 카드사용으로 인한 카드회사의 금전채권을 발생케 하는 카드사용행위는 카드회사로부터 일정한 한도 내에서 신용공여가 이루어지고, 그 신용공여의 범위 내에서는 정당한 소지인의 카드사용에 의한 금전대출이 카드 발급 시에 미리 포괄적으로 허용되어 있는 것이므로 현금자동지급기를 통한 현금대출도 결국 카드회사로부터 그 지급이 미리 허용된 것이고, 단순히 그 지급방법만이 사람이 아닌 기계에 의해서 이루어지는 것에 불과하다.

만일 신용카드의 사용으로 인한 대금결제의 의사와 능력이 없으면서도 있는 것 같이 가장하여 카드회사를 기망한 경우, 판례에 의하면 카드회사는 이에 착오를 일으켜 일정 한도 내에서 카드사용을 허용해 줌으로써 기망당한 카드회사의 신용공여라는 하자 있는 의사표시에 편승하여 자동지급기를 통한 현금대출도 받고, 가맹점을 통한 물품구입대금 대출도 받아 카드발급회사로 하여금 같은 액수 상당의 피해를 입게 함으로써, 카드사용으로 인한 일련의 편취행위가 포괄적으로 이루어지는 것이다. 따라서 카드사용으로 인한 카드회사의 손해는 그것이 자동지급기에 의한 인출행위이든 가맹점을 통한 물품구입 행위이든 불문하고 모두가 피해자인 카드회사의 기망당한 의사표시에 따른 카드발급에 터잡아 이루어지는 사기죄의 포괄일죄가 된다고 한다.

그러나 여신전문금융업법상의 범죄행위를 신용카드체계의 '외부'로부터 신용카드체계의 기능을 위태롭게 하는 행위라고 한다면, 신용카드 사용대금을 결제할 의사나 능력이 없으면서도 자신 명의로 신용카드를 발급받아 사용하는 행위는 신용카드체계의 '내부'에서 발생하는 일탈행위라고 할 수 있는데, 이를 일반 형법상의 사기죄로 의율하는 것은 형법이 신용카드업의 보호·육성이라는 기능을 부당하게 지원하는 것이라는 비판이 있다. 이 견해에 의하면, 신용카드업의 보호·육성정책에 기능화된 형법이 만일 신용카드체계 '내부'에서 발생하는 일탈행위를 통제하려고 할 경우에는 체계의 기능에 대한 위험의 왜곡배분이 문제될 수 있다고 주장하면서, 형법상의 사기죄에 의한 처벌이 계속될 경우 신용카드회사를 편중적으로 보호하게 되어 장기적으로는 신용카드의 남발 및 부실채권의 축적과 같은 악순환을 지속시키고, 결국 신용카드체계의 기능을 위축시키거나 신용카드산업을 퇴행시키는 결과를 낳게 할 우려가 있다고 한다.

Leading Case 14 풀이 ≫ 갑은 절취한 카드로 가맹점들로부터 물품을 구입하겠다는 단일한 범의를 가지고 그 범의가 계속된 가운데 동종의 범행인 신용카드 부정사용행위를 동일한 방법으로 반복하여 사용하였고, 또 위 신용카드의 각 부정사용의 피해법익도 모두 신용카드를 사용한 거래의 안전 및 이에 대한 공공의 신뢰로서 동일하다. 그러므로 갑이 동일한 A의 신용카드를 부정사용한 행위는 포괄하여 일죄에 해당하며, 신용카드로 물품을 구매한 행위는 별도의 사기죄가 되고 신용카드부정사용죄와 사기죄는 그 보호법익이나 행위의 태양이 전혀 달라 실체적 경합관계에 있다. •••

Leading Case 15 갑은 A가 갑의 건물 옆에 건물을 신축하는 과정에서 허가내용과 달리 증축공사를 하고 준공검사 전에 건물 일부를 임대하여 음식점을 경영하도록 한 사실을 알고, A의 건물에서 음식점을 경영하는 B에게 "준공검사 전에 2층까지 술집으로 임대해서 내 가옥에 피해를 주고 있는데 관계당국에 진정하여 준공검사가 나오지 않게 하여 영업을 못하게 하든지 위 건물이 철거되게 하든지 하겠다"고 수회에 걸쳐 말하였다. 그리고 갑은 구청에 A의 건물 증축부분으로 인접가옥의 일조권이 침해받고 있고 준공검사 전 술집경영 등으로 피해가 많으니 시정조치해 달라는 내용의 진정을 제기한 뒤, 중재에 나선 C에게 갑은 "돈 1,000만원을 주면 진정을 취하해 줄 수 있으나 그렇지 않으면 내가 죽든 A가 죽든 끝까지 싸우겠다"고 하자 겁을 먹고 있던 A로부터 진정취하를 조건으로 한 배상금명목으로 천만원의 자기앞수표 1장을 교부받았다. 갑의 죄책은?

| **Point** | 이 사안에서는 공갈죄의 수단으로서 '협박'의 의미와 정당한 권리자에 의하여 권리실행의 수단으로서 협박이 사용된 경우에도 공갈죄가 성립하는지 여부가 쟁점이 된다.

Q 15. 채권자가 채무변제를 받기위해 채무자를 협박하면 공갈죄가 성립하는가?

공갈죄는 사람을 공갈하여 재물의 교부를 받거나 재산상의 이익을 취득함으로써 성립하는 범죄이다. 공갈죄의 수단으로서 협박은 사람으로 하여금 의사결정의 자유를 제한하거나 의사실행의 자유를 방해할 정도로 겁을 먹게 할 만한 해악을 고지하는 것을 말하고, 여기서 고지된 해악의 실현은 반드시 그 자체가 위법한 것임을 요하지 않으며, 또한 그 해악고지의 수단 방법은 명시적이거나 직접적이 아니더라도 묵시적으로 피공갈자 이외의 제3자를 통해서 간접적으로 할 수도 있다.

공갈죄는 특히 자기의 정당한 권리행사의 수단으로 공갈행위를 한 경우가 논란이 되고 있다. 권리행사의 목적이라 하더라도 수단이 위법하므로 공갈죄가 성립한다는 견해에 의하면 권리행사를 빙자하거나 사회통념상 허용되는 범위를 넘은 경우에는 권리남용으로 위법하므로 공갈죄가 성립한다고 한다. 다만 자구행위나 정당행위라고 인정되는 범위에서만 위법성이 조각되어 불가벌이 될 수 있다고 본다. 그러므로 권리실행을 위해 공갈이라는 수단을 사용하는 경우 공갈죄의 구성요건이 충족되며 위법성의 단계에서 사회통념상 허용되는 행위는 자구행위나 정당행위로 볼 수 있어 위법성이 조각된다고 한다. 다른 견해에 의하면 권리행사를 위해 공갈행위를 사용한 경우는 불법영득의사가 없으므로 공갈죄가 성립할 수 없지만 폭행·협박에 의해 의사를 강제하여 일정한 의무 없는 일(여기서는 재물의 교부 또는 재산상의 이익의 교부)을 강요한 경우로 강요죄에 해당한다고 한다. 이와는 달리 폭행 또는 협박죄만 성립한다는 견해는 두 가지로 나뉘는데 먼저 권리행사의 경우에는 공갈죄의 구성요건에는 해당하지만 정당한 권리가 있으므로 공갈죄는 성립하지 않고, 단지 그 수단이 위법하므로 협박죄 또는 폭행죄가 성립된다는 견해가 있고, 공갈자에게 재물(또는 재산상의 이익)을 취득할 권리가 있고 이를 행사하는 경우에는 그 재물취득이 불법하다고 할 수는 없으므로 불법영득(이득)의사를 인정할 수 없다는 다수설의 견해가 있다. 이 견해는 당연히 공갈죄의 구성요건해당성 자체를 부정한다. 정당한 권리를 가진 경우 불법영득의사가 결여된다는 것이므로 불법영득의사의 불법을 '영득의 불법'으로 해석한 학설에 따른 결론이라고 할 수 있다. 다만 그 수단인 폭행, 협박행위의 불법성은 인정되므로 협박죄 또는 폭행죄는 성립한다고 한다.

판례는 권리행사라 하더라도 권리행사의 수단방법이 사회통념상 일반적으로 인용되는 정도나 범위를 넘는 때에는 공갈죄가 성립한다고 본다. 그리고 어떠한 행위가 구체적으로 사회통념상 허용되는 범위를 넘은 것이냐의 여부는 그 행위의 주관적인 측면과 객관적인 측면, 즉 추구된 목적과 선택된 수단을 전체적으로 종합하여 판단하여야 한다고 한다. 이러한 판례의 입장은 공갈죄의 성립을 위해 불법영득의사를 요구하면서도 이때의 불법은 '갈취의 불법'으로 이해하는 논리적 귀결이라고 할 수 있다. 따라서 권리행사의 수단으로 공갈행위를 이용한 경우 공갈죄의 구성요건은 일단 인정하고 일정한 범위 내에서 위법성조각 여부가 문제된다고 이해한다.

Leading Case 15 풀이 »»»   갑이 그 소유건물에 인접한 대지 위에 건축허가 조건에 위반되게 건물을 신축, 사용하는 소유자로부터 일조권 침해 등으로 인한 손해배상에 관한 합의금을 받은 것은 사회통념상 용인되는 범위를 넘지 않는 것이어서 공갈죄가 성립되지 않는다. 이 사안의 실제 사건에서 대법원은 갑이 간접적으로 구청에 진정을 제기하기 전에 B나 C에게 자기의 주장을 관철하기 위한 방편으로 다소 과격한 언사를 쓰고, 나아가 진정취하를 조건으로 갑이 입은 손해의 유무나 그 액수가 객관적으로 명확히 밝혀지지 않은 상태에서 위 진정으로 겁을 먹은 A로부터 그 요구금액 전액을 받아냈다 하더라도, 갑은 자기의 권리행사로서 그리고 A는 자신의 갑 및 건물 입주자들에 대한 손해배상의무를 면하기 위한 조치로서 절충 끝에 합의가 되어 자주적인 분쟁해결의 방법으로 갑에게 천만 원을 건네 준 것으로 본다면 갑의 금원요구행위나 수령행위를 가리켜 권리행사를 빙자하였다거나 사회통념상 권리행사의 수단, 방법으로서 용인되는 범위를 넘는 공갈행위가 있었다고 단정할 수는 없다고 하였다. 이러한 대법원의 입장은 '공갈행위'가 없다는 것의 의미와 관련해서 문제점이 있다. 만일 그 의미가 갑이 사용한 폭행·협박 그 자체가 사회통념상 허용되는 범위로서 폭행·협박죄에 해당하지 않는 경우에는 공갈죄의 구성요건에 해당하지 않는다는 것이라면 '자주적 분쟁해결이었다'거나 '공갈행위가 아니다'고 하는 것은 곧 갑의 행위가 공갈의 수단인 협박에 해당하는 행위가 아니므로 공갈죄의 구성요건해당성이 없다는 의미라고 이해하는 것이 타당하다. 이와 같이 구성요건의 단계에서 이미 공갈죄의 성립이 부정된 사안에서 그 수단인 폭행, 협박 등이 사회상규에 반하는가를 기준으로 위법성 여부의 평가는 무의하다고 할 수 있다. •••

Leading Case 16 카페 주인인 A가 카페의 종업원인 갑에게 오토바이 열쇠를 주면서 그 오토바이를 타고 가서 수표를 현금으로 바꾸어 오라고 시키자 갑은 이를 승낙하고 오토바이를 타고 가다가 마음이 변하여 이를 반환하지 아니한 채 그대로 타고 가버렸다. 오토바이는 A의 소유인데 열쇠는 항상 갑이 갖고 있으면서 영업에 사용하고 있었다. 갑의 죄책은?

| Point | 횡령죄는 타인의 재물을 보관하는 자가 그 재물을 횡령하거나 그 반환을 거

부하는 것을 내용으로 하는 죄이다. 이 사안에서는 오토바이의 보관자가 갑인지 여부에 따라 갑에게 절도죄 또는 횡령죄가 성립하므로 횡령죄의 '보관관계'의 이해가 쟁점이 된다.

Q 16. 횡령죄의 본질과 구성요소는 무엇인가?

횡령죄는 자기가 보관하는 타인의 재물이나 점유이탈물을 불법하게 영득하는 것을 내용으로 하는 범죄이다. 횡령죄의 유형에는 형법 제355조 제1항의 단순횡령죄와 그 가중구성요건인 제356조의 업무상횡령죄 및 감경구성요건인 제360조의 점유이탈물횡령죄가 있으나, 보통 횡령죄라고 할 때에는 타인의 재물을 보관하는 자가 그 재물을 횡령하거나 반환을 거부함으로써 성립되는 단순횡령죄를 말한다. 단순횡령죄는 보관자의 행위로서 타인의 점유를 침해하지 않는다는 점에서 절도죄와 다르며, 위탁에 기한 재물보관자의 행위라는 점에서 점유이탈물횡령죄와 다르다.

횡령죄의 본질은 타인의 신임관계를 위배한 것이다. 타인의 신뢰를 위배한다는 점에서 배임죄와 같은 성질이지만, 횡령죄는 개개의 재물에 대한 위탁관계를 기초로 한 재산에 대한 범죄이고 배임죄는 재산상 이익을 침해하는 순수한 이득죄라는 점에서 차이가 있다. 횡령죄의 보호법익은 소유권이고 보호의 정도에 대해서 판례는 위험범이라고 하지만 다수의 견해는 침해범으로 보고 있다. 횡령행위의 본질에 관하여는 위탁된 물건에 관한 권한을 초과하는 불법처분으로서 월권행위라고 하는 견해와 불법영득행위라고 하는 견해로 나누어져 있다. 그런데 월권행위설의 입장에서는 횡령죄의 점유는 위탁관계에 의한 점유 이외에는 존재할 수 없다고 하는 것이 자연스러우나, 영득행위설의 입장에서도 위탁관계를 중시하고 있다. 그리하여 직접적인 위탁관계가 없거나, 위탁계약이 무효·취소된 경우 등에 있어서는 그 관계를 '사실상의 위탁관계', '객관적인 위탁관계', 또는 '신의칙상 인정되는 위탁관계'라고 한다. 어업면허권을 양도하고서도 그 어업면허권이 자기 앞으로 되어 있음을 기화로 어업권손실보상금을 수령하여 소비한 경우, 자신 명의의 계좌에 착오로 송금되어 온 돈을 다른 계좌로 이체하는 등 임의로 사용한 경우, 피해자와 공동지분이 있는 돈을 피해자를 대리하여 제3자로부터 수령하여 예금한 후 이를 소비한 경우 등의 사안에 있어서 횡령죄를 인정한다.

본죄의 주체는 '타인의 재물을 보관하는 자'이므로 '보관하는 자'만이 횡령죄를 범할 수 있는 진정신분범이다. 본죄의 주체는 자연인에 국한된다고 본다. 법인에게는 본죄의 주관적 구성요건이 인정될 수 없기 때문이다. 보관이란 재물에 대한 사실상·법률상의 지배인 점유를 의미한다. 보관은 위탁관계에 의한 것임을 요한다. 보관이란 타인의 재물을 점유·관리한다는 말이다. 횡령죄에서의 범인의 점유는 신분요소로서 절도죄에서의 점유가 행위객체로서의 의미를 가지는 것과는 다르다. 그러므로 간접점유도 보관의 개념에 포함되고, 또 그 점유는 사실상의 재물지배만이 아니라 법률상의 재물지배도 포함한다. 창고증권과 같은 유가증권의 소지인은 재물에 대한 사실상의 지배가 없더라도 임치물을 자유롭게 처분할 수 있는 지위에 있는 법률적 지배가 있으므로 재물의 보관자가 된다. 타인의 돈을 위임에 의하여 은행에 예금한 경우에도 그 돈에 대한 법률상 지배로 인하여 보관자가 된다. 부동산에 있어서는 동산과는 달리 사실상 지배하지 않더라도 외관상 유효하게 처분할 권능이 있으면 보관관계가 인정된다. 그러므로 부동산을 사실상 지배하는 점유자이더라도 그러한 권능이 없으면 보관자가 아니다. 토지의 경작권을 부여받은 자 일지라도 등기를 이전받지 아니한 자는 그 부동산의 보관자가 아니고, 공동상속재산을 단순히 점유하고 있음에 불과한 자는 다른 공동상속인의 지분을 처분할 권능이 없으므로 그것을 처분하더라도 횡령죄는 성립되지 않는다. 등기부상 명의인이 아니더라도 소유자의 위임을 받아 실제로 부동산을 관리·지배하면 보관자가 되며, 미등기건물에 대하여는 현실로 관리·지배하는 경우에 보관자가 된다. 양도담보에 있어서의 담보권자는 등기상 소유자이긴 하나, 변제기 이전에 목적물을 임의 처분할 수 없으므로 변제기 전에 처분하면 횡령죄가 된다. 또 명의수탁자로부터 부동산을 양도받아 이전등기를 완료한 자는 완전한 소유권을 취득하는 것이지 명의수탁자의 지위를 승계하는 것이 아니므로 그가 다시 부동산을 처분하더라도 횡령죄에 해당하지 않는다.

본죄의 객체는 재물에 한한다. 재산상 이익은 배임죄의 객체는 될 수 있어도 횡령죄의 객체는 될 수 없다. 관리할 수 있는 동력과 부동산도 재물에 포함된다. 보관은 물리적·물질적 관리를 의미하므로 사무적 관리의 대상인 채권, 광업권 등 권리는 재물에 포함되지 않는다. 마찬가지로 주권은 유가증권으로서 재물에 해당되지만 회사자본의 구성단위 또는 주주권을 의미하는 주식은 재물이 아니므로 본죄의 객체가 될 수 없다. 재물은 특정되어 있어야 한다. 그러므로 행위자인 보관자가 아직 특정되지 않은 재물에 대하여 횡령의 고의로 제3자와 매매계약을 체결한 경우에는 본죄의 미수범이 되는 데 그친다고 할 것이다. 금전 기타 대체물이 봉함금 또는 공탁금과 같이 특정물로서 위탁된 때에 수탁자가 이를 임의로 소비하면 본죄가 성립한다. 그리고 목적이나 용도를 정하여 위탁한 금전을 수탁자가 이를 일시 유용하는 등 임의로 소비한 경우에도 정해진 목적이나 용도로 사용될 때까지는 소유권이 위탁자에게 속하는 것이므로 본죄가 성립한다고 본다. 그러므로 위탁받은 금전의 특정성이 요구되지 않는 경우에는 수탁자가 위탁의 취지에 반하지 않게 묵시적으로 허용된 용도에 일시 그 금전을 사용하였다면 필요한 시기에 다른 금전으로 대체시킬 수 있는 상태에 있는 한 본죄는 성립하지 아니한다. 그런데 지명채권양도인이 양도통지 전에 채무자로부터 채권을 추심하여 금전을 수령하여 임의로 소비한 경우에 있어서는 그 금전은 양수인의 소유에 속하므로 횡령죄가 성립한다고 볼 수 있다. 그리고 재물은 타인 소유의 재물이어야 한다. 여기서 타인이란 타인의 소유임을 의미한다. 소유권의 귀속은 민법원리에 의하여 결정된다.

횡령죄의 행위는 '횡령' 또는 '반환의 거부'이다. 횡령은 불법영득의사를 외부에 표현하는 일체의 행위를 의미한다. 횡령죄의 본질에 관한 월권행위설과 영득행위설은 각자의 관점에 따라서 횡령의 의미를 다르게 이해한다. 즉 월권행위설은 횡령을 행위자의 보관물에 대한 권한을 초월하는 행위라고 보는 견해로서 횡령의 성립에 있어서 불법영득의사는 필요 없다고 한다. 영득행위설은 횡령을 불법영득의사를 표현하는 일체의 행위라고 본다. 횡령의 의미를 불법영득의사를 외부에 표현하는 일체의 행위로 보는 영득행위설의 입장이 타당하다. 즉 행위자의 내심의 의사만으로는 부족하고 행위자의 의사가 외부에 표현되어 타인이 행위자의 불법영득의사를 객관적으로 인식할 수 있어야 한다. 행위자가 불법영득의사를 표현하여 실현하고자 하는 것으로 족하고 현실적으로 실현되었을 것을 요하지는 않는다. 즉 행위자가 보관물을 타인에게 무단으로 넘겨주려 하였으나 상대방이 이를 거절한 경우에도 횡령은 완성되는 것이다. 반환의 거부는 보관물에 대한 소유자의 권리행사를 거부하는 의사표시를 의미한다. '반환의 거부'도 행위자의 불법영득의사를 표현하는 경우에는 횡령행위의 한 유형에 해당한다. '반환의 거부'의 의미나 이유, 행위자의 주관적 의사 등을 종합적으로 고려해볼 때 횡령행위와 마찬가지라고 인정되어야 한다. 보관사실의 부인도 이에 해당된다. 그러므로 '반환의 거부'에 있어서도 반환할 수 없는 사정이나 반환을 거부할 수 있는 권한이 있는 것과 같이 정당한 사유가 인정되는 경우에는 불법영득의사가 부정된다고 본다.

Leading Case 16 풀이 〉〉〉 이 사안에서 카페 종업원인 갑이 주인 A의 승낙을 받고 그의 심부름으로 A의 오토바이를 타고 가서 수표를 현금으로 바꾼 뒤에 마음이 변하여 그 오토바이를 반환하지 아니한 채 그대로 타고 가버렸다 하더라도 갑은 A의 오토바이에 대해서 점유보조자로서 위탁관계에 의해서 사실상의 지배상태에 있었다고 할 수 있기 때문에 갑은 A의 점유를 침해한 절도죄가 아니라 갑과 A사이의 오토바이의 보관에 따른 신임관계를 위배한 것이 되어 횡령죄의 죄책을 진다. •••

Leading Case 17 갑은 A 등 여러 명과 함께 B의 부동산을 매수하기로 하고서, 다만 편의상 갑이 단독으로 매매계약을 체결하고, 그 등기명의인도 갑의 단독명의로 하여 두기로 약정을 하였다. 갑은 소유자인 B와 토지를 매수하기로 약정을 하고 매매대금을 지급하고 갑 단독명의로 이전등기를 경료하였다. 매매계약 당시 갑은 자신이 단독으로 이 사건 토지 지분을 매수하는 것으로 계약을 체결하였고, B도 갑이 단독으로 이 사건 토지 지분을 매수하는 것으로 알고 있었다. 그 후 갑은 자기 명의로 되어 있던 부동산에 대해서 자신을 채무자로 하여 은행에 근저당권을 설정하였다. 갑의 죄책은?

| Point | 이 사안은 신탁자와 수탁자 사이의 명의신탁 약정에 따라 수탁자가 명의신탁 약정이 있다는 사실을 알지 못하는 매도인과 사이에서 부동산매매계약을 체결한 후 당해 부동산의 소유권이전등기를 수탁자 명의로 등기를 경료한 경우. 즉 계약명의신탁관계에서 매도인이 선의인 경우에 수탁자가 횡령죄의 '타인의 재물을 보관하는 자'에 해당하는지 여부가 쟁점이 된다.

Q 17. 명의신탁된 부동산을 수탁자가 처분한 경우의 형사처벌관계는?

명의신탁이란 등기, 등록 등의 공부(公簿)에 의하여 공시할 수 있는 물건의 소유권에 관하여 대내적 관계에서는 신탁자(信託者)가 소유권을 보유하여 이를 관리·수익하면서, 공부상의 소유 명의만을 수탁자(受託者)로 하여 두는 것을 말한다. 명의신탁은 민법상 명문의 규정으로 인정된 제도가 아니라 판례에 의하여 인정된 제도로서 특히 부동산 거래에 많이 활용되었으나 부동산 투기 등과 관련하여 각종 탈법 내지 위법의 방편으로 이용되어 많은 비판을 받게 되자 1995년 제정된 부동산실권리자명의등기에관한법률(이하, 부동산실명법 이라고 한다)을 제정하였다. 이 법률은 그러한 행위를 처벌하는 데 그치지 않고, 부동산 명의신탁약정과 이에 기한 부동산 소유권이전등기를 무효로 함으로써 부동산 명의신탁에 있어서 새로운 법률관계가 형성되게 만들었다.

부동산실명법은 부동산물권을 명의신탁약정에 의하여 수탁자의 명의로 등기하는 행위를 금지하고 있고(부동산실명법 제3조 제1항), 부동산에 관한 명의신탁약정을 무효로 하고(동법 제4조 제1항), 이에 기해 행해진 등기에 의한 부동산에 관한 물권변동 역시 무효로 하고 있으나(동법 제4조 제2항 본문), 예외적으로 부동산에 관한 물권을 취득하기 위한 계약에서 수탁자가 그 일방당사자가 되고 그 타방당사자는 명의신탁약정이 있다는 사실을 알지 못하는 경우에는 그러하지 아니하다고 규정함으로써(동법 제4조 제2항 단서) 이른바 계약명의신탁의 경우에 수탁자가 계약자가 되고 원권리자가 선의인 때(명의신탁관계를 알지 못한 때)에는 명의신탁약정에 따라 행해진 등기에 의한 물권변동을 유효한 것으로 하고 있다. 부동산실명법의 이러한 규정에 따르면 명의신탁의 법률관계를 다음과 같이 나누어 볼 수 있다.

2자간 등기명의신탁 : 부동산의 소유자가 타인과 명의신탁약정을 하고 그 타인의 명의로 등기를 한 경우이다. 부동산실명법에 의하면 이때의 명의신탁약정은 무효이고 이에 기한 등기도 무효이므로, 부동산물권은 신탁자에게 남아 있게 된다.

　3자간 명의신탁 유형 중 중간생략등기형 명의신탁 : 신탁자가 수탁자와 명의신탁약정을 맺고, 신탁자가 매매계약의 당사자가 되어 매도인과 매매계약을 체결하되 다만 등기를 소유자로부터 수탁자 앞으로 직접 이전하는 것으로, 위 유형의 명의신탁은 중간생략등기와 명의신탁이 결합된 것이라는 이유에서 중간생략등기형 명의신탁이라고도 한다. 이 경우 신탁자와 수탁자 사이의 명의신탁약정은 무효이다. 그리고 수탁자 명의의 소유권이전등기는 명의신탁약정에 따라 이루어진 것으로 부동산실명법 제4조 제2항 단서에 해당하지 않아 무효이다. 따라서 소유권은 여전히 매도인에게 남아 있게 되므로 매도인은 그 소유권에 기한 물권적청구권, 즉 방해배제청구권에 기하여 수탁자에게 그 명의 소유권이전등기의 말소를 청구할 수 있다.

　3자간 명의신탁 유형 중 계약명의신탁 : 신탁자가 수탁자에게 부동산의 매수위임과 함께 명의신탁약정을 맺고, 수탁자가 매매계약의 당사자가 되어 매도인과 매매계약을 체결한 후, 수탁자 앞으로 이전등기하는 것이다. 계약명의신탁약정은, 민법 제684조 제2항과 같이 수탁자가 부동산을 매수하여 이를 보관하고 있다가 신탁자의 의사에 따라 그에게 이전하여 주기로 하는 내용의 일종의 위임약정과 등기명의는 수탁자 명의로 하되 내부적으로는 신탁자의 소유로 하는 명의신탁약정으로 구성되는바, 이 때 신탁자와 수탁자가 맺은 명의신탁약정은 부동산실명법 제4조 제1항에 따라 무효이고, 위 계약에 있어 명의신탁은 법률행위의 중요한 요소이므로 명의신탁약정이 무효인 이상 위임약정도 민법 제137조 본문의 일부무효법리에 따라 무효가 된다. 따라서 신탁자는 위 약정에 기하여 수탁자에게 부동산에 관한 소유권이전등기청구를 할 수 없다.

부동산실명법 시행이전까지 판례는 명의신탁에 있어서 부동산의 소유권이 대외관계에서 수탁자의 소유이므로 타인의 재물이 아니라는 이유로 횡령죄의 성립을 부정하였으나 그 후 명의신탁약정에 의한 부동산 취득 시 부동산의 대외적인 소유자는 수탁자이지만 실질은 보관자에 해당한다고 보아 이를 처분하면 횡령죄가 성립된다고 보아 사실상 대내적으로 실권리자인 신탁자의 소유권이 보호되었다. 그러나 부동산실명법 시행이후로, 신탁자와 수탁자 사이의 명의신탁 약정은 무효이고, 이에 따라 행해진 등기에 의한 부동산 물권변동도 무효가 된다. 등기명의를 가진 상태의 수탁자가 부동산을 임의처분한 행위가 횡령죄를 구성하는가 하는 문제를 해결하기 위해서는 먼저 어떤 유형의 명의신탁관계인지를 파악하는 것이 중요하고 다음으로 명의신탁의 유형과 관련하여 수탁자에게 타인의 부동산을 보관한다는 지위를 인정할 수 있는가를 판단하여야 한다.

2자간 명의신탁의 경우에 명의수탁자가 부동산 등기가 자기명의로 되어 있음을 기화로 신탁자의 동의 없이 이를 처분한 경우 수탁자의 횡령죄 성립 여부는 신탁부동산의 소유권이 누구에게 있는가 그리고 수탁자가 위탁관계에 기하여 타인의 재물을 보관하는 자의 지위에 있다고 볼 수 있는가에 따라 판단할 수 있다. 무효인 명의신탁약정은 민법 제103조에 위배되고 이에 기한 부동산물권변동은 민법상의 불법원인급여(제746조)에 해당하여 위탁자는 수탁자에 대하여 반환청구권을 행사할 수 없고 또한 위탁관계 자체가 법률상무효이므로 보관자의 지위도 인정할 수 없으므로 횡령죄는 성립하지 않는다는 소수의 견해가 있지만, 다수설과 판례는 부동산의 소유자인 신탁자와 등기명의인인 수탁자 사이의 명의신탁약정은 법률상 무효이지만, 신탁자와 수탁자 사이의 사실상의 위탁관계까지 부정되는 것은 아니라고 한다. 따라서 등기명의인인 수탁자는 당해 부동산을 유효하게 처분할 수 있는 지위에 있고 등기명의인인 수탁자가 당해 부동산을 임의로 처분한 경우는 신탁자 소유 부동산을 사실상의 위탁관계에 기하여 보관하고 있던 자가 그 부동산을 임의로 처분함으로써 타인의 소유권을 침해한 것으로 평가할 수 있어 횡령죄가 성립한다고 한다.

3자간 명의신탁 유형에서 중간생략형 명의신탁의 경우는 신탁자와 수탁자간의 명의신탁약정은 무효가 되고 수탁자에게 경료된 소유권등기의 물권적 효력 또한 무효가 된다. 이 경우에 소유권은 매도인에게 복귀하게 된다. 따라서 소유권이 신탁자에게 남게 되고, 수탁자는 외관상 등기명의인으로서 타인의 부동산을 보관하는 지위에 있게 되어 수탁자가 등기된 부동산을 처분한 때에는 횡령죄가 된다는 것이 다수설과 판례의 입장이다. 다만 피해자를 누구로 볼 것인가에 대해서는 견해가 대립 한다. 이러한 견해대립의 실익은 피해자가 누구인가는 명의수탁자와 명의신탁자 또는 명의수탁자와 매도인 사이에 친족관계가 있을 경우 친족상도례의 적용여부에 있다. 매도인이 피해자라고 보는 견해는 신탁자와 수탁자간의 명의신탁약정이 무효이고 소유권은 여전히 원소유자인 매도인에게 있다는 것을 그 근거로 한다. 명의신탁자를 피해자로 보는 견해는 매도인은 매매대금을 수령하였으므로 사실상 피해가 없고, 매도인과 수탁자 사이에는 신임관계가 없으므로 신탁자에 대한 횡령죄를 인정하는 것이 타당하다고 하며, 판례도 신탁자를 피해자로 보고 있다.

3자간 명의신탁 유형에서 계약명의신탁의 경우는 원권리자(매도인)가 명의신탁약정을 알고 있었는지 여부에 따라 나누어 살펴본다. 먼저 원권리자(매도인)가 명의신탁약정이 있음을 모르는 경우에 횡령죄나 배임죄를 인정하는 견해가 있으나 판례는 신탁자와 수탁자가 명의신탁 약정을 맺고, 이에 따라 수탁자가 당사자가 되어 명의신탁 약정이 있다는 사실을 알지 못하는 소유자와 사이에서 부동산에 관한 매매계약을 체결한 후 그 매매계약에 기하여 당해 부동산의 소유권이전등기를 수탁자 명의로 경료한 경우에는, 그 소유권이전등기에 의한 당해 부동산에 관한 물권변동은 유효하고, 한편 신탁자와 수탁자 사이의 명의신탁 약정은 무효이므로, 결국 수탁자는 전소유자인 매도인뿐만 아니라 신탁자에 대한 관계에서도 유효하게 당해 부동산의 소유권을 취득한 것이므로 수탁자는 타인의 재물을 보관하는 자라고 할 수 없다고 한다. 그러므로 계약명의신탁에서 매도인이 선의인 경우 수탁자가 부동산을 임의로 처분해도 횡령죄는 성립하지 않는다. 그리고 수탁자는 수탁부동산 및 그 처분대금에 대하여 '타인의 재산을 보전하거나 관리하는 자'의 지위에 있다고 볼 수 없으므로 배임죄도 성립하지 않는다. 다음으로 매도인이 악의인 경우, 즉 명의신탁자와 명의수탁자가 이른바 계약명의신탁 약정을 맺고 명의수탁자가 당사자가 되어 명의신탁 약정이 있다는 사실을 알고 있는 매도인과 부동산에 관한 매매계약을 체결한 후 매매계약에 따라 부동산의 소유권이전등기를 명의수탁자 명의로 마친 경우에는 부동산실명법 제4조 제2항 본문에 의하여 수탁자 명의의 소유권이전등기는 무효이고 부동산의 소유권은 매도인이 그대로 보유하게 되므로, 명의수탁자는 부동산 취득을 위한 계약의 당사자도 아닌 명의신탁자에 대한 관계에서 횡령죄에서 '타인의 재물을 보관하는 자'의 지위에 있다고 볼 수 없을 뿐만 아니라, 수탁자가 명의신탁자에 대하여 매매대금 등을 부당이득으로 반환할 의무를 부담한다고 하더라도 '타인의 사무를 처리하는 자'의 지위에 있다고 할 수 없으므로 배임죄도 성립하지 않는다는 것이 판례의 입장이다. 다만 수탁자의 임의처분은 신탁약정의 위반으로 신탁자에 대해서 부당이득반환의무만을 진다.

Leading Case 17 풀이 》》 부동산실권리자명의등기에관한법률 제4조의 규정은 '명의신탁약정에 따라 행하여진 등기에 의한 부동산에 관한 물권변동은 무효로 한다. 다만, 부동산에 관한 물권을 취득하기 위한 계약에서 명의수탁자가 그 일방당사자가 되고 그 타방당사자는 명의신탁약정이 있다는 사실을 알지 못한 경우에는 그러하지 아니하다'고 규정하고 있다. 이 사안에서 A 등 여러 명과 명의신탁약정을 맺은 명의수탁자인 갑은 명의신탁약정을 모르는 매도인 B로부터 부동산을 매수한 경우, 그 물권변동은 유효하고 부동산의 소유권은 갑이 취득하게 된다. 등기명의인인 수탁자 갑에게 소유권이 있으므로 그 부동산을 갑이 처분하더라도 자기 소유물을 처분한 것이므로 갑에게는 횡령죄가 성립하지 않으며, 갑에게 '타인의 재산을 보전하거나 관리하는 자'의 지위에 있다고 볼 수 없으므로 배임죄도 성립하지 않고 무죄가 된다. •••

Leading Case 18 갑은 자신이 경영하는 윤락업소에서 혼인하여 남편과 두 아들이 있음에도 남편이 알코올중독으로 생활능력이 없어 가족의 생계를 위하여 갑의 권유에 따라 윤락행위를 하게 된 A와 손님을 상대로 윤락행위를 하고 그 대가로 받은 화대를 절반씩 분배하기로 약정하였다. 그로부터 수개월 동안 A가 윤락행위를 하고서 받은 화대 3천여만을 보관하던 중 그 중 절반을 A에게 반환하지 아니하고 갑은 생활비 등으로 임의로 소비하였다. 갑의 죄책은?

| Point | 불법한 원인으로 인하여 재물을 급여한 경우에 수급자가 그 재물을 영득하더라도 횡령죄는 성립하지 않는다. 그러나 예외적으로 불법의 원인이 수익자에게 있거나 수익자의 불법성이 급여자의 그것보다 현저히 큰 경우에도 횡령죄가 성립하지 않는다고 할 것인지는 생각해 볼 필요가 있다. 이 사안에서는 법적으로 금지된 성매매를 한 성매매여성과 그 업주 사이에 수익자(포주 갑)의 불법성이 급여자(A)의 불법성보다 현저히 큰 데 반하여 급여자의 불법성은 미약한 경우에도 횡령죄의 성립을 부인할 것인지 여부가 쟁점이 된다.

Q 18. 불법원인급여와 횡령죄의 성립여부는?

민법 제746조에 의해서 불법원인급여의 급여자는 수급자가 임의로 반환하는 것을 수령할 수는 있으나, 법적 수단을 통하여 그 반환을 청구하는 것은 허용되지 않으므로 불법한 원인에 기하여 급여한 재산은 민법적으로 보호받지 못한다. 오히려 그 소유권이 수급자에게 귀속하므로 급여자에게는 보호받을 법적 재산이 존재하지 않는 것이 된다. 따라서 형법의 영역에서도 수급자가 급여받은 물건을 영득하는 경우에 횡령죄가 성립할 수 없다고 해야 하는가 하는 점이 논의된다. 긍정설은 불법원인으로 인하여 급여한 경우 민법상 반환청구권만 인정되지 않을 뿐, 그 재물의 소유권은 여전히 위탁자에게 있으므로 수탁자는 타인의 재물을 보관하는 자에 해당한다고 한다. 그리고 횡령죄의 성립여부는 민법상의 침해여부에 종속하는 것이 아니라 형법의 독자적인 목적에 따라 판단되어야 하는데, 불법원인급여에 있어서도 행위의 가벌성은 인정되며 횡령죄의 불법을 형성하는 신뢰관계의 위반은 불법원인급여를 횡령하는 경우에도 인정되기 때문에 횡령죄의 성립을 인정해야 한다고 한다. 부정설은 불법원인급여의 경우 소유권이 수급자에게 귀속되지 않지만 급여자는 반환의 청구를 할 수 없으므로 급여된 재물의 처분은 수탁자의 의사에 맡겨져 있는 상태가 되고, 민법상 반환의무가 인정되지 아니함에도 불구하고 보관물을 처분한 수급자를 횡령죄로 처벌하는 것은 보관물의 반환을 강제하는 것으로서 법질서통일의 원칙에 반할 뿐만 아니라 불법원인급여에 있어서 신뢰관계는 법적으로 보호할 가치가 없기 때문에 횡령죄가 성립하지 않는다고 한다. 절충설은 두 가지 견해로 나뉜다. 소유권을 이전하는 불법원인급여와 소유권의 이전이 허용되지 않는 불법원인위탁을 구분하여, 전자의 경우에 급여의 소유권이 수급자에게 귀속되어 재물의 타인성이라는 횡령죄의 구성요건이 구비되지 않으므로 처음부터 횡령죄의 성립을 인정할 여지가 없지만, 후자의 경우에는 보관물의 소유권은 여전히 위탁자에게 있다고 하면서 신뢰관계가 존재하므로 수탁자가 재물을 임의로 처분하면 횡령죄가 성립한다는 견해와 보호할 가치가 있는 신뢰관계가 없으므로 횡령죄가 성립하지 않는다는 견해로 나뉜다. 민법 제746조는 '불법의 원인으로 인하여 재산을 급여하거나 노무를 제공한 때에는 그 이익의 반환을 청구하지 못한다. 그러나 그 불법원인이 수익자에게만 있는 때에는 그러하지 아니하다'고 규정하고 있고 수급자에게 소유권이 귀속된다는 법리는 이미 민법의 영역에서 확립된 상태라고 할 것이고, 아무리 형법의 독자성이 강조된다고 해도 민법의 법리에 관련된 구성요건을 해석함에 있어서는 그 민법의 법리를 따를 수밖에 없으므로 부정설이 타당하다고 할 수 밖에 없다.

민법 제746조 단서는 불법원인급여일지라도 그 불법성이 수익자에게만 있는 경우에는 급여자의 반환청구가 허용된다고 규정하고 있다. 그러한 경우에는 급여자의 반환청구를 허용하지 않거나, 그 급여물의 소유권이 수급자에게 귀속된다고 해야 할 이유가 전혀 없으므로 동조 본문의 취지에 비추어 당연한 법리이다. 그러므로 이 단서는 급여자에게도 불법원인이 있으나 급여자의 반환청구를 불허하는 것이 제반 사정에 비추어 구체적 정의에 배치되는 경우에는 본문을 적용하지 않는다는 원리를 선언한 것이라고 볼 때에 그 존재의미가 있을 것이다. 본문적용을 배제할 기준의 하나가 불법성의 비교이다. 물론 어떤 경우에 불법성이 현저히 크다고 하는지를 판단하는 기준이 다양하고 모호하기 때문에 불법성을 비교하여 소유권귀속의 문제를 결정한다는 것은 대단히 어렵지만 불법성 비교의 이론을 적용함에 있어서는 급여의 도덕적 결함이나 수급자의 유인·폭리 등 여러 사정을 종합적으로 고려하여 급여자의 반환청구를 거부하는 것이 구체적 정의에 부합할 정도의 불법인가를 판단해야 할 것이다.

Leading Case 18 풀이 〉〉〉   이 사안의 실제사건에서 원심법원은 횡령죄는 타인의 재물을 보관하는 자가 불법으로 보관하던 재물을 영득함으로써 성립하는 범죄인데, 갑이 윤락업소를 경영하는 포주로서 A가 윤락행위를 하고 그 상대방으로부터 지급받은 화대를 자신이 보관하였다가 A와 절반씩 분배하기로 한 약정은 윤락행위등방지법(이 사건 후에 폐지된 법률임)에 의하여 금지된 윤락행위를 영위하는 것을 전제로 한 것이어서 민법 제103조에 규정된 '선량한 풍속 기타 사회질서에 위반한 사항을 내용으로 하는 법률행위'에 해당하여 무효이므로, A는 갑에 대하여 그 약정에 기하여 금원의 반환을 청구할 수 없을 뿐만 아니라, 민법 제746조 본문에 규정된 '불법의 원인으로 인하여 재산을 급여하거나 노무를 제공한 때'에 해당하여 부당이득으로서도 그 반환을 청구할 수 없어 그 금원은 갑의 소유에 속하고, 따라서 갑이 이를 A에게 반환하지 않고 소비하였다고 하더라도 그것이 '타인의 재물'이 아닌 이상 횡령죄가 성립하지 아니한다는 이유로 무죄로 판단하였다. 그러나 대법원은 민법 제746조에 의하면, 불법의 원인으로 인한 급여가 있고, 그 불법원인이 급여자에게 있는 경우에는 수익자에게 불법원인이 있는지 여부, 수익자의 불법원인의 정도, 그 불법성이 급여자의 그것보다 큰지 여부를 막론하고 급여자는 불법원인급여의 반환을 구할 수 없는 것이 원칙이나, 수익자의 불법성이 급여자의 그것보다 현저히 큰 데 반하여 급여자의 불법성은 미약한 경우에도 급여자의 반환청구가 허용되지 않는다면 공평에 반하고 신의성실의 원칙에도 어긋나므로, 이러한 경우에는 민법 제746조 본문의 적용이 배제되어 급여자의 반환청구는 허용된다고 해석함이 상당하다고 하였다.

이 사안에서와 성매매업소 업주인 갑이 A가 손님을 상대로 윤락행위를 할 수 있도록 업소를 제공하고, A가 윤락행위의 상대방으로부터 받은 화대를 갑에게 보관하도록 하였다가 이를 분배하기로 한 약정은 선량한 풍속 기타 사회질서에 위반되는 것이고, 따라서 A가 그 약정에 기하여 갑에게 화대를 교부한 것은 불법의 원인으로 인하여 급여를 한 경우로 보아야 하겠지만, 갑은 다방 종업원으로 근무하고 있던 A를 수차 찾아가 자신의 업소에서 윤락행위를 해 줄 것을 적극적으로 권유함으로써 A가 갑과 사이에 위와 같은 약정을 맺고서 윤락행위를 하게 되었고, 갑은 자신의 업소에 A 등 5명의 윤락녀를 두고 그들이 받은 화대에서 상당한 이득을 취하는 것을 영업으로 해 왔음에 반하여, A는 혼인하여 남편과 두 아들이 있음에도 남편이 알코올 중독으로 생활능력이 없어 가족의 생계를 위하여 갑의 권유에 따라 윤락행위에 이르게 된 점 등을 종합해 볼 때, 갑의 불법성이 A의 그것보다 현저하게 크므로 민법 제746조 본문의 적용은 배제되어 A가 갑에게 보관한 화대의 소유권은 여전히 A에게 속하는 것이어서, A는 그 전부의 반환을 청구할 수 있으므로 갑이 이를 임의로 소비한 행위는 횡령죄를 구성한다. •••

Leading Case 19   갑은 A로부터 수회에 걸쳐 합계 3억 원을 차용하면서 A에게 차용금액 3억 원을 갚지 못할 경우 갑의 어머니 소유 부동산에 대한 유증상속분을 A에게 대물변제하기로 약정하였다. A는 갑의 어머니가 사망하자 갑에게 부동산을 넘겨달라고 요구하였으나, 갑은 자신 앞으로 유증을 원인으로 소유권이전등기를 마친 후 그 부동산을 자신의 매형에게 매도하고 소유권이전등기절차를 경료해 주고 나서도 여전히 A에 대한 차용금은 변제하지 않았다. 갑의 죄책은?

| Point | 배임죄에 있어서 타인의 사무를 처리하는 자란 신임관계에 기초를 둔 타인의 재산의 보호 내지 관리의무를 그 본질적 내용으로 한다. 이 사안에서는 갑이 A의 사무를 처리하는 자로서 배임죄의 주체가 될 수 있는지 여부가 쟁점이 된다.

Q 19. 배임죄의 본질과 구성요소는 무엇인가?

배임죄는 타인의 사무를 처리하는 자가 그 임무에 위배하는 행위로서 재산상의 이익을 취득하거나 제3자로 하여금 이를 취득케 하여 본인에게 손해를 가하는 범죄로 재산을 보호법익으로 하며, 본인과의 신임관계 또는 신의성실에 위배하여 타인의 재산을 침해하는 범죄이다. 배임죄의 본질과 관련하여서는 권한남용설, 배신설 그리고 사무관리설 등의 견해가 있다. 먼저 권한남용설은 배임죄의 본질이 법적 대리권의 남용에 있다고 하는 입장이다. 즉 타인의 사무를 처리할 법적 권한을 가진 자가 그 권한을 남용하여 타인에게 재산상 손해를 가하는 것이다. 따라서 배임행위는 법률행위에 제한되며, 대리권 없는 자의 법률행위는 물론 순수한 사실행위의 경우에는 배임죄가 성립하지 않는다. 따라서 이 학설은 배임이란 곧 권한남용을 의미하고 횡령죄에 있어서 배신과 달리 완전히 독자적인 지위를 인정할 수 있고 배임죄의 성립범위를 확실히 할 수 있다는 장점은 있으나 배임죄의 인정범위가 지나치게 협소해질 우려가 있다. 배신설은 타인의 재산상의 이익을 보호할 신의성실의 의무를 위배하여 타인에게 재산상의 손해를 가하는 데에 배임죄의 본질이 있다고 본다. 즉 권한을 남용한다는 대외관계가 아니라 신임관계에 위배하여 본인에게 손해를 끼친다는 대내(내부)관계에서 배임죄의 본질을 찾는다. 배신설은 통설의 입장이며 판례도 '배임죄에 있어 타인의 사무를 처리하는 자는 양자간의 신임관계에 기초를 둔 타인의 재산 보호 내지 관리의무가 있음을 내용으로 한다'고 하여 배신설을 취하고 있다. 그리고 사무관리설은 배임죄의 본질이 타인의 재산을 관리하는 법률상의 의무에 위배하여 타인에게 재산상의 손해를 가하는 데 있다고 한다. 이 견해는 대리권남용설을 완화시키려는 의도에서 배임행위는 반드시 권한을 넘어서는 법률행위일 필요는 없고, 적어도 민사상 사무관리의무에 위반하는 행위로 족하다고 한다.

　배임죄에서 타인의 사무를 처리하는 자란 타인과의 대내관계에서 신의성실의 원칙에 비추어 그 사무를 처리할 신임관계가 존재하는 것을 말하며, 타인의 사무를 처리하는 근거는 법령, 계약 또는 법률행위에 제한되지 않으며, 신의칙 즉 사실상의 신임관계가 인정되면 된다는 배신설이 통설과 판례의 입장이다. 한 가지 고려할 점은 원래 배임죄는 배신을 요소로 하는 범죄, 특히 위탁관계를 근거로 한 횡령죄를 보충하기 위하여 발생하였다는 것이다. 즉, 횡령죄의 보호대상이 자기의 지배 내에 있는 타인의 재물에 한정됨으로써 재산의 중요부분을 구성하는 채권 기타 권리의 침해가 형법적 보호의 범위 밖에 놓이는 부당한 결과를 막기 위해서 횡령죄 이외에 배임죄가 인정되게 된 것이다. 이런 배경에서 배신설은 횡령죄와 공통점으로 배신성을 강조하고 배임죄를 횡령죄의 보충적인 범죄성을 인정하여 배임죄의 성립범위를 확장하고 있다. 이 설에 의하면 배임죄와 횡령죄와의 관계는 오직 그 대상, 즉 행위의 객체가 다를 뿐이며 양죄는 일반법과 특별법의 관계에 있게 된다.

　배임죄에 있어서 임무에 위배하는 행위, 즉 배임행위라 함은 위탁의 취지에 반하는 행위 또는 사무의 성질상 신의성실의 원칙에 의하여 요구되는 바의 신임관계에 위배되는 행위이다. 판례는 사무의 내용, 성질 등 구체적 상황에 비추어 법률의 규정, 계약의 내용 혹은 신의칙상 당연히 할 것으로 기대되는 행위를 하지 않거나 당연히 하지 않아야 할 것으로 기대되는 행위를 함으로써 본인과의 신임관계를 저버리는 일체의 행위를 배임행위라고 한다. 어떤 행위를 배임행위로 보는가는 배임죄의 본질을 어떻게 파악하는가에 따라 차이가 있다. 권한남용설에 의하면 배임행위는 법률행위에 한정되고 단순한 사실행위는 배임죄를 구성하지 않게 된다. 그러나 배신설에 의하면 법률행위뿐만 아니라 사실행위 또는 부작위에 의해서도 배임죄는 성립될 수 있다. 그리고 반드시 민법상의 의무위반의 경우에 한하는 것도 아니며 공무나 사무를 불문하고 법률행위의 유효·무효를 불문한다. 권한남용설에 의하면 배임죄에 있어서의 사무를 포괄적인 위탁사무에 한정된다고 보지만 배신설은 반드시 포괄적인 사무에 한정하지 않고 개별적 사무도 포함한다.

어떤 행위가 임무에 위배하는 행위가 되는가는 처리하여야 할 사무의 성질, 내용, 행위당시의 구체적 상황에 비추어 법률의 규정, 계약의 내용, 관습, 신의성실의 원칙 등에 비추어 판단할 수밖에 없다. 따라서 사무처리의 성질 및 내용을 결정하는 법령, 법률행위, 관습, 관공서에 있어서는 통첩, 공사의 조직체에 있어서는 업무집행에 관한 규정, 정관, 업무내용 등이 밝혀지지 않으면 안 된다. 따라서 후견인의 사무처리가 배임행위인가 아닌가는 후견인제도에 관한 민법의 규정에 의하여 사무의 성질, 내용을 명백히 한 후가 아니면 결정되지 않고 회사의 대표이사의 업무집행이 배임인가 아닌가는 회사법 가운데 대표이사의 업무집행에 관한 규정, 정관 기타 회사의 업무내용을 고찰해서 결정하지 않으면 안 된다. 또한 수탁자의 임무위반행위에 관하여는 위임계약의 내용이 가장 중요한 판단의 자료가 된다. 그리고 사무의 성질, 내용 등에 비추어 어떠한 행위가 임무위배행위인가 아닌가를 결정함에는 그 행위가 「통상의 업무집행」을 일탈하고 있는가의 여부가 중요한 역할을 한다. 예를 들면 은행원이 회수의 가능성이 없음에도 불구하고 불량대부를 하거나, 전당포의 고용인이 보통의 전당가격보다 다액의 금전을 대출한 경우로서 통상의 사무처리의 범위를 일탈하여 재산상 손해를 가하면 배임행위가 된다.

행위자는 자신의 행위가 '임무에 위배되는 행위'라는 사실을 인식하여야 한다. 이 경우에 우선 임무위배가 되는 객관적 사실 자체를 인식하고 그러한 사실이 임무에 위배된다는 것을 인식할 필요가 있다.

Leading Case 19 풀이 »» 채무자가 대물변제예약에 따라 부동산에 관한 소유권을 이전해 줄 의무는 예약 당시에 확정적으로 발생하는 것이 아니라 채무자가 차용금을 제때에 반환하지 못하여 채권자가 예약완결권을 행사한 후에야 비로소 문제가 되고, 채무자는 예약완결권 행사 이후라도 얼마든지 금전채무를 변제하여 당해 부동산에 관한 소유권이전등기절차를 이행할 의무를 소멸시키고 의무에서 벗어날 수 있다. 한편 채권자는 당해 부동산을 특정물 자체보다는 담보물로서 가치를 평가하고 이로써 기존의 금전채권을 변제받는 데 주된 관심이 있으므로, 채무자의 채무불이행으로 인하여 대물변제예약에 따른 소유권등기를 이전받는 것이 불가능하게 되는 상황이 초래되어도 채권자는 채무자로부터 금전적 손해배상을 받음으로써 대물변제예약을 통해 달성하고자 한 목적을 사실상 이룰 수 있다.

이러한 점에서 대물변제예약의 궁극적 목적은 차용금반환채무의 이행 확보에 있고, 채무자가 대물변제예약에 따라 부동산에 관한 소유권이전등기절차를 이행할 의무는 궁극적 목적을 달성하기 위해 채무자에게 요구되는 부수적 내용이어서 이를 가지고 배임죄에서 말하는 신임관계에 기초하여 채권자의 재산을 보호 또는 관리하여야 하는 '타인의 사무'에 해당한다고 볼 수는 없다. 그러므로 채권 담보를 위한 대물변제예약 한 이 사안에서 채무자인 갑이 대물로 변제하기로 한 부동산을 제3자인 갑의 매형에게 처분하였다고 하더라도 갑에게 형법상 배임죄가 성립하는 것은 아니다.   •••

> **Background Story**
>
> **–배임죄의 해석에서 경영판단의 원칙(business judgement rule)**
>
> 　기업 경영자의 임무위배행위와 관련하여 경영판단원칙이 논의되고 있다. 이 원칙은 경영자가 선의와 상당한 주의로 자신의 권한범위 내에서 행한 거래의 경우에는 그로 인해 회사에 손해가 발생하였어도 그에 대한 책임을 경영자에게 귀속시킬 수 없다는 것을 말한다. 경영판단원칙은 회사의 대표이사 등이 업무상 배임죄로 기소되는 경우에 통상 항변으로 제기되는 원칙으로서 미국 판례법으로 정착되어 온 이론이다. 이 원칙은 합리적 경영행위를 존중하고 설사 이로 인해 회사 본인에게 부실한 결과를 초래하였더라도 사법심사의 대상에서 제외된다는 것을 의미한다. 이는 동시에 합리적 경영행위의 자율성을 존중하고 이에 대한 법통제의 배제를 의미한다. 미국법상 경영판단원칙의 중요성은 경영판단이 적정한 절차에 따라 이루어진 이상 그 경영판단의 결과와 실질적인 내용에 대하여는 사법적 심사의 대상으로 하지 않는다는 점이다. 최근 들어 대법원 형사판례에서 업무상배임죄의 성립과 관련된 경영판단원칙이 주요한 하나의 원칙으로 자리 잡고 있다.
>
> 　대법원은 경영상의 판단과 관련하여 기업의 경영자에게 배임의 고의가 있었는지 여부를 판단함에 있어서도 일반적인 업무상배임죄에 있어서 고의의 입증 방법과 마찬가지의 법리가 적용되어야 한다고 한다. 한편 기업의 경영에는 원천적으로 위험이 내재하여 있어서 경영자가 아무런 개인적인 이익을 취할 의도 없이 선의에 기하여 가능한 범위 내에서 수집된 정보를 바탕으로 기업의 이익에 합치된다는 믿음을 가지고 신중하게 결정을 내렸다 하더라도 그 예측이 빗나가 기업에 손해가 발생하는 경우가 있을 수 있다. 그런데 이러한 경우에까지 고의에 관한 해석기준을 완화하여 업무상배임죄의 형사책임을 묻고자 한다면 이는 죄형법정주의의 원칙에 위배되는 것임은 물론이고 정책적인 차원에서 볼 때에도 영업이익의 원천인 기업가 정신을 위축시키는 결과를 낳게 되어 당해 기업뿐만 아니라 사회적으로도 큰 손실이 될 수 있으므로 개별 사안에서 문제가 된 경영상의 판단에 이르게 된 경위와 동기, 판단대상인 사업의 내용, 기업이 처한 경제적 상황, 손실발

생의 개연성과 이익획득의 개연성 등 제반 사정에 비추어 자기 또는 제3자가 재산상 이익을 취득한다는 인식과 본인에게 손해를 가한다는 인식(미필적 인식을 포함)하의 의도적 행위임이 인정되는 경우에 한하여 배임죄의 고의를 인정하는 엄격한 해석기준은 유지되어야 한다고 하여 경영판단원칙을 수용하는 경향을 보여주고 있다. 이에 대해서 합리적이지 않은 상태에서 회사의 경영이 몇몇 대주주를 중심으로 행해지는 경우에는 경영판단의 원칙이 이들 경영진에게 면죄부를 부여하게 된다고 형법학계의 다수는 우려하고 있다.

Leading Case 20 인쇄업자인 갑은 경영난으로 어려움을 겪던 중에 자신 소유의 아파트를 A에게 매도하기로 하고 계약금과 중도금을 받고 2달 후에 잔금을 치르면 아파트를 A에게 넘겨주기로 하였다. 한 달이 지난 후에 갑은 자신 소유의 인쇄기를 A에게 양도하기로 하고 A로부터 계약금 및 중도금 명목으로 합계 4천만 원 상당의 원단을 제공받아 이를 수령하였음에도 불구하고 그 인쇄기를 자신의 채권자인 B에게 기존 채무의 변제에 갈음하여 양도하였을 뿐만 아니라 C에게 자신의 아파트를 매도하고 등기이전을 해주었다. 갑의 죄책은?

| Point | 부동산과 동산을 이중으로 매매하게 되면 거래일반의 혼란이 야기되며 제1매수인의 경우 가지는 기대의 이익이 보호되지 못한다. 이 사안에서는 동산 이중매매와 부동산의 이중매매에 있어서 매도인에게 '타인의 사무를 처리하는 자'로서 배임죄의 죄책을 물을 수 있는지 여부가 쟁점이 된다.

Q 20. 이중매매와 이중저당은 배임죄가 되는가?

부동산 이중매매란 매도인이 제1매수인에게 부동산을 매도한 후 다시 동일 부동산을 제2매수인에게 매도한 것을 말한다. 부동산 매도인에게는 매수인으로부터 매도대금을 전부 지급받게 되면 매수인이 소유권이전등기를 하는 데에 협력할 의무가 있다. 부동산등기법상 등기절차에 관하여 공동신청주의를 취하고 있기 때문이다. 그러나 부동산을 이중으로 매도했더라도 제1매수인과 제2매수인에 대한 등기협력의무에는 우열의 차이가 없고 누구에게라도 등기를 이전할 수 있으므로 아직 어느 누구에게도 등기를 이전하지 않은 상황에서는, 매도인이 범의를 부인하는 한, 어느 한 편에 대한 사기죄를 인정하는 것이 불가능하다. 제2매수인에게 등기를 넘긴 경우에도 애당초 제1매수인에게는 등기해줄 의사가 없었다고 인정되지 않으면 사기죄가 성립되지 않는다. 그런데 매도인과 매수인 사이에 계약금만 수수(授受)된 상황이라면 아직 그 이행에 착수 하였다고 볼 수 없을 것이고 언제든지 계약금의 2배를 반환하고 매매계약을 해제할 수 있지만 매수인이 중도금을 지급하게 되면 매도인은 해약할 자유가 없으므로 중도금까지 지불한 매수인의 입장에서는 계약완결에 대한 기대가 커진다. 그러나 매도인이 제1매수인과 제2매수인에게 부동산을 이중으로 매도하고 어느 한편에 등기를 해주게 되면, 중도금을 지불한 매수인이 대금을 완불하더라도 그에 대한 등기이행은 불가능하게 된다. 그 경우 중도금을 지불한 매수인에 대하여 배임죄를 인정할 수 있느냐 하는 것이 소위 부동산이중매도의 문제이다. 대법원은 제1매수인에게 등기를 해준 경우에는 제2매수인에 대한 배임죄를 인정하지 않는다. 따라서 부동산 이중매매의 형사책임은 매도인이 부동산을 이중으로 매매하고 제2매수인에게 등기를 이전한 경우에 제1매수인에 대해 매도인에게 배임죄의 성립을 인정할 수 있는가의 문제로 한정되게 된다.

통설과 판례는 부동산 이중매매의 경우 매도인은 매매계약의 약정에 따라 목적물인 부동산을 성실히 매수인에게 이전하여 줄 의무가 있음에도 불구하고 함부로 계약에 위배하여 이중으로 매도하는 배신행위에 나아간 것이고 이는 단순한 채무불이행으로만 볼 수 없는 반사회성을 지니고 있어 매도인을 타인의 사무를 처리하는 자에 해당하는 것으로 볼 수밖에 없으며 다만 신의성실의 의무를 무한히 확대하는 경우 배임죄의 구성요건이 무제한하게 확대될 우려가 있으므로 그 해석상 한계를 설정하여 중도금 지급단계에 이른다면 매도인이 그 계약을 함부로 해제할 수 없게 되므로 이때부터 배임죄가 성립된다고 한다.

매도인의 등기에 협력할 임무는 자기의 거래를 완성하기 위한 자기의 사무인 동시에, 주로 타인인 매수인을 위하여 부담하고 있는 것으로서 매수인의 소유권취득을 위한 사무의 일부를 이루는 것이다. 따라서 매도인이 제1매수인으로부터 중도금을 받고서도 제2매수인에게 매도하고 등기를 이전하면 배임죄가 성립된다. 그러나 등기협력의무 그 자체의 성질이 배임죄를 인정하는 법리적 근거라면 제2매수인이 중도금까지 지불했음에도 제1매수인에게 등기를 넘겨준 경우에도 배임죄를 인정하는 것이 논리적으로 타당하다는 점을 고려한다면 매도인의 등기협력의무를 근거로 배임죄를 인정하는 것은 법리적 고려보다는 중도금을 지불한 제1매수인을 보호하기 위한 정책적 고려의 결과라고 할 수 있다.

부동산 이중매매는 매매계약이 유효할 것을 전제로 하며 매매계약이 무효인 때에는 등기협력의무가 발생하지 아니하므로 배임죄가 성립하지 않는다. 따라서 매매계약이 적법하게 취소되거나 해제된 경우에는 배임죄가 성립되지 않는다. 그러나 중도금을 수령한 이후의 매도인을 타인의 사무를 처리하는 자로 보는 이상, 이중으로 매매한 경우뿐만 아니라 그 부동산에 대한 일체의 처분행위, 예컨대 가등기나 저당권을 설정하거나 전세권설정등기를 경료한 경우에도 배임죄는 성립된다. 부동산 이중매매의 경우에 성립하는 배임죄의 기수시기에 관하여는 제2매수인 명의의 등기를 마친 때이다.

일단 제2매수인 앞으로 소유권이전등기를 마친 이상 배임죄는 기수에 이르므로 후에 제1매수인이 한 가처분의 효력으로 위 등기가 궁극적으로 말소되었다 하더라도 배임죄의 성립에는 영향이 없다. 또한 일단 이중매매로 배임죄가 성립한 경우 그 부동산을 다시 또 다른 제3자에게 처분하는 행위는 배임죄의 불가벌적 사후행위에 해당하여 별도의 배임죄로 처벌되지 않는다.

부동산 이중매매의 경우 배임죄의 실행의 착수시기와 관련해서는 제2매수인에게의 등기에 착수한 때라고 하는 견해와 매도인이 제2매수인과 계약을 체결하고 계약금과 중도금을 수령한 때라는 견해가 있으며 매도인이 제2매수인과 매매계약을 체결한 후 중도금을 수령한 때 배임의 의사가 확실하게 나타나게 되므로 이 때 실행의 착수가 있다는 견해가 있다. 판례는 중도금을 수령한 때를 실행의 착수 시점으로 보고 있다. 매도인이 제2매수인에게의 등기에 착수한 시기를 특정하는 것이 현실적으로 쉽지 않을 뿐 아니라 이미 제2매수인으로부터 중도금까지 받은 때에는 매도인이 주관적으로 범의가 확정적으로 표현되는 행위에 나아간 것으로 볼 수 있을 뿐 아니라 객관적으로도 제1매수인에 대한 소유권이전등기 협력임무의 위배와 밀접한 행위에 나아간 것이기 때문에 중도금을 수령한 때를 실행의 착수로 보는 것이 타당하다.

매매의 목적물이 동산일 경우에도 이중매매의 매도인에게 부동산과 같이 배임죄를 인정할 것인지에 대해서는 다툼이 있다. 대법원은 전원합의체 판결을 통해서 동산의 이중매매와 관련하여 배임죄의 성립을 인정하였던 종전과 달리 배임죄 성립을 부정하였다. 대법원 판결의 다수의견은 매도인은 매수인에게 계약에 정한 바에 따라 그 목적물인 동산을 인도함으로써 계약의 이행을 완료하게 되고 그때 매수인은 매매목적물에 대한 권리를 취득하게 되는 것이므로, 매도인에게 자기의 사무인 동산인도채무 외에 별도로 매수인의 재산의 보호 내지 관리 행위에 협력할 의무가 있다고 할 수 없다고 하면서 동산매매계약에서의 매도인은 매수인에 대하여 그의 사무를 처리하는 지위에 있지 아니하므로, 매도인이 목적물을 매수인에게 인도하지 아니하고 이를 타인에게 처분하였다 하더라도 배임죄가 성립하지 않는다고 한다. 이에 대해 반대의견은 동산매매의 경우에도 당사자 사이에 중도금이 수수되는 등으로 계약의 이행이 일정한 단계를 넘어선 때에는 매도인이 매매목적물을 타에 처분하는 행위는 배임죄로 처벌하는 것이 논리적으로 일관되고, 그와 달리 유독 동산을 다른 재산과 달리 취급할 아무런 이유가 없음에도 다수의견은 본질적으로 유사한 사안을 합리적 근거 없이 달리 취급하는 것으로서 형평의 이념에 반하며, 재산권의 이중매매 또는 이중양도의 전반에 걸쳐 배임죄의 성립을 인정함으로써 거래상 신뢰관계의 보호에 기여하여 온 대법원판례의 의미를 크게 퇴색시키는 것이라고 한다.

배임죄의 '타인의 사무'는 그 사무처리가 타인의 영역 안에 있는 경우로 제한적으로 해석하는 것이 타당하다. 자기와 타인이 교차하는 영역을 '상대방의 재산보전에 협력할 의무가 있는 경우'로 보아 타인의 사무로 해석하게 된다면, 이는 거의 모든 거래관계에 일방 당사자는 타인의 사무처리자가 되어 결국 채무불이행죄의 다른 이름이 배임죄라는 결과가 될 수 있기 때문이다.

부동산을 매도하는 과정에서 매도인이 부담하는 보편적인 의무이행행위만이 타인의 사무라고 보아야 한다. 매도인이 후매수인과 매매계약을 체결하고 중도금을 받은 후에 등기이전은 선매수인에게 이행한 경우, 매도인이 부담하는 후매수인에게 부담하는 의무도 보편적인 의무라고 할 수 있다면 매도인의 매수인에 대한 등기이전협력의무는 '타인의 사무'라고 할 수 있다. 그러나 이러한 논의에 의문을 품는다면 부동산 이중매매의 경우에 매도인이 선매수인의 사무처리자라고 보기는 어려운 것이다.

동산의 이중매매의 경우에 부동산의 이중매매처럼 매도인에게 등기협력의무와 같은 의무를 인정할 수 없다. 그러므로 동산의 매도인에게 존재하는 목적물인도의무 등을 협력의무라고 할 수는 없는 것이며 일반적인 계약이행의무라고 해야 할 것이다. 일반적인 매매와 같이 당사자 일방이 재산권을 상대방에게 이전할 것을 약정하고 상대방이 그 대금을 지급할 것을 약정함으로써 그 효력이 생기는 계약의 경우(민법 제563조), 쌍방이 그 계약의 내용에 좇은 이행을 하여야 할 채무는 특별한 사정이 없는 한 '자기의 사무'에 해당하는 것과 마찬가지로 동산의 이중매매에서 매도인의 목적물인도의무는 자기의 사무이므로 배임죄가 성립하지 않는다고 하는 것이 타당하다.

부동산 이중매매 사안에서 제2매수인이 매도인의 이중매매사실을 알면서도 이에 적극가담한 경우에는 제2매수인에게 배임죄의 공범이 성립한다. 그런데 가담의 정도가 어느정도여야 적극 가담을 인정할 수 있는지에 대해서, 제2매수인이 제1매수인을 해할 목적으로 매도인을 교사하거나 기타 방법으로 양도행위에 적극가담한 경우에 한하여 배임죄의 공범이 된다고 한다. 즉 제2매수인에 대하여 배임죄의 공범으로서의 죄책을 인정하기 위해서는 이중매매사실에 대한 소극적 인식만으로는 부족하고 그 외에 매도인과의 공모 등을 통하여 매도인의 배임행위에 적극가담할 정도를 필요로 한다.

Leading Case 20 풀이 >>>   이 사안에서 갑은 자신 소유의 아파트를 A에게 매도하기로 하고 중도금까지 받은 경우에는 등기협력의무를 지게 되고 배임죄의 주체인 타인(A)의 사무를 처리하는 자라고 할 수 있으므로 후에 C에게 매도하고 소유권이전등기를 마침으로써 A에 대해 부동산 이중매매로 인한 배임죄의 기수의 죄책을 진다는 것이 통설과 판례의 입장이다. 그러나 갑의 등기 이전 의무가 갑 자신의 사무라고 본다면 갑에게는 배임죄가 성립하지 않는다고 할 것이다. 그리고 A에게 동산인 인쇄기를 매도하기로 하고 중도금 형식으로 원단을 받은 후에 다시 B에게 매도하고 인쇄기를 인도하였으므로 동산의 이중매매가 인정되지만 갑이 A에게 지는 의무는 타인의 사무가 아니라 자기의 사무이므로 배임죄는 성립하지 않는다. •••

Leading Case 21 A회사의 과장 을은 자신이 감원 대상이라는 것을 알고서 이에 반발하여 거래처로부터 물품대금 명목으로 교부받아 보관 중이던 약속어음 합계 8억 원을 영득할 의사를 가지고 이를 할인의뢰할 권한이 없음에도 그 권한이 있는 것처럼 가장하여 B에게 할인을 의뢰하여, B로부터 그 할인금 명목으로 그 날 금 7억 원을 자기앞수표와 현금으로 교부받아 은행에 예치하였다가 다시 현금으로 인출하였다. 한편 갑은 을로부터 그가 위와 같이 취득보관 중이던 현금 1억 원을 보관하여 달라는 부탁을 받고서 그 사정을 잘 알면서 이를 교부받아 자신의 집에 보관하였다. 갑의 죄책은?

| Point | 이 사안에서 을이 횡령한 약속어음을 B로부터 현금과 자기앞수표로 할인받아 그 금원을 금융기관에 예치하였다가 다시 현금으로 인출한 경우. 인출한 현금이 장물이 되는지 여부에 의해서 갑의 장물보관죄 성립여부가 결정된다. 따라서 인출한 현금의 장물성 여부가 쟁점이 된다.

Q 21. 장물죄의 본질과 장물의 개념은 무엇인가?

장물죄란 장물을 취득, 양도, 운반 또는 보관하거나 이러한 행위들을 알선하는 범죄이다(형법 제362조 이하). 장물이란 절도, 강도, 사기, 공갈, 횡령 등 재산범죄에 의하여 영득한 재물을 말하고 이러한 범죄들을 장물범에 대해

본범(本犯)이라고 한다. 장물죄의 객체로서 장물의 범위는 장물죄의 본질을 어떻게 이해하는가에 따라 결정된다.

장물죄의 본질에 관하여 본범의 피해자가 점유를 상실한 재물에 대하여 추구・회복하는 것을 곤란하게 하는 데에 있다는 추구권설(追求權說)은 본범의 피해자가 점유를 상실한 재물에 대하여 추구・회복하는 것, 즉 반환청구권의 행사를 곤란하게 하는데 장물죄의 본질이 있다는 견해이다. 즉 장물죄는 피해자가 소유권 기타 물권에 기해 피해품에 대해 가지는 사법상의 반환청구권을 전제로, 이 반환청구권의 행사를 방해한다는 점에 그 본질이 있다는 것이다. 이 설의 특징은 첫째, 사법상 추구권(반환청구권)이 인정되지 않으면 장물성은 상실된다는 점이다. 따라서 불법원인급여물, 피해자가 취소 또는 해지하기 전이나 취소 또는 해지할 수 없게 된 편취품, 시효가 완성된 물건, 대체장물(장물매각대금・장물과 교환한 재물・장물인 돈으로 매입한 물건 등), 선의취득된 물건은 반환청구권이 없으므로 장물이 아니다. 둘째, 본범은 재산죄에 한정된다. 그리고 장물죄의 성립에 장물범과 본범 간의 합의는 필요 없다는 것이다. 이에 대해서 유지설(維持說)은 본범에 의하여 이루어진 위법한 재산상태를 본범 또는 재물의 점유자와 합의 하에 유지・존속시키는데 장물죄의 본질이 있다는 견해이다. 즉 반환청구권의 존재라는 사법적 시각이 아니라, '합의'에 의한 위법한 재산상태의 유지라는 점을 기초로 형법 독자적 기준에 의하여 장물죄의 성립 여부를 판단하는 견해이다. 유지설의 특징은 첫째, 장물죄의 성립에는 본범 또는 재물의 점유자와 장물범의 합의가 요건이고, 이러한 합의하에 위법한 재산상태가 유지되고 있으면 반환청구권이 없더라도 장물이 된다. 둘째, 불법원인급여물도 장물성이 인정된다. 셋째, 장물에 대한 위법한 재산상태가 단절되고 새로운 재산관계가 형성되기 때문에 시효가 완성된 물건, 대체장물의 장물성은 인정할 수 없다. 그리고 본범은 재산죄에 한정되지 않는다.

그리고 공범설(共犯說)은 범죄로 취득한 본범의 경제적 이익에 사후적으로 관여하여 그 이익을 취하는데 장물죄의 본질이 있다는 견해이다. 즉 장물죄를 주관적 이득의 의사를 가지고 본범의 불가벌적 사후행위에 관여하여 이익을 취득하는 간접영득죄 내지 공범으로 이해한다. 공범설의 특징은 장물죄에 관여하는 행위자를 중심으로 접근하여 장물죄의 이욕범적 성격을 강조한다는 점이다. 따라서 장물죄의 성립에는 주관적 구성요건요소로서 이득의 의사가 필요하고, 피해자와의 견련성이 인정되는 이상 대체장물은 물론 본범이 가공 등으로 소유권을 취득한 재물에 대하여도 장물성을 인정하게 된다. 그러나 장물범이 본범으로부터 직접 취득하지 않고 제3자가 개입한 경우에는 장물성이 부정된다고 한다. 다수설·판례는 장물죄는 피해자의 반환청구권행사를 곤란하게 함과 동시에 위법한 재산상태를 유지하는 점에 모두 장물죄의 본질이 있다는 결합설(結合說)에 입각하고 있다. 이 입장에서는 유지설을 기본으로 하면서 추구권설을 가미하는 형태의 결합설이 일반적이다. 즉 원칙적으로 유지설의 입장에 서면서 장물양도죄($\binom{\text{합의가 없는 운반}}{\text{내지 보관 포함}}$)는 추구권설로 설명한다.

장물죄의 주체는 본범 이외의 자이고, 본범의 단독정범, 합동범, 공동정범, 간접정범 등은 본죄의 주체가 될 수 없다고 한다. 장물죄는 타인(본범)이 불법하게 영득한 재물의 처분에 관여하는 범죄이므로, 자기의 범죄에 의하여 영득한 물건에 대하여는 성립되지 아니하고 이는 불가벌적 사후행위에 해당한다. 교사범과 방조범은 장물죄의 주체가 될 수 있다. 즉, 횡령교사를 한 후 그 횡령한 물건을 취득한 때에는 횡령교사죄와 장물취득죄의 경합범이 성립된다. 장물죄가 성립되려면 본범의 행위가 종료되어야 하고, 그 이전에 가담하면 본범과 공범이 된다. 다만 본범의 행위가 종료되었다는 것은 기수일 것이 필요하다는 의미가 아니라 본범의 영득행위가 시간적으로 끝난 것을 필요로 한다는 의미로 이해하여야 한다.

　다수설과 판례의 입장인 결합설의 입장에서 장물이 되기 위한 세 가지 요건으로 첫째, 장물은 본범에 의하여 '영득한 재물'이라야 한다(재물성 및 동일성). 둘째, 장물죄의 본범은 '재산범죄'라야 한다(본범의 요건). 셋째, 재물은 '위법한 점유상태'에 있어야 한다(재물상태의 위법성). 장물이란 재산범죄에 의하여 영득된 재물 그 자체를 말한다. 재산상 이익이나 권리는 장물이 아니나, 그것이 화체된 것이라면 장물이 된다. 형법은 장물죄에 있어서는 관리할 수 있는 동력을 재물로 본다는 형법 제346조를 준용하는 규정을 두고 있지 않다. 그러므로 동력은 장물이 아니라는 견해도 있으나, 그것은 재물임에 틀림없으므로 준용규정이 없더라도 장물이라고 해야 한다는 것이 다수설이다. 관리가능성설의 입장에서는 당연한 결론일 것이다. 대법원도 장물에는 관리할 수 있는 동력이 포함된다고 한다. 본범은 재산범죄여야 한다. 여기의 재산범죄란 형법상 재산범죄만이 아니라 산림절도와 같은 특별법상의 재산범죄도 포함한다고 한다. 장물죄도 재산범죄이므로 장물죄에 뒤따르는 장물죄도 가능하여 연쇄장물도 장물이 된다. 재산범죄로 영득된 재물이어야 하므로 배임죄에서의 재물은 행위객체일 뿐이고 배임죄로 취득한 것은 재산상 이익이므로 그 재물은 장물이 아니다. 손괴죄도 재산범죄이긴 하나 재물의 영득이 없으므로 그 행위객체가 장물이 될 수 없다.

　장물은 재산범죄로 영득한 재물과 동일성(同一性)을 유지하는 범위내에서만 인정되고, 재물의 동일성이 없어진 경우에는 그것은 더 이상 장물이 아니다. 따라서 장물을 매각하여 받은 금전, 장물과 교환한 물건, 금전인 장물로 구입한 물건 등과 같은 대체장물(代替贓物)은 장물이 아니다. 그런데 대체물을 다른 대체물로 바꾼 경우 특히 금전을 다른 금전으로 바꾼 경우 예컨대 훔친 현금 100만원을 예금하였다가 액면금 100만원의 자기앞수표로 찾은 후 70만원을 주고 양복을 사고 30만원을 거스름돈으로 받은 경우에 수표로 지불하고 구입한 양복은 더 이상 장물이 아니라는 데에 견해가 일치하지만 현금 100만원을 예금하였다가 찾은 액면금 100만원의 자기앞 수표, 양복을 사고 받은 거스름돈 현금 30만원은 장물성이 유지되는가는 논란이 된다. 장물성을 긍정하는 견해는 금전의 경우에는 물체의 영득이라는 점 보다는 가치의 영득이라는 측면이 강하므로 장물성을 인정해야 한다고 한다. 이에 대해 부정설은 대체성 있는 다른 물건으로 바꾼 경우에는 위법한 재산상태는 단절되는 것이며 액면가치의 동일성을 근거로 장물성을 인정하는 것은 유추적용으로서 너무나 넓은 범위에서 장물성을 인정하게 되어 부당하기 때문에 장물성을 인정할 수 없다고 한다. 판례는 장물성을 인정하는 입장에서, 장물이라 함은 재산범죄로 인하여 취득한 물건 그 자체를 말하고, 그 장물의 처분대가는 장물성을 상실하는 것이지만, 금전은 고도의 대체성을 가지고 있어 다른 종류의 통화와 쉽게 교환할 수 있고, 그 금전 자체는 별다른 의미가 없고 금액에 의하여 표시되는 금전적 가치가 거래상 의미를 가지고 유통되고 있는 점에 비추어 볼 때, 장물인 현금을 금융기관에 예금의 형태로 보관하였다가 이를 반환받기 위하여 동일한 액수의 현금을 인출한 경우에 예금계약의 성질상 인출된 현금은 당초의 현금과 물리적인 동일성은 상실되었지만 액수에 의하여 표시되는 금전적 가치에는 아무런 변동이 없으므로 장물로서의 성질은 그대로 유지된다고 봄이 상당하고, 자기앞수표도 그 액면금을 즉시 지급받을 수 있는 등 현금에 대신하는 기능을 가지고 거래상 현금과 동일하게 취급되고 있는 점에서 금전의 경우와 동일하게 보고 장물성을 인정한다.

Leading Case 21 풀이 ≫ 을이 B로부터 할인한 약속어음은 K회사 소유이다. 따라서 을은 위탁관계에 의해서 보관 중이던 타인의 재물을 영득한 것이므로 횡령죄가 성립하고, 횡령한 약속어음을 B에게 자기앞수표와 현금으로 할인 받은 것은 횡령죄의 불가벌적 사후행위가 아니라 새로운 법익을 침해한 행위로서 사기죄가 성립한다. 즉 9억원의 현금과 자기앞 수표는 사기죄로 인해 생겨난 장물이 된다. 이 사안의 핵심쟁점은 을이 이 현금과 자기앞수표를 자기명의의 예금계좌에 예치하였다가 현금으로 인출한 경우에 인출한 현금이 여전히 장물성을 유지하는가에 있다. 이 사안의 실제사건에서 원심법원은 을이 자기앞수표와 현금 중 일부를 은행에 예치하였다가 다시 인출한 현금은 장물을 처분한 대가로 취득한 물건으로서 이미 장물성을 상실하였다고 보고 갑에게는 장물보관죄가 성립하지 않는다고 하였다. 그러나 대법원은 장물인 자기앞수표와 현금을 을 명의의 예금계좌에 예치하였다가 현금으로 인출한 경우에도 인출된 현금이 장물로서의 성질을 상실한 것이 아니므로 을이 인출한 현금을 사정을 알면서도 보관해 준 갑에게 장물보관죄의 죄책을 인정하였다.　●●●

Leading Case 21　　갑은 을로부터 보수를 준다고 하면서 물건을 대신 구입하여 달라는 부탁과 함께 신용카드 2장을 교부받았다. 갑은 을로부터 신용카드를 교부받을 당시에는 그 카드가 갑이 습득한 신용카드인 줄 몰랐지만, 이후에 그 사실을 알게 되었다. 갑의 죄책은?

| Point |　형법 제362조는 장물을 취득, 양도, 운반 또는 보관한 자와 알선한 자는 7년 이하의 징역 또는 1천500만원 이하의 벌금에 처한다고 규정하고 있다. 즉 행위자가 장물관련 범죄를 범한 경우에 행위태양에 따른 법정형은 동일하므로 각각의 행위태양인 취득, 양도, 운반, 보관, 알선의 구별은 큰 실익이 있는 것은 아니라고 생각할 수 있다.

그러나 죄형법정주의의 원칙에서 보았을 때 행위자의 행위태양을 확정하는 것은 중요한 문제이며, 형사소송에서 엄격하게 증명되어야 할 구체적 범죄사실로서 그 행위태양은 구별되어야만 한다. 갑이 을로부터 신용카드를 받을 당시에 장물인 정을 알았다면 장물취득죄가 될 것이고, 교부받을 당시에는 몰랐다가 후에 알게 된 경우라면 장물보관죄가 된다. 따라서 이 사안에서는 장물죄의 개별적인 행위태양인 취득, 양도, 운반, 보관, 알선의 의미를 이해하는 것이 쟁점이 된다.

Q 22. 장물죄의 행위태양과 다른 범죄와의 관계는 무엇인가?

장물죄의 실행행위는 취득·양도·운반·보관·알선 등이다.

장물취득이란 점유를 이전받음으로써 재물에 대한 사실상의 처분권을 획득하는 행위이다. 점유의 이전과 사실상의 처분권 획득이라는 두 가지의 요소로서 성립한다. 소유권에 기한 사실상의 처분권을 얻는 것을 의미하며, 유상이든 무상이든 불문한다. 매매·교환·채무변제·대리변제·소비대차·매도담보 등에 의한 경우는 유상취득에 해당하고 증여·무이자소비대차 등에 의한 경우는 무상취득에 해당한다. 장물의 사용대차는 소유권에 기한 처분권을 얻는 것이 아니므로 보관은 될 수 있으나 취득으로는 되지 않는다. 장물을 취득할 시점에서 장물인지를 알지 못한 때에는 장물취득죄가 성립되지 않는다.

장물양도란 장물을 제3자에게 넘겨주는 행위를 의미하며, 유상인가 무상인가를 불문한다. 단순한 양도의 의사표시나 계약의 성립만으로는 부족하고 점유의 이전을 필요로 한다. 양도의 상대방(양수인)이 장물임을 알았는가 여부는 문제로 되지 아니한다. 장물이라는 정을 알고 이를 취득한 후 이를 타인에게 양도한 경우에는 장물취득죄만 성립되고 양도행위는 불가벌적 사후행위로 된다. 그러므로 양도죄는 장물이라는 정을 알지 못하고 취득하였다가 후에 그 사실을 알고 제3자에게 그 장물을 양도한 경우에만 성립된다.

장물운반이란 장물의 소재를 장소적으로 이전하는 것을 의미하며 운반의 방법, 유상·무상을 불문하며 반드시 본범으로부터 직접 운반 의뢰를 받았을 필요도 없고 피해자의 권리실행을 곤란케 하는 한 운반거리는 문제되지 않는다. 장물인 정을 모르는 제3자로 하여금 장물을 운반하게 한 자는 장물운반죄의 간접정범으로 된다. 그러나 타인이 절취하여 운전하는 승용차의 뒷좌석에 편승한 것은 장물운반의 실행행위로 볼 수 없다. 장물취득자가 그 장물을 운반하는 행위라든가 본범이 스스로 장물을 운반하는 행위는 불가벌적 사후행위로서 별도의 장물운반죄를 구성하지 않지만, 제3자가 본범과 공동하여 장물을 운반하면 제3자에게는 본죄가 성립된다. 장물인 정을 모르고 장물을 취득한 자가 그 후 장물인 정을 알고 이를 운반한 경우에도 장물운반죄가 성립된다.

장물보관이란 위탁을 받아 장물을 자기의 점유 하에 두는 행위로서 유상·무상을 불문하며, 보관의 방법도 불문한다. 질물 기타 담보물로서 보관하는 경우나 임대차·사용대차를 위한 보관 등도 본죄의 보관에 해당한다. 장물인 정을 모르고 보관한 경우에도 그 정을 알고 난 후에 반환이 가능함에도 불구하고 계속하여 보관하면 장물보관죄가 성립된다. 장물의 반환이 불가능하거나 질권 등의 효력이 발생하여 점유할 권리가 발생한 때에는 본죄가 성립되지 아니한다. 장물을 취득한 자가 이를 보관하는 행위는 불가벌적 사후행위로 되나 장물인 정을 모르고 취득한 자가 그 정을 알고 난 후에 보관하는 행위는 장물보관죄를 구성한다. 장물을 보관하던 자가 이를 취득하면 보관은 취득에 보충관계에 있게 되어 장물취득죄만 성립한다. 장물을 보관하던 자가 이를 횡령하는 행위는 불가벌적 사후행위로 되며, 따라서 이 경우에는 장물보관죄만 성립된다.

장물알선이란 장물의 취득·양여·운반·보관을 매개하거나 주선하는 것을 의미한다. 알선의 대상은 법률행위일 수도 있고, 사실행위일 수도 있다. 알선죄의 성립시기에 관하여 알선행위만으로 추구권을 위태롭게 하므로 그것으로서 기수가 된다는 견해, 알선행위만으로 추구권의 행사에 위험을 초래했다고 보기는 어렵고 취득죄 등에서 현실의 점유이전을 요구하는 것과 균형상 적어도 계약의 성립이 필요하다는 견해, 위법상태의 유지 또는 추구권행사의 위험은 점유이전에 의해 비로소 실현되는 것이며 취득죄 등과의 균형을 생각하더라도 점유이전이 있어야 한다는 견해 등이 있다.

장물범죄는 재산범죄를 범한 본범을 전제로 한 범죄이기 때문에 공범관계나 다른 재산범죄와의 관계에 대한 이해가 필요하다.

본범의 정범·공동정범·합동범 등은 장물죄의 행위주체가 될 수 없다. 예를 들어 절도죄의 공동정범이 다시 장물보관죄의 행위주체가 될 수는 없다. 왜냐하면 장물죄는 타인의 재산죄로 영득한 재물에 대해서만 성립하며, 자기가 재산죄로 영득한 재물에 대해서는 성립할 수 없기 때문이다. 본범에 대한 교사·방조의 경우에는 본범에 대한 교사범과 종범은 스스로 본범을 범한 자가 아니라 타인의 범죄에 가공한 것에 불과하므로 장물죄를 범할 수 있다. 예를 들어 절도를 교사한 자가 피교사자로부터 그 절취품을 매수한 경우에는 절도교사범과 장물취득죄의 경합범이 된다. 장물을 보관하던 중 횡령한 경우에는 장물보관죄만 성립하며, 이미 장물죄로 인하여 소유권을 침해했으므로 횡령죄는 불가벌적 사후행위가 된다.

　장물에 관하여 횡령 이외의 재산범죄(장물에 대하여 절도·강도·사기·공갈죄를 범한 경우)를 범한 경우에 대해서는 견해의 대립이 있다. 추구권설의 입장에서는 피해자가 추구권을 가지는 한 그 재산범죄와 별개로 장물죄의 성립을 인정함이 논리적이고, 유지설의 입장에서는 장물죄는 본범과의 합의가 필요하므로 합의를 인정할 수 없는 이러한 경우에는 각각의 재산범죄만이 성립하고 장물죄는 성립할 수 없게 된다. 결합설의 입장에서도 장물죄의 성립을 부정함이 일반적이다. 다수설과 판례는 당해 재산범죄 외에 장물죄의 성립을 부정하는 것으로 판단된다. 장물인 정을 인식하면서 증거를 인멸하기 위하여 보관하거나 뇌물로 수수한 경우에는 증거인멸죄와 수뢰죄의 상상적 경합이 된다.

Leading Case 22 풀이 〉〉〉　　이 사안에서 을이 습득한 위 신용카드 2장으로 물건을 구입하여 줄 것을 갑에게 부탁한 시점에서 을에게 불법영득의 의사가 확정되고 을에게 점유이탈물횡령죄의 기수가 인정된다. 을이 점유를 이탈한 타인의 신용카드를 영득함으로써 점유이탈물횡령죄의 기수가 되어 을이 영득한 재물인 신용카드는 장물이 된다. 그렇지만 을의 부탁을 받아들여 신용카드 2장을 교부받은 갑이 교부받을 시점에서는 장물인 정을 인식하지 못한 것이므로 장물취득죄는 성립하지 않지만, 후에 장물인 정을 알고 보관하게 된 행위는 장물보관죄에 해당한다. •••

Leading Case 23　　갑은 A로부터 전세금을 받고 영수증(문서제목은 계약서라고 되어 있다)을 작성교부한 뒤에 A에게 전세금을 반환하겠다고 말하여 A로부터 영수증을 교부받고 나서 전세금을 반환하기도 전에 그 영수증을 찢어버렸다. 갑의 죄책은?

| **Point** | 이 사안에서는 자기가 점유하는 타인소유 문서도 문서손괴죄의 객체가 되는지 여부가 쟁점이 된다.

Q 23. 손괴의 의미는 무엇인가?

손괴죄는 타인의 재물, 문서 또는 전자기록 등 특수매체기록을 손괴·은닉하거나 기타의 방법으로 그 효용을 해함으로써 성립하는 범죄이다. 재물만을 객체로 하는 순수한 재물죄이고, 영득죄가 아니라 재물의 효용을 해한다는 점에 그 특색이 있다. 손괴죄는 영득의 의사없이 소유권을 침해하는 범죄이므로 그 보호법익은 소유권의 이용가치 또는 기능으로서의 소유권이다. 보호의 정도는 침해범이다.

손괴죄의 객체는 타인의 재물, 문서 또는 전자기록 등 특수매체기록이다. 여기서 문서란 형법 제141조의 공용서류에 해당하지 않는 문서를 말하며, 사문서·공문서를 불문한다. 사문서의 경우는 권리의무에 관한 문서·사실증명에 관한 문서는 물론 유가증권도 포함한다. 문서는 손괴죄의 객체가 될 수 있을 정도의 재산적 이용가치 내지 효용이 있어야 한다. 중요한 점은 작성명의인이 누구인가도 불문하므로 자기명의의 문서라도 타인의 소유이면 본죄의 객체가 된다.

손괴란 재물 등에 직접 유형력을 행사하여 소유자의 이익에 반하는 물체의 상태변화를 가져오는 일체의 행위를 말한다. 즉 그 물건의 본래의 사용목적에 맞게 사용할 수 없는 상태로 만드는 것은 물론 일시적으로 이용할 수 없는 상태로 만드는 것도 역시 효용을 해하는 것에 해당한다.

Leading Case 23 풀이 ⟫⟫ 문서 손괴죄의 객체는 타인소유의 문서이므로 갑이 작성명의인이 자신인 문서라 할지라도 전세금을 받고 영수증을 A에게 교부하였기 때문에 그 문서의 소유는 A이다. 따라서 갑은 자신의 점유 하에 있는 문서라 할지라도 타인소유인 문서를 찢어서 손괴한 것이므로 문서손괴죄의 죄책을 진다.

• • •

Leading Case 24 실내건축 및 건물임대업체 회사를 운영하는 갑은 K빌딩의 실소유자이지만 명의는 그의 부인인 을에게 신탁되어 있다. 갑이 A에게 K빌딩 1층 103호를 임대하면서 위 103호의 실내장식공사를 해주기로 약정하고 그 공사를 진행하던 중, 갑은 A의 동생인 B와 실내장식공사 대금 문제로 다툰 일로 화가 나자 을에게 103호의 문에 자물쇠를 채우라고 지시하고, 을은 103호에 자물쇠를 채워 A로 하여금 위 점포에 출입을 못하게 하였다. 갑의 죄책은?

| Point | 이 사안에서는 배우자에게 명의신탁한 부동산이 권리행사방해죄에서 말하는 '자기의 물건'에 해당하는지 여부가 쟁점이 된다.

Q 24. 권리행사방해죄의 성립요소는 무엇인가?

권리행사방해죄란 타인의 점유 또는 권리의 목적이 된 자기의 물건이나 전자기록등 특수매체기록을 취거, 은닉 또는 손괴하여 타인의 권리행사를 방해함으로써 성립하는 범죄이다. 본죄는 제한물권과 채권을 보호법익으로 한다.

행위의 객체는 타인의 점유 또는 권리의 목적이 된 자기의 물건이나 전자기록등 특수매체기록이다. 그러므로 우선 자기소유의 물건이어야 한다. 권리행사방해죄에서 말하는 '자기의 물건'이라 함은 범인이 소유하는 물건을 의미하고, 여기서 소유권의 귀속은 민법 기타 법령에 의하여 정해진다. 타인이 점유하는 자기의 물건이더라도 그 타인이 공무소의 명령으로 간수할 때에는 형법이 제142조에서 공무상보관물무효죄로 따로 규정하고 있으므로 권리행사방해죄의 객체가 아니다.

타인의 점유라 함은 권원으로 인한 점유, 즉 정당한 원인에 기하여 물건을 점유하는 것을 의미하지만, 반드시 본권에 기한 점유만을 말하는 것이 아니라 유치권 등에 기한 점유도 여기에 해당한다. 권리행사방해죄에서 점유는 민법상의 점유와 구별되는 형법상의 점유로서 소지라는 의미이지만, 절도죄의 점유가 행위의 객체인 것과는 달리 권리행사방해죄에서는 점유가 보호법익으로서의 기능을 갖는다. 그러므로 권리행사방해죄의 보호법익이 점유의 기초가 되는 본권인가, 사실상의 지배인 소지 그 자체인가 하는 점이 문제된다. 통설은 권리행사방해죄는 점유의 기초가 되는 본권을 보호하기 위한 규정이므로 적법한 권원에 의한 점유에 제한되므로 절도범의 점유가 포함되지 않는 것은 당연하다는 입장이다. 통설에 의하면 점유는 반드시 법적 근거를 가질 필요는 없고, 계약상의 근거 또는 유언의 효과로 점유가 개시된 경우를 포함한다. 담보물권이나 용익물권 등 물권에 기한 것이거나, 임대차와 같은 채권에 기한 것이거나를 묻지 않는다. 한편 위와 같은 점유가 아니더라도 평온한 점유라면 보호된다는 소수설이 있다. 즉 평온한 점유 내지 이유 있는 점유가 있으면 보호되어야 할 점유이며, 본권이 소멸된 후에도 자력구제가 허용되지는 않으므로 그 한에서 부적법한 점유라 할지라도 보호를 받는다는 것이다. 적법한 권원에 기한 것인지의 여부는 반드시 명백한 것만은 아니고, 또 가변적인 것이므로 다툼이 있을 경우에는 민사재판에 의해 확정될 수밖에 없다. 따라서 일단 평온한 점유이면 보호해야 한다는 것이 그 논거이다. 판례는 보호대상인 타인의 점유는 점유할 권원에 기한 점유, 일단 적법한 권원에 기하여 점유를 개시하였으나 사후에 점유권원을 상실한 경우의 점유, 점유 권원의 존부가 외관상 명백하지 아니하여 법정절차를 통하여 권원의 존부가 밝혀질 때까지의 점유, 권원에 기하여 점유를 개시한 것은 아니나 동시이행항변권 등으로 대항할 수 있는 점유 등과 같이 법정절차를 통한 분쟁해결시까지 잠정적으로 보호할 가치가 있는 점유 등이고, 다만 점유할 권리 없는 자의 점유임이 외관상 명백한 경우는 포함되지 않는다는 입장이다.

권리의 목적이란 타인의 질권·저당권·유치권 등 제한물권의 객체이거나, 임차권 등 채권의 목적이 된 경우이다. 그리고 점유하지 않고서도 타인의 재물에 대한 제한물권이나 채권을 갖는 경우가 있기 때문에 점유를 충족하지 않은 권리의 목적이 된 자기의 물건도 포함된다. 판례도 정지조건부 대물변제예약이 된 물건이나, 가압류된 물건은 여기의 물건이라고 한다. 입목을 벌채하는 등의 공사를 완료하면 그 벌채한 원목의 소유권을 이전받기로 약정하고 그 계약의 이행을 완료한 자는 그 원목인도청구권이 있으므로 그 원목은 권리행사방해죄의 객체가 되지만 단순한 채권채무관계는 권리행사방해죄의 객체가 아니다.

Leading Case 24 풀이 >>> 권리행사방해죄는 타인의 점유 또는 권리의 목적이 된 자기의 물건을 행위의 객체로 하고 있다. 이 사안에서 갑에게 권리행사방해죄가 성립하는지 여부를 판단하기 위해서는 K빌딩의 103호가 누구의 소유인지가 결정되어야 한다. 갑은 자기 부인인 을에게 명의신탁을 한 신탁자이고 을은 수탁자이다. 부동산 실권리자명의 등기에 관한 법률 제8

조는 배우자 명의로 부동산에 관한 물권을 등기한 경우에 조세포탈, 강제집행의 면탈 또는 법령상 제한의 회피를 목적으로 하지 아니한 때에는 유효하다고 하고 있다. 갑이 그런 목적을 가지고 명의신탁을 하였다면 명의신탁이 무효가 되는 것은 당연하고 그런 목적이 없어서 유효한 명의신탁이 되는 경우에도 제3자인 부동산의 임차인에 대한 관계에서는 명의신탁자 갑은 소유자가 될 수 없으므로 갑이 부인 을에게 신탁한 부동산은 권리행사방해죄에서 말하는 '자기의 물건'이라고 할 수 없다. 따라서 갑이 명의신탁의 방식으로 자기의 부인 을에게 등기명의를 신탁하여 놓은 점포에 자물쇠를 채워 점포의 임차인인 A를 출입하지 못하게 하였더라도 그 점포는 갑의 소유가 아닌 물건이므로 갑은 권리행사방해죄의 죄책을 지지 않는다. •••

Leading Case 25   이혼을 요구하는 처 A로부터 재산분할청구권에 근거한 가압류 등 강제집행을 받을 우려가 있는 상태에서 갑은 이를 면탈할 목적으로 자신의 누님 B에게 허위의 채무를 부담하고 B에게 소유권이전청구권보전가등기를 경료하였다. 갑의 죄책은?

| Point | 강제집행면탈죄의 성립요건에 대한 검토가 필요한 사안이다.

Q 25. 강제집행면탈죄의 성립요소는 무엇인가?

강제집행면탈죄는 강제집행을 면할 목적으로 재산을 은닉, 손괴, 허위양도 또는 허위의 채무를 부담하여 채권자를 해함으로써 성립하는 범죄이다. 본죄의 주된 보호법익은 강제집행권이 발동될 단계에 있는 채권자의 채권이다. 채권자의 권리행사를 보호한다는 점에서 권리행사방해죄와 공통이므로 형법전의 같은 장에 규정된 것이다. 부차적으로는 국가의 강제집행기능을 보호한다. 이 점에서 권리행사방해죄와는 그 성격이 다른 독자적 범죄이다. 보호정도는 추상적 위험범이다. 즉 현실적으로 채권자를 해할 것을 필요로 하는 것이 아니라 그 위험이 있으면 충분하다.

　채무자 이외에 제3자도 강제집행면탈죄의 행위주체가 될 수 있는지에 대해서 견해의 대립이 있다. 견해의 차이는 제3자가 공범의 형태로서가 아니더라도 본죄를 범할 수 있는가 하는 점에 있다. 긍정설은 본죄의 행위주체를 채무자에 제한할 이유가 없으므로 채무자 외에 제3자도 본죄의 주체가 될 수 있다고 해석한다. 다수설은 구성요건이 강제집행을 면할 목적으로 재산을 은닉·손괴·허위양도 또는 허위채무를 부담하는 행위를 규정하고 있을 뿐이고, 그 '재산'을 '자기의 재산'으로 한정하고 있지 않다는 이유로 그 주체도 채무자로 한정할 이유가 없고 제3자도 그 주체가 된다고 한다. 부정설은 본죄의 성립에는 강제집행을 면할 목적이 필요하고, 재산의 '허위양수'나 채권의 '허위취득'이 행위형태로 규정되지 않은 것은 범죄주체를 채무자로 상정(想定)한 것으로 보아야 하므로 제3자는 그 주체가 될 수 없다고 한다. 판례는 가등기권자가 다른 채권자들의 강제집행을 피하려고 채무자와 공모하여 자기 앞으로 소유권이전등기를 마친 경우에 강제집행면탈죄의 공범으로 인정하고 있다. 긍정설과 부정설은 각자 판결들의 의미를 자신들의 견해에 부합하는 것으로 해석하고 있다. 다만 어떤 견해를 취하더라도 채무자와 공모한 제3자가 형사책임을 지는 데에는 다르지 않다. 문제는 채무자와 동일시되지 않는 제3자가 채무자와 공모하지 않은 채 구성요건적 행위를 행한 경우일 것이나, 실제로 그러한 사례가 발생하는 일은 없을 것이다.

　강제집행면탈죄가 성립되려면 객관적으로 강제집행을 당할 구체적 위험이 있어야 한다. 이 구성요건요소는 소위 기술(記述)되지 아니한 객관적 구성요건요소이다. 강제집행을 당할 구체적 위험이 있는 상태에서의 행위가 본죄의 행위이고, 충분한 재산이 남아 있어 채권확보에 아무런 위험이 없다면 본죄는 성립하지 않는다.

강제집행면탈죄는 채권자의 채권을 보호하려는 데에 그 취지가 있다. 그러므로 채권의 존재를 전제로 하는 것이며, 만일 채권이 존재하지 않을 경우에는 본죄가 성립되지 않는다. 또 강제집행이란 민사집행법상의 강제집행이나 가압류 또는 가처분에 한정되며, 벌금·몰수 등 형사재판의 집행이나 과태료·과징금 부과처분 등 행정재판의 집행은 제외된다. 언제 강제집행을 받을 구체적 위험이 있다고 볼 수 있는가에 관하여 대법원은 과거 채권자가 가압류·가처분을 신청하거나 민사소송을 제기할 것이 필요하다고 한 적도 있었으나, 그 후 그러한 사실이 없더라도 채권확보를 위하여 소송을 '제기할 태세'를 보이는 것으로 충분하다고 한다.

강제집행면탈죄의 행위태양은 은닉, 손괴, 허위양도 또는 허위의 채무를 부담하는 행위이다. 은닉이란 강제집행을 실시하는 자에 대하여 재산의 발견을 불능 또는 곤란하게 하는 행위이다. 재산의 소재를 불분명하게 하는 경우만이 아니라, 후순위 채권자들의 강제집행을 저지할 목적으로 선순위 가등기권자에게 소유권이전의 본등기를 경료하는 행위는 소유관계를 불분명하게 하는 것으로서 은닉에 해당한다. 손괴라 함은 물질적으로 훼손하거나 그 재산가치의 감소를 초래하는 행위이다. 허위양도란 실제로는 재산을 양도한 것이 아님에도 양도하는 것으로 가장하는 행위로서, 유상·무상을 불문한다. 허위채권의 담보로서 부동산소유권이전등기를 하는 경우 등이다. 재산의 양도가 진실일 때에는 비록 강제집행을 면할 목적으로 행해졌다고 하더라도 본 죄에 해당하지 않는다. 허위의 채무부담이란 실제로 채무가 없음에도 채무를 부담하는 것을 가장하는 경우이다. 이는 강제집행시에 허위의 채무자로 하여금 배당요구에 참가하게 함으로써 정당한 채권자의 배당을 줄이기 위해 행해진다. 그러므로 강제집행이 예상되는 권리가 건물에 대한 명도청구권이라면 허위의 금전채무를 부담하였다 하더라도 명도청구권의 집행에 어떤 장애가 되지 않으며, 그 금전채무를 근거로 가등기를 했더라도 가등기는 순위보전의 효력밖에 없으므로 강제집행면탈죄는 성립되지 않는다. 또 허위의 채무를 부담하고 있는 양 가장하기 위한 방편으로 타인에게 허위의 가등기를 경료한 경우도 가등기만으로는 순위보전의 효력밖에 없으므로 무죄이다.

채권자를 해한다는 것은 채권자를 해할 우려가 있는 상태의 발생으로 충분하며, 현실로 해하는 결과가 발생할 것이 필요하지 않다. 허위양도한 부동산의 가액보다 그 부동산에 의하여 담보된 채무액이 더 많아 어차피 채권자가 충분한 채권의 만족을 받을 수 없는 경우라고 하더라도 그 허위양도로 인하여 채권자를 해할 위험은 있는 것이다. 그러나 채무자가 강제집행을 면할 목적으로 재산을 허위양도했더라도 충분한 재산이 남아 있어 채권자의 채권확보에 지장이 없으면 본 죄는 성립하지 않는다.

Leading Case 25 풀이 ≫≫   강제집행면탈죄는 위험범으로서 현실적으로 민사집행법에 의한 강제집행 또는 가압류, 가처분의 집행을 받을 우려가 있는 객관적인 상태 아래, 즉 채권자가 본안 또는 보전소송을 제기하거나 제기할 태세를 보이고 있는 상태에서 주관적으로 강제집행을 면탈하려는 목적으로 재산을 은닉, 손괴, 허위양도하거나 허위의 채무를 부담하여 채권자를 해할 위험이 있으면 성립하는 것이고, 반드시 채권자를 해하는 결과가 야기되거나 행위자가 어떤 이득을 취하여야 범죄가 성립하는 것은 아니며, 현실적으로 강제집행을 받을 우려가 있는 상태에서 강제집행을 면탈할 목적으로 허위의 채무를 부담하는 등의 행위를 하는 경우에는 달리 특별한 사정이 없는 한 채권자를 해할 위험이 있다고 할 수 있다.

 이혼을 요구하는 처로부터 재산분할청구권에 근거한 가압류 등 강제집행을 받을 현실적인 우려가 있는 상태에서 갑이 이를 면탈할 목적으로 자신의 누님 B에게 허위의 채무를 부담하고 소유권이전청구권보전가등기를 경료한 갑에게는 강제집행면탈죄가 성립된다.

제3편 사회적·국가적 법익을 침해하는 범죄

제1장 사회적 법익을 침해하는 범죄

Leading Case 1   갑은 처 을과 심한 부부싸움을 하다가 격분하여 "집을 불태워 버리고 같이 죽어 버리겠다"며 처와 자기의 집 주위에 휘발유를 뿌렸는데, 이를 말리던 이웃 주민 A의 몸에도 휘발유가 쏟아졌다. A가 휘발유를 씻어내고자 수돗가로 가려고 돌아서는 순간, 갑이 라이터를 꺼내서 켜는 바람에 갑과 A의 몸에 불이 붙게 되었고, 이에 A가 약 4주간의 치료를 요하는 화상을 입게 되었다. 갑의 죄책은?

| Point | 이 사안은 매개물을 통한 방화죄의 실행의 착수시기 및 그 판단 방법이 쟁점이 된다.

Q 1. 현주건조물방화죄의 구성요건요소와 방화범죄의 체계는?

방화죄는 불을 놓아 건조물 기타의 일정한 물건을 소훼하는 공공위험범죄이다. 보호법익은 공공의 안전이며 보호의 정도는 공공의 생명·신체·재산에 대한 일반적 추상적 위험(이른바 공공의 위험)이다. 방화죄의 구성요건은 일반적으로 '불을 놓아' 일정한 객체를 소훼하는 것이지만 이 이외에 다시 '공공의 위험' 발생을 그 요건으로 한다. 즉 방화죄 중 현주건조물방화죄와 공용건조물방화죄 등은 이른바 추상적 위험범으로서 일정한 객체에 대한 소훼가 있으면 당연히 공공의 위험이 생기는 것으로 추정되기 때문에 소훼라는 결과가 발생되면 바로 방화죄의 기수로 생각할 수 있으나 자기소유건물 및 일반물건방화죄는 구체적 위험범으로서 소훼 이외에 다시 공공의 위험이 구체적으로 발생한 경우에 기수가 된다.

공공의 안전이 방화죄의 보호법익이라는 점에는 학설과 판례의 입장이 일치하고 있지만 재산권도 방화죄의 제2차적 보호법익이라고 할 수 있는가에 대해서 재산권을 방화죄의 보호법익에 포함한다는 긍정설과, 부정설 및 부분적 긍정설이 있다. 긍정설에 의하면 방화죄는 중대한 재산침해의 결과를 수반하고, 일반건조물방화죄와 일반물건방화죄에서 행위객체인 목적물이 자기소유인지 타인소유인지에 따라 구성요건과 처벌을 달리하고 있는 것으로 보아 형법이 소유권의 귀속관계에 따른 불법의 차이를 고려하고 있는 것이라고 한다. 부정설에 의하면 방화죄가 개인의 재산권을 침해하는 범죄라는 것을 인정하지만, 이는 방화죄뿐만 아니라 사회적 법익을 침해하는 범죄 대부분이 가지고 있는 성격이며, 방화죄는 사회적 법익을 보호하는 것이 근본적인 목적이므로 방화죄만을 이중성격을 가진 것으로 보고 특별 취급할 이유는 없다고 한다. 부분적 긍정설에 의하면 공공의 안전은 모든 방화죄의 보호법익에 포함되지만, 재산권은 일부 범죄의 보호법익에만 포함된다고 하면서 자기물건에 대한 방화의 경우에는 공공의 안전이 그 주된 보호법익이라고 할 수 있지만, 타인의 물건에 대한 방화의 경우에는 공공의 안전뿐만 아니라 타인의 재산권도 그 보호의 대상에 속한다고 한다.

방화죄의 행위는 목적물에 불을 놓아 소훼하는 것이다. 방화는 목적물을 소훼하기 위하여 불을 놓는 일체의 행위를 말한다. 방화의 방법에는 제한이 없다. 직접 목적물에 방화하건 매개물을 이용하여 방화하건 불문한다. 방화죄의 실행의 착수시기와 관련하여 판례는 매개물을 통한 점화에 의하여 건조물을 소훼함을 내용으로 하는 형태의 방화죄의 경우에, 범인이 그 매개물에 불을 켜서 붙였거나 또는 범인의 행위로 인하여 매개물에 불이 붙게 됨으로써 연소작용이 계속될 수 있는 상태에 이르렀다면, 그것이 곧바로 진화되는 등의 사정으로 인하여 목적물인 건조물 자체에는 불이 옮겨 붙지 못하였다고 하더라도 방화죄의 실행의 착수가 있다고 하며 구체적인 사건에서 실행의 착수가 있었는지 여부는 범행 당시 피고인의 의사 내지 인식, 범행의 방법과 태양, 범행 현장 및 주변의 상황, 매개물의 종류와 성질 등의 제반 사정을 종합적으로 고려하여 판단한다.

   소훼라 함은 화력에 의한 목적물의 손괴를 의미한다. 소훼의 결과가 발생함으로써 방화죄는 기수가 된다. 그러나 구체적으로 어느 정도의 손괴가 소훼로 되어 기수가 될 것인가에 대해서 독립연소설, 효용상실설, 중요부분연소개시설, 일부손괴설 등이 대립되고 있다. 독립연소설은 불이 매개물을 떠나 방화의 목적물에 옮겨 붙어 독립하여 연소할 수 있는 상태에 이르면 방화죄는 기수로 된다는 견해로서 불이 방화의 목적물에 옮겨 붙으면 공공의 위험이 발생한다는 점을 논거로 내세우고 있다. 독립연소설에 의하면 방화의 목적물에 불이 옮겨붙은 직후에 불을 끈 경우에도 방화죄는 기수로 된다. 중요부분 연소개시설은 방화 목적물의 중요부분에 연소가 개시된 때에 방화죄는 기수로 된다는 견해로서 독립연소설을 수정하는 학설이다. 효용상실설은 화력에 의하여 방화의 목적물의 중요부분이 소실되어 목적물의 효용이 상실된 때에 방화죄가 기수로 된다는 견해로서 현행 형법이 소훼를 방화죄의 구성요건으로 규정하고 있다는 점을 주된 논거로 내세우고 있다. 일부손괴설은 방화의 목적물의 일부를 손괴한 때에 방화죄는 기수로 된다는 견해로서 효용상실설을 수정하는 학설이다. 소위 이분설은 추상적 위험범인 방화죄와 구체적 위험범인 방화죄의 기수시기를 달리 평가해야 한다고 한다. 즉 추상적 위험범인 방화죄는 불이 매개물을 떠나 목적물에 옮겨 붙어 독립하여 연소할 수 있는 상태가 되면 소훼가 있고 방화죄는 기수가 되지만, 구체적 위험범인 방화죄의 경우는 독립연소의 정도로는 부족하고 목적물의 중요부분에 연소가 개시된 때 공공의 안전에 대한 구체적 위험이 있어 소훼가 있고 방화죄는 기수가 된다고 한다. 대법원은 방화죄는 화력이 매개물을 떠나 스스로 연소할 수 있는 상태에 이르렀을 때에 기수가 되고 반드시 목적물의 중요부분이 소실하여 그 본래의 효용을 상실한 때라야만 기수가 되는 것이 아니라고 하여 독립연소설의 입장이다.

Leading Case 1 풀이 〉〉〉 갑이 방화의 의사로 뿌린 휘발유가 인화성이 강한 상태로 주택주변과 A의 몸에 적지 않게 살포되어 있는 사정을 알면서도 라이터를 켜 불꽃을 일으킴으로써 A의 몸에 불이 붙은 경우, 비록 외부적 사정에 의하여 불이 방화 목적물인 주택 자체에 옮겨 붙지는 아니하였다 하더라도 현주건조물방화죄의 실행의 착수가 있었다. 따라서 갑은 현주건조물방화미수죄가 인정되고, A가 이 불로 인해 상해를 입었으므로 결과적 가중범인 현주건조물방화치상죄의 죄책을 진다. •••

Leading Case 2 갑은 화폐수집가들이 골드라고 부르며 수집하는 희귀화폐인 것처럼 만들기 위하여 발행연도 1995.을 1928.이라고 빨간색으로 고치고, 발행번호와 미국 재무부를 상징하는 문양 및 재무부장관의 사인 부분을 지운 후 빨간색으로 다시 가공하여 행사하였다. 그런데 갑이 행사한 미화 1달러 권 지폐 400매와 미화 2달러 권 지폐 400매는 모두 1995.에 미국에서 진정하게 발행된 통화였다. 갑의 죄책은?

| **Point** | 형법 제207조 내국에서 유통하는 외국화폐를 변조하여 행사하였는지가 문제가 되는 이 사안에서는 통화변조에 해당하기 위한 요건이 무엇인지가 쟁점이 된다.

Q 2. 통화위조 · 변조 · 행사의 의미는 무엇인가?

　형법 제207조는 세 가지 형태의 통화를 범죄의 대상으로 하고 있다. 먼저 '통용하는 대한민국의 통화', '내국에서 유통하는 외국의 통화' 그리고 '외국에서 통용하는 외국의 통화'로 구분하고 있다.

　일반적으로 통화라 함은 국가 또는 발행권한이 부여된 기관에 의해 발행된 가격이 표시된 지불수단으로서 강제통용력이 인정되는 것이라고 정의되고 있다. 이러한 통화에는 화폐 · 지폐 · 은행권이 있다. 화폐는 주화(鑄貨)와 같이 금속화폐인 경화를 말하고, 지폐는 정부 기타 발행권자에 의해 발행된 화폐대용의 증권을 말한다. 그리고 은행권은 한국은행권과 같이 정부의 인허를 받은 특정은행이 발행하는 화폐대용의 증권을 말한다.

　통화위조란 통화발행권이 없는 자가 진정한 통화의 외관을 지닌 물건을 만드는 것을 말한다. '진정한 통화의 외관'이라는 표현은 진화(眞貨)의 존재를 전제하고 있다고 볼 수 있지만, 통화의 위조라고 할 수 있기 위해서는 위화에 상당하는 진화가 반드시 존재하여야 한다는 필요설과 위화에 상응하는 진화는 필요하지 않고 위조통화가 일반인으로 하여금 진화로 오인하게 할 정도의 것이면 족하다고 보는 불필요설이 대립하고 있다. 필요설은 그 근거로서 사실상 모의(模擬)할 진짜 화폐가 없다면 일반인에게 진화(眞貨)라고 오인시킬 정도의 것을 만든다는 것은 불가능하며, 실재(實在)하는 진화에 모의되지 아니한 물건은 실제의 진화에 대한 공공의 신용을 해할 수 없다는 점을 든다. 또한 법규정이 '통용하는' 화폐를 위조한다고 하는 이상은 진화의 존재를 당연히 전제로 한 것이므로 임의로 있지도 않은 화폐를 만들어내는 행위는 위조라고 할 수 없고, 새로운 화폐가 발행될 것이 예정되어 있더라도 '통용하는'의 의미를 확장 해석하여 앞으로 통용될 화폐까지 행위객체로 포함시키는 것은 죄형법정주의의 틀을 벗어나는 해석이어서 허용되지 않는다고 한다. 불필요설의 근거는 현존하지 않는 화폐에 대한 위조를 상상하기 곤란하지만, 통화의 발행이 예정되어 일반인이 이를 알고 있는 상태 하에서 그것이 발행되기 전에 그것에 대응하는 위화를 만든 경우라면 아직 진화는 존재하지 아니하더라도 일반인으로 하여금 이를 진화로 오인하게 할 수 있을 것이므로 이를 위조라고 할 것이고, 특히 신종통화발행의 초기에는 위화가 진화로 통용할 위험도 있음을 감안한다면 아직 발행된 바 없는 통화도 위조의 대상이 된다고 한다. 또한 실제로는 위화에 상당하는 진화가 존재하지 않는다면 일반인으로 하여금 진화라고 오인하게 할 정도의 것을 만들어 내는 것은 곤란하겠지만 절대로 불가능하다는 것은 아니고, 그러한 경우에도 통화에 대한 공공의 신용·거래의 안전을 해하는 것이 되므로 통화위조죄가 성립하는 것이며, 외국통화의 위조에 있어서는 위화에 상응하는 진화가 존재하지 아니하더라도 위화를 진화로 오인하는 경우가 비교적 많을 것이므로, 이 경우에 외국통화 위조죄가 성립한다고 보아야 한다고 한다.

그러나 발행예정 통화가 이미 일반인에게 알려져 있는 상황에서 발행예정통화의 위조의 문제를 해결하기 위해서 진화없는 통화위조가 가능하다고 해석하는 것은 통화위조죄 전체에 대한 곡해를 야기하는 것이다. 발행일 이전에 위조된 내국통화가 우리사회에 유통되는 경우에 일반인이 이를 진화로 오인할 가능성은 현대사회에서 발생하기 극히 어려운 경우이기 때문이다. 오히려 외국통화의 경우에 진화의 존재여부를 모르는 상황에서 발생하는 통화위조의 경우에도 진화의 존재를 필요로 하는지 여부가 더 고려해야 할 쟁점이라고 할 수 있다. 그러나 통화위조죄를 규정한 형법의 규정이 위조의 객체가 되는 것에 관하여 '통용하는' 화폐라고 명시적으로 밝히고 있음에도 불구하고 통용하는 화폐가 아닌 것을 만들어 낸 경우에도 통화위조죄가 성립한다고 해석하는 것은 결국 위 처벌조항을 문언상의 가능한 의미의 범위를 넘어서까지 해석하여 적용하는 것이 되어 죄형법정주의의 원칙에 어긋난다 할 것이다. 따라서 우리 형법이 통화위조죄의 구성요건을 '통용하는 화폐'를 위조하는 것으로 규정하고 있는 이상, 실제 통용하고 있는 화폐, 즉 진화(眞貨)와 흡사하여 진화로 오인할 만한 것을 만드는 행위만이 통화위조죄에 해당한다고 해석하여야 할 것이다.

위조의 정도와 관련하여 보통 위조는 일반인이 진화로 오인할 정도의 외관을 갖추면 충분하다고 한다. 이는 위조를 인정하기 위해서 반드시 진화와 식별이 불가능할 정도까지 정밀할 것을 요구하지 않는다는 점을 말해주는 것이다. 위조범이 통화를 진화와 구별할 수 없을 정도로 위조하여 통화에 대한 공공의 신용과 안전을 위험하게 한 경우의 처벌은 당연한 것이지만, 이와 반대로 일반인이 오인하기 어려운 정도의 외관을 갖은 물건을 만드는 행위는 위조라고 할 수 없어 처벌하지 못한다. 결국 쟁점은 '일반인이 진화로 오인할 정도의 외관'을 갖추었는지 여부에 대한 판단에 달려있다.

변조란 진화에 가공하여 그 가치를 변경시키는 것을 말하며, 진정한 통화를 전제로 하여 진화와의 동일성이 상실되지 않을 정도의 변경을 가하는 것이라는 점에서 위조와 구별된다. 이러한 변조는 통화의 모양과 문양을 고쳐 명목가치를 감소시키는 방법과 진화를 손괴하여 실제가치를 감소시키는 방법이 있지만, 금화와 같이 주화를 발행하지 않은 현재는 변조는 명가변경(名價變更)을 말한다. 변조도 위조와 마찬가지로 일반인이 진화로 오인할 정도의 외관을 갖추어야 한다.

위조·변조된 통화를 행사한다는 것은 위조·변조된 통화를 진정한 통화처럼 거래하거나 유통시키는 것을 말한다. 유통은 사회에서 진화처럼 사용되도록 하는 것이다. 따라서 단순히 전시하거나 신용력을 보이기 위하여 제시한 경우, 위조통화를 상품으로서 매매하는 경우는 유통이라고 할 수 없어 행사에 해당하지 않는다. 그러나 진화로서 화폐수집상에게 판매한 경우는 행사에 해당한다. 또한 진화로서 유통시킨 이상 증여도 행사에 해당하며, 도박자금이나 사기수단으로 지급한 경우처럼 위화(僞貨)의 사용방법이 위법한 경우에도 행사에 해당한다. 통화위조 공범간의 위화의 수수는 행사에 해당하지 않지만, 위화임을 알고 있는 자에게 교부한 경우에도 그 자가 이를 유통시키리라는 예상 또는 인식을 한 경우에는 행사에 해당한다.

Leading Case 2 풀이 ⟫⟫ 진정한 통화에 대한 가공행위로 인하여 기존 통화의 명목가치나 실질가치가 변경되었다거나 객관적으로 보아 일반인으로 하여금 기존 통화와 다른 진정한 화폐로 오신하게 할 정도의 새로운 물건을 만들어 낸 것으로 볼 수 없다면 통화가 변조되었다고 볼 수 없다. 갑이 발행연도 1995.을 1928.으로 빨간색으로 고치고, 발행번호와 미국 재무부를 상징하는 문양 및 재무부장관의 사인 부분을 지운 후 빨간색으로 다시 가공한 정도의 가공행위만으로는 기존 통화의 명목가치나 실질가치가 변경되었다거나 객관적으로 보아 일반인으로 하여금 기존 통화와 다른 진정한 화폐로 오신하게 할 정도의 새로운 물건을 만들어 낸 것으로 볼 수 없으므로 갑에게 내국유통 외국통화 변조죄가 성립되지 않는다.

Leading Case 3 갑은 이미 사용하여 더 이상 사용할 수 없는 공중전화카드의 자기기록부분에 전자정보를 기록하여 사용가능한 공중전화카드로 만들었다. 갑의 죄책은?

| **Point** | 유가증권 위조 · 변조 · 행사의 행위객체는 유가증권이다. 유가증권이란 재산권이 화체된 증권으로서 그 권리의 행사, 처분에 증권의 점유를 필요로 하는 것을 말한다. 이 사안에서 공중전화카드가 유가증권인지 여부가 쟁점이 된다.

Q 3. 유가증권의 위조 · 변조 · 행사의 대상은 무엇인가?

 유가증권이라 하기 위해서는 두 가지 요건을 갖추어야 한다. 첫째, 증권에 재산권이 화체되어야 하고, 둘째, 권리의 행사와 처분에 증권의 점유가 필요하다. 이러한 점에서 증거증권과 면책증권은 형법상 유가증권이 될 수 없다. 증거증권은 재산권이 화체되어 있는 것이 아니라, 단지 법률관계의 존부나 내용을 증명하는 기능을 하는 것으로 예를 들면 차용증서, 영수증, 매매계약서 등이 이에 해당한다. 면책증권은 권리행사의 요건으로서 증권의 점유를 필요로 하지 않는 것으로, 정기예탁금증서, 휴대품보관증, 철도수화물상환증, 물품보관증 등이다.

 유가증권도 통화처럼 유통성을 요건으로 하는가? 유가증권은 통화와 같은 유통성보다는 재산권의 화체에 더 중점이 있으므로 유통성을 요하지 않는다고 본다. 따라서 승차권, 복권 등도 유통성은 없지만 재산권이 화체된 유가증권에 해당한다. 형식면에서 유가증권은 법률적으로 유효한 경우에만 인정되는가? 법률적 유효성은 유가증권의 요건이 되지 않는다. 그러므로 발행일자의 기재가 없는 수표나 대표이사의 날인이 없어 상법상 무효인 주권과 같이 요건이 흠결되어 상법상 무효일지라도 형법상 유가증권으로 인정된다.

유가증권은 법률상의 유가증권과 사실상의 유가증권으로 분류되기도 한다. 전자는 유가증권이 법률상 일정한 형식을 필요로 하는 것으로서 어음, 수표, 화물상환증, 선하증권, 창고증권, 공채권 등과 같은 것이 있다. 후자는 법률상 형식을 요구하지 않는 것으로서 승차권, 복권, 상품권, 입장권, 관람권 등이 이에 해당한다. 이러한 유가증권들은 문자나 도화 등과 같이 인간의 오관의 작용에 의해 인지할 수 있는 형태와 내용을 가진 것들이다. 여기에서 기계적 방법에 의해서만 내용을 알 수 있는 전자기록이나 특수매체 기록을 포함하고 있는 것들도 유가증권에 속한다고 할 수 있겠는가가 문제될 수 있다. 통설에 의하면 유가증권은 문서의 특수한 형태라고 한다. 따라서 유가증권이 되기 위해서는 먼저 문서로서의 요건을 갖추고 있어야 한다. 문서위조죄에서 문서란 문자 또는 이를 대신할 부호를 사용하여 관념 또는 의사를 표시하는 것이어야 한다. 여기에서 부호란 문자에 대신할 수 있는 가독적(可讀的) 형상을 말하고, 반드시 발음있는 부호일 필요는 없으나 표시된 의사내용이 시각적으로 해독할 수 있는 것이어야 한다.

음반, 레코드, 녹음테이프 등과 같이 청각에 의해 내용을 파악할 수 있는 것은 문서가 아니라고 한다. 전자기록이나 특수매체기록은 기계적 방법에 의해 그 내용을 알 수 있지만 가독적 부호에 해당한다고 볼 수 없을 것이다. 그러나 공중전화카드는 순수하게 전자기록 등 특수매체기록만으로 이루어진 것이 아니라 이것들이 문자와 결합하여 이루어져 있고, 문자부분에서 작성의 주체, 권리의 내용 등이 모두 표시되어 있다. 여기에 추가하여 전자기록 부분이 이러한 문서에 의해 표시된 권리의 내용을 좀더 구체적으로 표시하여 주고 있다. 이러한 이유로 공중전화카드는 그 문서성을 인정할 수 있고 나아가 유가증권으로서의 다른 요건들도 충족하고 있으므로 유가증권이라고 할 수 있을 것이다.

유가증권은 위조된 유가증권의 원본을 말하는 것이므로, 전자복사기 등을 사용하여 기계적으로 복사한 사본은 유가증권이 될 수 없다는 것이 판례의 입장이다.

Leading Case 3 풀이 ⟫ 형법 제214조에서 유가증권이라 함은, 증권상에 표시된 재산상 권리의 행사와 처분에 그 증권의 점유를 필요로 하는 것을 총칭하는 것인바, 공중전화카드는 그 표면에 전체 통화가능 금액과 발행인이 문자로 기재되어 있고, 자기(磁氣)기록 부분에는 당해 카드의 진정성에 관한 정보와 잔여 통화가능 금액에 관한 정보가 전자적 방법으로 기록되어 있다. 사용자가 카드식 공중전화기의 카드 투입구에 공중전화카드를 투입하면 공중전화기에 내장된 장치에 의하여 그 자기정보가 해독되어 당해 카드가 발행인에 의하여 진정하게 발행된 것임이 확인된 경우 잔여 통화가능 금액이 공중전화기에 표시됨과 아울러 그 금액에 상당하는 통화를 할 수 있도록 공중전화기를 작동하게 한다. 따라서 공중전화카드는 문자로 기재된 부분과 자기기록 부분이 일체로써 공중전화 서비스를 제공받을 수 있는 재산상의 권리를 화체하고 있고, 이를 카드식 공중전화기의 카드 투입구에 투입함으로써 그 권리를 행사하는 것으로 볼 수 있으므로, 공중전화카드는 형법 제214조의 유가증권에 해당한다. 그러므로 갑에게 유가증권위조죄가 성립한다.

•••

Leading Case 4   갑(녀)는 사귀고 있던 A에게 자신의 나이와 성명을 속이고자 컴퓨터로 '미애', '701226'을 작성하여 출력한 다음, 갑의 주민등록증 성명란 '길자'라는 글자 위에 위와 같이 출력한 '미애'라는 글자를, 주민등록번호란 '640209'라는 글자 위에 위와 같이 출력한 '701226'이라는 글자를 각 오려붙인 다음, 이를 컴퓨터 스캔 장치를 이용하여 스캔하여 이미지 파일을 생성하는 방법으로 복사하여 컴퓨터 모니터로 출력하였다. 그리고 위와 같이 위조한 주민등록증 이미지가 저장되어 있는 파일을 A에게 보내는 이메일에 마치 진정하게 성립한 것처럼 첨부, 전송하여 그 정을 모르는 A로 하여금 첨부파일을 열람하도록 함으로써 A가 사용하는 컴퓨터 모니터에 위조한 주민등록증의 이미지가 나타나도록 하였다. 갑의 죄책은?

| **Point** | 이 사안에서는 컴퓨터 모니터에 나타나는 이미지가 형법상 문서에 관한 죄의 '문서'에 해당하는지 여부가 쟁점이다.

Q 4. 문서위조죄의 객체로서 문서의 의미는 무엇인가?

문서란 문자 또는 이에 대신하는 부호에 의하여 사람의 관념·의사가 화체되어 표시된 어느 정도 계속성이 있는 물체로서, 법률관계 또는 사회생활상 중요한 사실을 증명할 수 있는 것을 말한다. 이러한 개념정의에 따르면 문서는 계속적 기능, 증명적 기능, 보장적 기능이라는 세 가지 기능이 요구된다.

문서의 중요한 요소는 사람의 관념 내지는 의사가 외부에 표시되고 그러한 관념 내지 의사표시의 내용을 보증할 주체를 알 수 있어야 하는 것이다. 이러한 요소를 갖춘 문서는 시간과 장소에 구애받지 않고, 그 문서를 접한 사회일반 전체에 대해서 명의인의 의사표시의 내용을 알 수 있게 한다. 이러한 이유로 문서는 오랜 시간동안 인류의 문명에 기여해 왔던 것이다. 문서의 이러한 사회적 기능을 수행하는데 있어서 불가결하게 필요한 부분은 관념 내지는 의사를 기록할 수 있는 물체에 화체되어 어느 정도 계속될 수 있어야 한다는 것이다. 만일 계속될 수 없다면 문서의 증명적 기능과 보장적 기능이 수행될 수 없게 된다는 것은 자명하다.

인류는 자신의 의사를 어떤 방식으로든 기록해 왔다는 것은 역사를 통해 알 수 있다. 종이가 발명되기 이전에는 돌, 나무의 표면, 가죽 등에 새겨서 시간적 계속성을 유지하여 왔으며, 종이가 발명된 후부터는 일반적으로 문서는 종이라는 물체에 화체된 명의인의 관념과 의사라는 통념이 지배하게 되었다. 그런데 기술문명이 급격하게 발달하여 기존의 종이라는 물체가 아닌 새로운 방법으로 사람의 관념과 의사를 기록할 수 있게 되면서부터 생겨난 문제 중의 하나가 기계적 방법에 의해 음성을 녹음하는 경우이다. 사실 녹음테이프나 CD 등에 기록된 의사표시가 종이보다 더 오래 계속될 수 있다는 점을 고려한다면, 당연히 의사표시가 화체된 문서로 인정해야 할 것이다. 그러나 일정한 기계적 재현장치를 사용하지 않고, 사람의 시각으로 바로 볼 수 있는 물체가 아닌 기록저장물은 형법을 통해 보호받고 있는 통상적인 문서의 개념에 포섭할 수는 없다. 그러므로 문서는 표시된 관념 내지 의사를 시각적으로 이해할 수 있는 것이어야 한다고 해석하는 것이다.

문서의 계속성과 관련한 또 다른 문제 중의 하나는 컴퓨터와 관련된 것이다. 컴퓨터를 이용해서 작성된 문건은 컴퓨터 모니터 화면에 나타남으로써 사람이 시각적으로 지각할 수 있게 된다. 컴퓨터 저장장치에 기록된 내용의 파일은 언제든지 컴퓨터 모니터를 통해서 동일한 내용을 시각적으로 확인할 수 있다는 것은 분명한 것이다. 문제는 컴퓨터 모니터 화면에 나타나는 이미지는 이미지 파일을 보기 위한 프로그램을 실행할 경우에 그때마다 전자적 반응을 일으켜 화면에 나타나는 것에 지나지 않는다는 점이다. 모니터는 창에 불과한 것이고 그 창은 도구적인 기능에 불과한 것이지, 일정한 관념 내지 의사가 화체되어 어느 정도 계속적으로 화면에 고정된 것으로는 볼 수 없으므로, 문서에 해당하지 않는다. 대법원도 컴퓨터 스캔 작업을 통하여 만들어낸 공인중개사 자격증의 이미지 파일은 전자기록으로서 전자기록 장치에 전자적 형태로서 고정되어 계속성이 있다고 볼 수는 있으나, 그러한 형태는 그 자체로서 시각적 방법에 의해 이해할 수 있는 것이 아니어서 이를 형법상 문서에 관한 죄에 있어서의 '문서'로 보기 어렵다고 판시하거나, 졸업증명서 파일은 그 파일을 보기 위하여 일정한 프로그램을 실행하여 모니터 등에 이미지 영상을 나타나게 하여야 하므로, 파일 그 자체는 형법상 문서에 관한 죄에 있어서의 문서에 해당되지 않는다고 하여 컴퓨터 모니터 화면상의 이미지 및 이미지 파일의 문서성을 부인하고 있다.

Leading Case 4 풀이 〉〉〉 갑이 컴퓨터 스캔 작업을 통하여 만들어낸 주민등록증의 이미지 파일은 전자기록으로서 전자기록 장치에 전자적 형태로서 고정되어 계속성이 있다고 볼 수는 있으나, 그러한 형태는 그 자체로서 시각적 방법에 의해 이해할 수 있는 것이 아니어서 이를 형법상 문서에 관한 죄에 있어서의 '문서'로 보기 어렵다. 따라서 갑에게는 문서위조죄가 성립하지 않는다. •••

Leading Case 5   갑은 'ㅇㅇㅇ'이라는 가명을 사용하여 A가 운영하는 다방에 종업원으로 취업하면서 선불금으로 100만 원을 받고 이에 대한 반환을 약속하는 내용의 현금보관증을 작성하여 A에게 교부하였다. 그런데 갑은 다방에 취업하기 위하여 출생연도를 자신의 실제 나이보다 4살 어리게 1988년으로 가장하였고 현금보관증에도 본인의 실명과 실제 주민등록번호 대신에 'ㅇㅇㅇ'이라는 가명과 출생연도 부분이 허위인 주민등록번호를 기재하여 교부하였다. 갑의 죄책은?

| Point | 이 사안에서는 본명 대신 '가명(假名)'이나 '위명(僞名)'을 사용하여 사문서를 작성한 경우에 사문서위조죄가 성립하는지 여부가 쟁점이 된다.

Q 5. 문서위조와 변조의 개념은 무엇인가?

위조란 작성권한 없이 타인명의를 사칭(모용)하여 타인 명의의 문서를 작성하는 것을 말한다. 따라서 위조여부와 관련된 문제의 쟁점은 '작성권한 여부', '타인명의의 사칭' 그리고 '문서의 작성'에 있다. 그리고 위조의 정도는 일반인들이 진정문서로 오인할 정도의 형식과 외관을 갖추면 충분하므로 문서의 형식과 내용이 완전할 것을 요하지 않는다.

위조는 타인명의 문서를 작성할 정당한 권한이 없는 자가 그 주체여야 한다. 문서의 명의인은 당연히 작성할 권한이 있으므로 문제가 발생하지 않지만, 명의인과 문서의 실제 작성자가 다른 경우에는 위조여부가 문제되는 경우가 있다. 문서작성에 대한 명의인의 유효한 승낙이 있는 경우는 문서를 작성할 권한이 있는 경우에 해당함으로, 문서의 실제작성자가 명의인 명의를 사용하여 문서를 작성하더라도 위조가 되지 않는다. 다만 명의인의 사후 승낙은 유효한 승낙이 아니므로 위조가 된다. 작성자가 명의인의 대리권·

대표권을 가지고 있는 경우에 위조성립여부에 대한 기준으로 제시되는 권한의 '남용'과 '초월'을 구별하기는 쉽지 않다. 대부분 문제된 사안의 사실관계를 통해서 작성자에게 부여된 대리권·대표권의 범위가 판단된 후에 '남용'에 해당하는지 혹은 '초월'에 해당하는지에 따라서 위조여부를 판가름하게 된다.

타인의 명의를 모용한다는 것은 명의인의 명의를 사칭하여 마치 그 명의인이 작성한 것처럼 허위로 꾸미는 것을 말한다. 사칭 명의인은 자연인뿐만 아니라 법인·법인격 없는 단체도 포함한다. 명의인에 대한 사칭이기 때문에 문서의 기재내용의 진실여부는 문제가 되지 않으며, 사칭한 명의인의 실재여부도 문제되지 않는다. 따라서 일반인에게 진정문서로 오신케 할 염려가 있으면 사자(死者)·허무인(虛無人)명의의 문서도 문서위조죄의 객체가 된다.

위조는 타인의 명의를 모용하는 것으로 부족하고 문서를 작성하여야 한다. 즉 작성자가 명의인의 의사에 반하여 부진정문서를 만들어내어야 한다. 문서의 작성방법에는 제한이 없다. 전형적인 경우는 새로운 문서를 작성하는 것이지만, 기존의 문서를 이용하여 위조문서를 만드는 경우도 가능하다. 후자의 경우로 기존의 미완성문서에 가공하여 완성시키는 경우, 기존의 진정문서의 중요부분을 변경하여 동일성을 상실시키는 경우, 무효가 된 문서에 가공하여 새로운 문서를 만드는 경우 등을 들 수 있다.

변조란 권한 없는 자가 이미 진정하게 성립된 타인명의 문서의 동일성을 해하지 않을 정도의 변경을 가하는 것으로 이해하는 통설과 판례에 의하면 변조의 대상이 되는 문서는 원칙적으로 이미 진정하게 성립된 타인명의의 진정문서여야 한다. 이에 따르면 이미 위조된 부진정문서나 허위작성된 문서는 변조의 대상이 될 수 없다. 통설과 판례는 변조의 객체가 타인명의의 진정문서이므로 타인이 소지하는 자기명의의 문서에 변경을 가하는 행위는 비록 기망을 위해 자기문서에 변경을 가하였다고 하더라도 명의인의 동일성에 대한 사칭이 아니므로 변조가 아니라 문서손괴행위(제336조)가 된다고 한다.

변조가 위조와 구별되는 부분은 '동일성을 해하지 않을 정도의 내용변경'이라는 점이다. 작성권한 없는 자가 기존의 문서(부진정문서·허위작성)와의 동일성을 해하지 않을 정도로 문서에 변경을 가한 경우는 변조에 해당하지만, 문서의 본질적 부분 또는 중요한 부분에 변경을 가하여 새로운 증명력을 가지는 별개의 문서를 작성한 경우에는 위조가 된다. 결국 위조는 새로운 문서를 작출하는 것이고, 이에 새로운 별개의 문서를 만드는데 미치지 못하는 경우는 변조에 해당한다고 할 수 있지만, 그 구별이 쉽지만은 않다.

Leading Case 5 풀이 »» 이 사안에서 현금보관증이라는 문서의 성질과 기능, 위와 같은 작성 경위 등을 고려하면, 갑이 작성하여 A에게 교부한 현금보관증에 표시된 명칭과 주민등록번호 등으로부터 인식되는 인격은 '1988년에 출생한 여성인 ○○○'이고, 1984년생인 갑과는 다른 인격인 것이 분명하므로, 문서의 명의인과 작성자 사이에 인격의 동일성이 인정되지 않는다. 갑이 '○○○'이라는 가명을 다방에 근무하는 동안 계속 사용해 왔으며 주소는 실제 갑의 주소와 동일하게 기재되어 있고 또한 갑이 현금보관증이라는 사문서로부터 발생할 책임을 면하려는 의사나 편취의 목적을 가지지는 않았다고 하더라도, 문서를 작성함에 있어서 자신이 위 문서에 표시된 명의인인 '1988년생 ○○○'인 체 가장한 것만은 분명하다고 할 수 있다. 따라서 명의인과 작성자의 인격의 동일성을 오인케 한 갑에게는 사문서 위조 및 동행사죄의 죄책을 진다.

Leading Case 6   갑은 공범들과 공모하여 중국 흑룡강성 목단강시 서안구에서 중국 중개인의 소개로 만난 중국 조선족 여자인 K로 하여금 국내에 취업할 수 있도록 입국시켜 줄 목적으로 K와 위장 결혼하기로 약속하였다. 갑과 K는 그 무렵 결혼사진을 촬영하고 목단강 시청에 가서 결혼사진을 첨부하여 혼인 신고를 하고 결혼증을 발급받아 목단강시 공증처에서 혼인 공증을 받았다. 그리고 귀국하여 갑의 본적지 면사무소에서 면사무소 호적 담당 공무원 A에게 마치 K와 결혼한 것처럼 허위내용의 혼인신고서를 제출하여 A로 하여금 공정증서 원본인 호적부에 부실(不實)의 사실을 기재하게 하고 면사무소에 이를 비치하게 하였다. 갑의 죄책은?

| Point | 이 사안에서는 부부관계를 설정할 의사 없이 중국 내 조선족 여자들의 국내 취업을 위한 입국을 목적으로 형식상 혼인신고를 한 경우에 공정증서원본부실기재죄의 일반적 성립요건이 무엇인지와 가장된 혼인신고행위가 공정증서원본부실기재죄에 해당하는지 여부가 쟁점이 된다.

Q 6. 위장결혼하고 혼인신고를 하면 처벌되는가?

형법 제228조 공정증서원본부실기재죄의 행위는 공무원에 대하여 허위신고를 하여 부실의 사실을 기재하게 하는 것이다. 부실기재의 주체는 공무원이다. 여기서 공무원은 공정증서원본 등에 신고사실을 기재·기록할 수 있는 권한을 가진 공무원을 말한다. 공무원은 기재사실이 부실임을 알지 못해야 한다. 만일 그 정을 알면서 기재·기록한 경우에는 허위공문서작성죄가 성립하고, 신고자는 가담형태에 따라 공동정범·교사범·종범이 된다.

일반적으로 공정증서라 함은 널리 공무원이 그 권한 내에서 적법하게 작성한 일체의 증서를 말하는데, 본 죄에서 공정증서 원본이란 '공무원이 직무상 작성한 공문서로서 권리 의무에 관한 어떤 사실을 증명하는 효력을 갖는 것'을 말하며, 여기의 권리의무는 재산상의 권리의무에 한하지 않고 신분상의 그것도 포함한다는 것이 통설, 판례이다.

본 죄의 행위는 공무원에 대하여 허위신고를 하여 부실한 사실을 기재하게 하는 것이다. 부실사실의 기재·기록은 공정증서원본이 증명하는 사항과 관련하여 중요한 부분에서 객관적 진실에 반하는 사실을 기재·기록하게 하는 것을 말한다. 그러므로 중요부분을 사실과 달리 기재하거나 반대로 기재한 경우에는 부실기재가 된다. 그러나 기재사실이 무효나 부존재에 해당하는 하자가 있다면 그 기재는 부실기재가 되지만 그것이 객관적으로 존재하는 사실이고 취소사유에 해당하는 하자가 있을 뿐인 경우에는 취소되기 전에 신고가 되어 공정증서원본에 기재된 경우에는 부실기재라고 할 수 없다. 그리고 부실한 사실의 기재란 중요한 점에서 객관적 진실에 반하는 사실을 기재하게 하는 것이다. 비록 기재 절차나 기재 내용에 약간의 하자가 있더라도 기재 내용의 중요 부분이 당사자의 의사에 합치하거나, 권리관계의 실체와 일치하여 전체적으로 기재된 사실이 진실과 부합할 때에는 부실기재라 할 수 없다. 부동산거래와 같은 재산적 법률행위에 기한 등기신청행위는 통정의 허위표시라 하더라도 신고 자체에 당사자의 의사합치가 있는 이상 부실기재에 해당하지 않는다. 그러나 혼인이나 이혼과 같은 신분적 법률행위를 신고하는 경우에는 그 신고 자체에 의사의 합치가 있더라도 해당 법률행위의 민법적 효력여하에 따라 부실기재여부가 달라진다.

기재절차에 하자가 있거나 등기의 원인관계가 실제와 다르다고 하더라도 기재 또는 기록 내용의 중요부분이 당사자의 의사에 합치되거나 실체권리관계와 부합하는 때에는 부실의 기재·기록이 아니다. 따라서 중간생략등기는 등기부의 기재내용이 당사자의 의사 및 실체법률관계와 합치되므로 부실기재에 해당하지 않는다. 그리고 실체권리관계와의 부합여부는 소유권이전등기 경료 당시를 기준으로 판단한다.

Leading Case 6 풀이 >>>   민법 제815조 제1호는 당사자간에 혼인의 합의가 없는 때에는 그 혼인은 무효로 한다고 규정하고 있고, 이 혼인무효 사유는 당사자간에 사회관념상 부부라고 인정되는 정신적, 육체적 결합을 생기게 할 의사를 갖고 있지 않은 경우를 말한다. 그러므로 당사자 사이에 비록 혼인의 계출 자체에 관하여 의사의 합치가 있어 일응 법률상의 부부라는 신분관계를 설정할 의사는 있었다고 인정되는 경우라도 그것이 단지 다른 목적을 달성하기 위한 방편에 불과한 것으로서 그들 간에 참다운 부부관계의 설정을 바라는 효과의사가 없을 때에는 그 혼인은 민법 제815조 제1호의 규정에 따라 그 효력이 없다.

이 사안에서 갑은 중국 국적의 조선족 여자인 K와 참다운 부부관계를 설정할 의사 없이 단지 K의 국내 취업을 위한 입국을 가능하게 할 목적으로 형식상 혼인하였다. 갑과 K 사이에는 혼인의 계출에 관하여는 의사의 합치가 있었으나 참다운 부부관계의 설정을 바라는 효과의사는 없었으므로 갑과 K의 혼인은 우리나라의 법에 의하여 혼인으로서의 실질적 성립요건을 갖추지 못하여 그 효력이 없으므로 비록 갑과 K가 중국에서 중국의 방식에 따라 혼인식을 거행하였다고 하더라도 우리나라의 법에 비추어 효력이 없는 혼인의 신고를 한 것이므로 갑은 공정증서원본부실기재 및 동행사 죄의 죄책을 진다.

Leading Case 7   갑은 폭력행위등처벌에관한법률위반죄의 현행범으로 체포되어 경찰에서 조사를 받던 중 신분확인을 위하여 신분증명서의 제시를 요구받고 자신의 인적 사항을 속이기 위하여 전에 길에서 습득하여 소지하고 있던 A의 운전면허증을 마치 자신의 운전면허증인 것처럼 제시하였다. 갑의 죄책은?

| Point | 이 사안에서 경찰관으로부터 신분확인을 위하여 신분증명서의 제시를 요구받고 다른 사람의 운전면허증을 제시한 경우에 공문서부정행사죄의 부정행사에 해당하는지 여부가 쟁점이 된다.

Q 7. 문서부정행사죄의 처벌범위는?

부정행사란 사용할 권한이 없는 자가 그 문서명의자로 가장(假裝) 행세하여 이를 사용하거나 또는 사용할 권한이 있더라도 그 문서를 본래의 작성목적 이외의 다른 사실을 직접 증명하는 용도에 이를 사용하는 것을 말한다. 사문서부정행사죄는 '권리·의무 또는 사실증명에 관한 타인의 진정문서 또는 도화'를 부정행사하는 것이다. 이때에 부정행사는 사용권한자와 용도가 특정된 사문서여야 한다.

사용할 권한이 있는 자가 '본래의 용도외의 다른 목적으로' 사용하는 경우도 부정행사에 해당하는가에 대해서는 견해의 대립이 있다. 판례는 원칙적으로 사용할 권한이 있다 하더라도 문서를 본래의 작성 목적 이외의 다른 사실을 직접 증명하는 용도에 이를 사용하는 경우에는 부정사용이 될 수 있다고 하고 있다. 이에 대해서 다수의 견해는 '행사'란 문서의 용도에 따른 사용으로서 문서의 기능적 이용이란 점은 '일반'행사이건, '부정'행사이건 동일하지만, '부정'행사는 특히 사용할 권한이 없는 자의 이용을 의미하는 것으로 본다. 따라서 '사용권한 있는 자'의 이용은 '부정'개념에 포함될 수 없고, '용도 외의 사용'은 기능적 이용을 의미하는 '행사'개념에 포함될 수 없기 때문에 '사용권한 있는 자의 용도 외 사용'은 부정행사가 되지 않는다고 한다.

공문서부정행사죄에서 부정사용의 의미는 사문서부정행사죄에서 부정사용과 같다. 그런데 사용권한 있는 자의 용도 내 사용은 문제될 것이 없지만, 공문서 본래의 용도와 다른 목적으로 사용권한 있는 자가 사용한 경우에 부정행사가 되는지에 대해서는 견해대립이 있다. 사문서와 달리 공문서는 그 사용용도가 사회일반인에게 주지되어 있기 때문에 공문서의 '용법'에 대한 공공의 신용을 보호할 필요가 있으므로 이 경우에도 부정행사가 된다는 견해와 공문서의 용도가 불명확하고, 개별적·구체적인 용도에 따라 본죄의 성립을 판단할 경우에는 판단자의 자의가 개입될 우려가 있으므로 부정행사로 볼 수 없다는 견해가 있다.

사용권한 없는 자가 공문서의 본래의 용도대로 사용한 경우가 전형적인 공문서부정사용죄에 해당하는 것은 당연하다. 그러나 구체적 사안에서 '본래의 용도'인지 '본래의 용도 외'인지에 대한 해석상 논란이 있다. 사용권한 없는 자가 공문서 본래의 용도 이외의 다른 용도로 사용한 경우가 부정행사에 해당하는지에 대해서도 논란이 되고 있다. 긍정하는 입장은 사용권한 없는 자가 그 문서의 용도 이외의 용도로 사용할 경우에도 문서의 증명기능에 대한 공공의 신뢰가 침해될 위험성이 있으므로 부정행사에 포함된다고 하는 반면에, 부정행사에서의 사용은 본래의 사용용도에 따른 공문서의 사용만을 지칭하는 것으로 축소해석하여야 하므로 부정행사가 될 수 없다고 부정하는 입장이 대립되어 있다.

Leading Case 7 풀이 >>>　　이 사안의 실제사건에서 대법원의 다수견해에 의하면 갑의 행위에 대해서 공문서부정행사의 성립을 인정하였다. 그 논거는 다음과 같다. 운전면허증은 운전면허를 받은 사람이 운전면허시험에 합격하여 자동차의 운전이 허락된 사람임을 증명하는 공문서로서, 운전면허증에 표시된 사람이 운전면허시험에 합격한 사람이라는 '자격증명'과 이를 지니고 있으면서 내보이는 사람이 바로 그 사람이라는 '동일인증명'의 기능을 동시에 가지고 있다. 운전면허증의 앞면에는 운전면허를 받은 사람의 성명·주민등록번호·주소가 기재되고 사진이 첨부되며 뒷면에는 기재사항의 변경내용이 기재될 뿐만 아니라, 정기적으로 반드시 갱신교부되도록 하고 있어, 운전면허증은 운전면허를 받은 사람의 동일성 및 신분을 증명하기에 충분하고 그 기재 내용의 진실성도 담보되어 있다. 그럼에도 불구하고 운전면허증을 제시한 행위에 있어 동일인증명의 측면은 도외시하고, 그 사용목적이 자격증명으로만 한정되어 있다고 해석하는 것은 합리성이 없다. 인감증명법상 인감신고인 본인 확인, 공직선거및선거부정방지법상 선거인 본인 확인, 부동산등기법상 등기의무자 본인 확인 등 여러 법령에 의한 신분 확인절차에서도 운전면허증은 신분증명서의 하나로 인정되고 있다. 또한 주민등록법 자체도 주민등록증이 원칙적인 신분증명서이지만, 주민등록증을 제시하지 아니한 사람에 대하여 신원을 증명하는 증표나 기타 방법에 의하여 신분을 확인하도록 규정하는 등으로 다른 문서의 신분증명서로서의 기능을 예상하고 있다. 한편 우리 사회에서 운전면허증을 발급받을 수 있는 연령의 사람들 중 절반 이상이 운전면허증을 가지고 있고, 특히 경제활동에 종사하는 사람들의 경우에는 그 비율이 훨씬 더 이를 앞지르고 있으며, 금융기관과의 거래에 있어서도 운전면허증에 의한 실명확인이 인정되고 있는 등 현실적으로 운전면허증은 주민등록증과 대등한 신분증명서로 널리 사용되고 있다. 따라서 운전면허증에는 동일인임을 증명하는 용도도 포함되어 있다고 한다. 그러므로 경찰로부터 신분확인을 위하여 신분증명서의 제시를 요구받고 다른 사람의 운전면허증을 제시한 갑의 행위는 그 사용목적에 따른 행사로서 공문서부정행사죄에 해당한다. •••

Leading Case 8   중학교 미술교사인 갑은 인터넷 개인홈페이지 공간에, 여성의 다리를 벌려 노출된 성기를 정면으로 세밀하게 묘사한 그림인 '그대 행복한가', 환자용 변기에 놓인 남성의 성기를 그린 '무제', 자신과 자신의 처가 전라로 함께 서서 정면으로 성기를 노출하여 촬영한 사진 '우리 부부', 청소년이 등장하여 성기가 발기된 채 양 주먹을 불끈 쥐고 있는 그림인 '남자라면' 등과 하드코어 포르노물의 일부장면을 동영상으로 편집하고, 그 밑으로 '헉헉'이라는 글자가 오른쪽에서 왼쪽으로 진행되도록 구성한 동영상 '포르노나 볼까'를 게시하였다. 갑의 죄책은?

| Point | 이 사안은 형법상 '음란'의 의미 및 그 판단 기준과 예술작품에 예술성이 있는 경우 음란성이 당연히 부정되는지 여부가 쟁점이 된다.

Q 8. 형법상 '음란물'의 의미는 무엇인가?

 형법 제243조 이하에 규정된 음란물죄의 보호법익에 대해 학설은 일치하여 '선량한 성풍속(또는 성적 도의 관념)'이라고 보고 있다. 오늘날 음란물에 대한 규제 필요성은 사회의 성윤리나 성도덕의 보호라는 측면을 넘어서 미성년자 보호 또는 성인의 원하지 않는 음란물에 접하지 않을 자유의 측면을 더욱 중점적으로 고려하여야 한다. 형사법은 개인의 사생활 영역에 속하는 내밀한 성적 문제에 함부로 관여함으로써 개인의 성적 자기결정권 또는 행복추구권이 부당하게 제한되지 않도록 하고, 개인의 다양한 개성과 독창적인 가치 실현을 존중하는 우리 사회의 이념을 충분히 구현하여야 한다. 즉,

음란 개념을 엄격하게 설정함으로써 개인의 성적 자기결정권 또는 행복추구권이 부당하게 침해되지 않도록 하는 동시에, 음란 개념을 구체적이고 상세하게 정립함으로써 구성요건의 보장적 기능과 형벌의 예측가능성을 확보할 것이 요구된다.

　판례에 따르면 음란이란, "사회통념상 일반 보통인의 성욕을 자극하여 성적 흥분을 유발하고 정상적인 성적 수치심을 해하여 성적 도의관념에 반하는 것으로서, 표현물을 전체적으로 관찰·평가해 볼 때 단순히 저속하다거나 문란한 느낌을 준다는 정도를 넘어서서 존중·보호되어야 할 인격을 갖춘 존재인 사람의 존엄성과 가치를 심각하게 훼손·왜곡하였다고 평가할 수 있을 정도로, 노골적인 방법에 의하여 성적 부위나 행위를 적나라하게 표현 또는 묘사한 것으로서, 사회통념에 비추어 전적으로 또는 지배적으로 성적 흥미에만 호소하고 하등의 문학적·예술적·사상적·과학적·의학적·교육적 가치를 지니지 아니하는 것"을 뜻한다고 하면서, 표현물의 음란 여부를 판단함에 있어서는 표현물 제작자의 주관적 의도가 아니라 그 사회의 평균인의 입장에서 그 시대의 건전한 사회통념에 따라 객관적이고 규범적으로 평가하여야 한다.

　문학성 내지 예술성과 음란성은 차원을 달리하는 관념이므로 어느 문학 작품이나 예술작품에 문학성 내지 예술성이 있다고 하여 그 작품의 음란성이 당연히 부정되는 것은 아니라 할 것이고, 다만 그 작품의 문학적·예술적 가치, 주제와 성적 표현의 관련성 정도 등에 따라서는 음란성이 완화되어 결국은 형법이 처벌대상으로 삼을 수 없게 되는 경우가 있을 수 있을 뿐이다.

Leading Case 8 풀이 〉〉〉　　이 사안의 실제사건에서 2005년 대법원이 2년

7개월간의 심리 끝에 갑이 게시했던 사진과 두 그림이 전체적으로 보았을 때 사회통념상 허용 범위를 벗어날 정도로 주로 호색적 흥미를 돋구기 위한 것이라거나 공연히 성욕을 흥분 또는 자극시키고 또한 보통인의 정상적 수치심을 해하고 선량한 성적 도의관념에 반하는 것임을 인정하기 어렵다고 판단한 1심과 항소심을 뒤엎고 미술교사가 자신의 인터넷 홈페이지에 게시한 자신의 미술작품, 사진 및 동영상의 일부에 대하여 음란성이 인정된다고 하여 일부 유죄를 선고하면서 갑의 게시 작품들에 예술성이 있다는 이유만으로 위 작품들의 음란성이 당연히 부정된다고 볼 수는 없다고 하였다. •••

> **Background Story**
>
> **-'음란'의 의미에 대한 독일과 미국의 이해**
>
> 독일의 경우, 통설적 견해는 외설은 obszön, 음란은 unzüchtig이라고 구별하여, 외설의 경우는 성적 표현의 한계를 일탈하였으나 음란에 해당하지는 않는 경우로 이해해왔다고 한다. 독일 형법은 음란에 해당하는 개념으로서 구 형법 제184조 등에서 unzüchtig(음란)라는 용어를 사용했었으나, 1973년 개정된 형법 제184조에서는 헌법상 명확성의 원칙으로 인해 보다 객관적인 개념인 포르노그라피(pornographisch)라는 용어를 사용하고, 그 중 하드코어 포르노그라피의 경우는 절대적 금지영역이어서 그 제조나 반포가 불가하고, 소프트 포르노그라피의 경우는 원칙적으로 허용하되, 청소년에 대한 유해성(정신적으로 성숙하지 못한 미성년자들의 모방 우려)과 동의하지 않는 성인에 대한 직접적인 노출(성적 자기결정권 보호 목적)을 근거로 하여 처벌하도록 규정하고 있다. 한편, 제184조는 성적 자기결정권에 대한 범죄를 규정하는 제13장의 일부로서 규정되어 있다. 독일 연방대법원은 1978년 Mayfair 판결에서 단순 누드묘사가 포르노그라피에 해당하는지 여부를 다루면서도 "단순히 성기를 강조한 사진은 포르노그라피에 해당하지 않는다"고 판시하였을 뿐, 포르노그라피 개념에 대하여 아무런 언급을 하지 않고, 그 후로도 포르노그라피 개념을 어떻게 해석할 것인지를 명확히 밝힌 적이 없다. 다만, 전체 판례에서 그 판단기준으로 제시된 것을 종합하여 보면, "포르노그

라피란 성행위의 인간적 관계를 배제한 채 노골적으로 천박한 방법으로 성행위묘사에 중점을 두고 전체경향으로서는 전적으로 또는 우월적으로 호색적인 이익을 그 목적으로 하는 묘사"로 요약할 수 있다고 한다. 또한, 음란성 판단기준에 있어 묘사의 객관적인 경향을 대상으로 할 뿐 주관적인 경향은 의미가 없다고 한다.

　　미국의 경우, 모범형법전 251.4조(U.S. model penal code, section 251.4.) 제1항은 "전체적으로 판단하여 그 자료(material)가 호색적인 관심(흥미) (prurient interest), 즉 나체(nudity), 성교(sex) 또는 배설물(excretion)에 관한 수치스러운 혹은 병적인 관심(호기심)에 주로 호소(predominant appeal)하는데 있고, 이에 더하여(추가하여) 그러한 내용을 묘사하거나 표현(representing)함에 있어서 솔직성(노골화)(candor)의 정도가 보편적인 한계를 실질적으로 초월하는 경우에는 음란물이다. 그 내용 혹은 배포의 정황에 비추어 볼 때 아동 또는 특별히 감수성이 예민한 청중을 위하여 고안된 것임이 그 물건(자료)의 성격 또는 그 보급상황에서 명백하게 되지 않는 한 주된 호소(predominant appeal)는 통상의 성인을 기준으로 판단되어야 한다. 현상되지 않은 사진, 형판(molds), 인쇄용 판(printing plate) 등은 그 음란성이 나타나도록 하기 위해 또는 그 음란물을 배포하기 위해 필요한 절차나 기타의 행위의 여부에 관계없이 음란한 것으로 본다"고 하여 음란성의 개념 및 판단기준을 구체적으로 규정하였다. 연방대법원은 1957년 Roth v. United States 판결에서 "음란은 헌법적으로 보호되는 언론이나 출판의 영역 내에 있지 않다"고 선언하였다. 1960년대까지는 대체로 1868년 영국의 히클링 판결에서의 기준(Hickling Test)으로 음란성 여부를 판단하였는바, 그 기준은 판단대상이 된 일정한 물건에 노출될 경우 쉽게 영향을 받을 수 있는 자를 기준으로 음란성 여부를 판단하는 것으로, 이는 주관적 기준이라는 등의 비판이 있었다. 1973년 Paris Adult Theather I v. Slaton 판결에서는 "성과 음란은 동의어가 아니다. 음란물은 성을 호색적인 관심에 호소하는 것을 다루는 것이다"고 보면서, 판결문의 각주에서 "음란함은 육욕적인 생각을 유발하는 경향을 가진 것(material having a tendency to excite lustful thoughts)"으로 정의하였다. 한편, 1973년 Miller v. California 판결에서는 "사실의 심판관(법관이나 배심원)을 위한 기본적 지침

(basic guideline)은, ① '평균인이 동시대 지역사회의 기준을 적용하여(applying contemporary community standards)' 그 작품을 전체적으로 볼 때 호색적(성욕적) 흥미(prurient interest)에 호소하는지 여부, ② 그 작품이 적용가능한 주법률에 의하여 명확하게(specifically) 정의된 성행위를 명백히(노골적으로) 불쾌한(공격적인) 방법으로(in a patently offensive way) 묘사 또는 서술하고 있는지 여부, ③ 그 작품이 전체적으로 볼 때 진지한 문학적, 예술적, 정치적 혹은 과학적 가치를 결여하는지 여부여야 한다"고 판시하여 음란물 판단기준에 관한 구체적 기준을 제시하였다. 위 첫 번째 요건에서의 '호색적 흥미'는 지역사회의 기준으로 결정되는데, 문제된 대상이 성적 흥분을 야기할 것인지 여부가 지역에 따라 다를 것 같지는 않다는 의문이 제기되기도 한다. 그럼에도 불구하고 연방대법원은 호색적 흥미는 지역사회의 기준으로 결정되어야 한다는 견해를 고수하여 왔다. 두 번째 요건과 관련하여 연방대법원은 1974년 Jekins v. Georgia 판결에서는 "州가 노골적으로 공격적인 것으로 정의할 수 있는 데에는 한계가 있다"고 판시하였고, 1977년 Ward v. Illinois 판결에서 "법이 노골적으로 공격적인 '성행위를 망라하는 목록'을 제공할 필요는 없다"(Miller 판결에서 제시된 사례를 포함하는 것으로 충분하다는 취지임)고 판시하였다. 세 번째 요건으로서, 어느 것이 음란물이 되기 위해서는, 전체적으로 그것이 현저히 예술적, 문학적, 정치적 혹은 과학적 보상(redeeming) 가치를 결여하여야 하는바, 1987년 Pope v. Illinois 판결에서 연방대법원은 "사회적 가치는 어떤 한 지역사회의 기준이 아닌 전국적 기준으로서, 즉 그 작품이 전국적으로 어떻게 평가될 것인지로 결정된다"고 판시하였다. 한편, U.S. v. Playboy Entertainment Group, Inc. 판결(미성년자 보호를 위한 케이블텔레비전 방송제한이 위헌이 된 경우)은 케이블텔레비전의 프로그래머가 케이블 운영사업자로 하여금 음란프로그램에 대하여 주파수를 달리하거나 모자이크처리로 프로그램을 완전히 차단하지 못하는 경우, 미성년자들의 시청이 어려운 오후 10시부터 아침 6시까지만 프로그램 송출을 허용하도록 한 미연방통신법의 프로그램 송출제한 규정의 위헌성을 문제 삼은 사건인데, 연방대법원은, 위 규정이 엄격한 심사를 요구하는 내용통제 규정에 해당한다 할 것이므로, 연방정부가 위 규정이 미성년자들을 음란물로부터 분리시키는데 있어 최소한의 제한조치임을

입증하지 못하는 이상(연방대법원은 가입자들의 요구에 따라 원하는 가정의 경우만 위와 같은 조치를 취하는 덜 제한적인 규제수단이 이미 같은 법률에 마련되어 있다고 지적하고 있음), 이는 수정헌법 제1조의 언론의 자유를 침해하는 것이라고 판시하였다.

Leading Case 9   갑, 을, 병은 골프장에서 미리 각자의 핸디캡을 정하고 상습적으로 전반 9홀 게임 중 1타당 50만 원, 동점인 경우 배판으로 1타당 100만 원, 후반 9홀 게임 중 1타당 100만 원, 동점인 경우 배판으로 1타당 200만 원을 승자에게 주고, 전반 9홀 게임 최소타 우승자에게 상금으로 500만 원, 후반 9홀 게임 최소타 우승자에게 상금으로 1,000만 원을 주기로 정한 후 속칭 스트로크 방식 및 계 방식에 의한 내기골프를 하였다. 갑, 을, 병의 죄책은?

| Point | 형법 제246조는 재물로써 도박한 자를 처벌하고 있다. 이 사안에서 갑, 을, 병이 각자 핸디캡을 정하고 홀마다 또는 9홀마다 별도의 돈을 걸고 내기 골프를 한 행위가 도박에 해당하는지 여부를 판단하기 위한 도박행위의 요건으로서 '우연성'의 의미가 쟁점이 된다.

Q 9. 도박의 의미와 처벌범위는?

도박(賭博)이란 당사자가 재물을 걸고 우연한 승부에 의하여 재물의 득실을 결정하는 것을 말한다. 형법 제246조에서 도박죄를 처벌하는 이유는 정당한 근로에 의하지 아니한 재물의 취득을 처벌함으로써 경제에 관한 건전한 도덕법칙을 보호하는 데 있다.

'재물로써'라 함은 재물을 걸고서라는 의미이다. 즉, 우연한 승부에 의하여 일정한 재물을 승자에게 줄 것을 약속하는 것을 말한다. 본죄에 있어서의 재물에는 재산범죄에 있어서의 재물(협의의 재물)뿐만 아니라 재산상의 이익도 포함한다. 즉 형법상 재산범죄에 있어서 재물과 같은 의미가 아니다. 따라서 가액의 많고 적음이나 교환가치의 유무는 문제되지 않는다. 금전·부동산·동산·채권은 물론, 유가증권·무체재산권도 포함한다. 재물을 거는 태양으로 현실적인 급부는 필요하지 않다

도박은 '재물을 걸고 우연에 의하여 재물의 득실을 결정하는 것'을 의미하는데, 여기서 '우연'이란 주관적으로 '당사자가 확실히 예견 또는 자유로이 지배할 수 없는 사실에 관하여 승패를 결정하는 것'을 말하고, 객관적으로 불확실할 것을 요구하지 아니한다. 우연성이 인정되는 한 승패를 다투는 동기, 승패를 가름할 우연성의 정도, 향락적 요소의 다과 등은 도박죄의 성립에 영향이 없다. 그러나 우연에 의하여 결정되는 재물의 득실은 경제윤리에 반한 것이어야 한다.

승패의 결정이 오로지 또는 주로 우연에 달려있음을 요하는가, 혹은 다소라도 우연성의 개입이 있으면 좋은가에 관해서는 특히 이른바 운동경기의 도박성을 둘러싸고 다툼이 있다. 즉, 당사자의 육체적·정신적 조건, 역량, 숙련도, 재능 등에 의하여 승패가 결정되는 경기에 있어서는 스스로 요행에만 의존하는 도박과 그 취급을 달리해야 할 것인가의 여부가 쟁점이라고 할 수 있다. 이에 대해서 운동경기는 도박성을 인정할 수 없다는 견해가 있다. 당구·테니스·야구 등의 운동경기나 장기·바둑·마작 등과 같은 경기는 기능과 기량에 의하여 승패가 결정되므로 우연의 사정에 기하는 도박과는 성질을 달리한다는 것을 이유로 한다. 이 입장에서는 골프를 비롯한 운동경

기는 화투, 카드, 카지노 등과 같이 당해 승패의 귀추에 있어 지배적이고도 결정적인 부분이 우연에 좌우되는 경우와 달리 승패의 전반적인 부분이 경기자의 기능과 기량에 의하여 결정되고 사소한 부분에 있어서만 우연이 개입되므로 그 결과에 재물을 걸더라도 도박죄가 성립되지 않는다고 한다.

이와는 다른 입장에서는 당사자의 기능이 승패에 영향을 미치는 경기라도 우연의 지배를 받는 것이라면 도박죄에 해당한다고 한다. 쌍방의 기량에 커다란 격차가 있어서 승패가 처음부터 당사자 사이에 명백한 때에는 도박의 대상으로 될 수 없을 것이고 설사 도박의 형태를 취하더라도 그 실질은 단순한 증여나 사례 등의 의미를 가진데 불과할 것이나, 승패의 귀추가 주로 우연에 달려있지는 않는다 하더라도 다소라도 우연성의 영향 하에 있을 때에는 도박에 해당한다고 하지 않을 수 없다고 한다. 경기 참가자들이 기능과 기술을 다하여 결정한 경기의 승패에 대하여 사후적으로 우연이라는 평을 할 수 없다거나 그 경기의 특성을 우연에 의하여 결과가 좌우된다고 말할 수 없다는 것은 도박죄 성립에 요구되는 우연의 개념과는 관점을 달리 하는 것이다. 즉, 경기결과가 '우연'이 아니라 선수들의 우수한 기량이나 불굴의 투지에 의하여 결정되었다거나 승리를 위해서는 요행이나 '우연'에 기댈 것이 아니라 기량을 향상시키기 위하여 노력하여야 한다고 말하는 것은 가치평가나 의지표현으로서 그 나름대로의 의미를 가질 수 있지만 도박죄에서 요구하는 우연은 선수들의 이러한 기량, 투지, 노력 등에 대비되어 다소 부정적인 의미가 내포된 '우연'이 아니라 '당사자 사이에 있어서 결과를 확실히 예견하거나 자유로이 지배할 수 없는' 성질을 가리키는 것으로서 가치평가와 무관한 개념이어서 선수들의 기량 등을 모두 고려하더라도 경기의 결과를 확실히 예견할 수 없고 어느 일방이 그 결과를 자유로이 지배할 수 없을 때에도 이를 도박죄에서 말하는 우연의 성질이 있는 것으로 볼 수 있다. 한편 설사 기량차이가 있는 경기자 사이의 운동경기라고 하더라도 핸디캡의 조정과 같은 방식으로 경기자 간에 승패의 가능성을 대등하게 하거나 승리의 확률이 낮은 쪽에 높은 승금(勝金)을 지급하고 승리의 확률이 높은 쪽에 낮은 승금을 지급하는 방식을 채택함으로써 재물을 거는 당사자 간에 균형을 잃지 않게 하여 실제로 우연이라는 요소가 중요하게 작용할 수 있는 도박의 조건을 얼마든지 만들 수 있다고 본다.

재물로써 도박한 때라도 일시 오락의 정도에 불과한 때에는 본죄가 성립하지 않는다(제246조 1항 단서). 도박죄의 취지가 건전한 근로의식을 배양하고 보호하는데 있다면 일반 서민대중이 여가를 이용하여 평소의 심신의 긴장을 해소하는 오락은 이를 인정함이 국가정책적 입장에서 보더라도 허용되어야 한다는 점에 일시오락에 불과한 도박행위를 처벌하지 않는 이유이다. 문제는 도박죄의 위법성의 한계인 일시오락의 정도를 어떤 기준으로 판단할 것인가이다. 이에 대해서 도박에 거는 재물의 용도를 판단기준으로 할 것이 아니라 재물의 경제적 가치가 근소한가의 여하에 따라 판단해야 한다는 견해가 있다. 경제적 가치가 근소한 때에는 근로에 의한 재산취득이라는 건전한 경제적 관념을 침해하지 않고, 도박이 개인적 법익에 대한 죄가 아니라 사회의 근로의식이나 건전한 도덕의식을 해치는 범죄라는 점을 고려하면 개인적 재산이나 사회적 지위에 따라 일시오락 여부를 판단한다는 것은 납득하기 어렵고, 도박에 거는 재물의 용도를 기준으로 할 것이라는 논리는 도박금의 액수가 많더라도 도박가담자들의 사회적 지위나 재산관계 등을 고려하여 일시오락의 정도에 불과한 것으로 판단할 수도 있다는 의미를 포함하고 있기 때문에 법적용의 형평성을 제기할 위험성이 있다는 것을 이유로 한다. 이 입장에서는 도박행위의 예외인 일시오락의 정도는 도박에 거는 물건의 용도가 오락에 제공되느냐 않느냐 하는 데에 중점이 있는 것이 아니라, 그 물건의 가격의 다소가 중요하다는 것을 명백히 하기 위하여 '정도'라고 표현한 것이다. 그러므로 연필이나 공책 등과 같이 그 재물이 오락에 제공되지 않는 물건이라고 하여도 그 값이 적은 때에는 단서의 적용이 있다고 볼 수 있으나, 반대로 오락의 일종이라고 하여도 거대한 유흥비의 경비를 내기 위한 도박인 경우에는 단서의 적용이 있는 것으로 해석할 수 없다고 한다.

이에 대하여 일시오락의 정도에 불과한지의 여부는 재물의 근소성 이외에 도박행위자의 주관적 판단이나 부수적 상황에 따라야 한다는 견해가 있다. 재물의 근소성의 여부는 각자의 재산상황을 고려하지 않고는 판단할 수 없다는 것을 이유로 한다. 이 입장에서는 일시오락의 정도에 불과한지의 여부는 일률적으로 판단할 것이 아니라 도박의 시간과 장소, 도박에 건 재물의 가액, 도박가담자들의 사회적 지위나 재산정도, 도박으로 얻은 재물의 용도, 도박의 동기와 도박 자체의 흥미성 등 여러 사정을 참작하여 종합적으로 판단하게 된다.

판례는 우연한 승부에 재물을 거는 노름행위가 형법상 금지된 도박에 해당하는가, 아니면 일시적인 오락의 정도에 불과한 것인가 하는 점은 도박의 시간과 장소, 도박에 건 재물의 가액정도 도박에 가담한 자들의 사회적 지위나 재산정도 및 도박으로 인한 이득의 용도 등 여러 가지 객관적 사정을 참작하여 결정하여야 한다고 하고 있다.

Leading Case 9 풀이 》》 이 사안처럼 골프를 비롯한 운동경기와 화투, 카드, 카지노 등 사이에 승패의 결정에 경기자의 기능과 기량이라는 요인과 이와 무관한 우연이라는 요인이 영향을 미치는 정도는 매우 상대적인 것으로, 전자인 운동경기에 있어서는 기량이라는 요인이 지배적이고 후자인 화투 등에 있어서는 그렇지 않다고 단정할 수 없고, 우연의 속성이 인정되는 한 승패를 가름할 우연성의 정도는 도박죄의 성립에 원래 영향이 없는 것이기도 하며, 한편 도박죄를 처벌하는 이유는 정당한 근로에 의하지 아니한 재물의 취득을 처벌함으로써 경제에 관한 건전한 도덕법칙을 보호하기 위한 것인데 내기골프의 승금은 정당한 근로에 의한 재물의 취득이라고 볼 수 없고, 내기골프를 방임할 경우 경제에 관한 도덕적 기초가 허물어질 위험이 충분하므로, 내기골프는 도박죄의 구성요건이 요구하는 행위의 정형성을 갖추고 있고 그 정도가 일시오락에 불과하지 않는 한 도박죄의 보호법익을 침해하는 도박 행위에 해당하므로 갑, 을, 병은 도박죄의 죄책을 진다. •••

제2장 국가적 법익을 침해하는 범죄

Leading Case 1   갑, 을, 병은 영등포교도소장으로부터 호송지휘관, 감독교사로 호송교도관 4명을 지휘하여 재소자 25명을 대전교도소 등 지방교도소로 이감하라는 호송명령을 받았다. 갑과 을은 호송업무를 수행하면서 사전에 호송계획의 수립 및 호송교도관들에 대한 개인임무부여와 사전교육, 피호송자들에 대한 승차 전의 검신, 시갑 및 시승상태의 점검과 좌석배치, 승차 후의 피호송자들에 대한 포위, 주시 및 개인행동금지 등의 개별적인 특정한 계호업무의 감독수행을 소홀히 하고, 호송당일이 토요일이어서 근무시간인 오전 중에 25명의 피호송자들을 세 곳의 지방교도소로 이감하여야 하기 때문에 시간이 촉박한 사정으로 피호송자 개개인에 대한 규정에 따른 검신 등의 절차를 철저히 이행하지 않고 대강 몸수색을 마친 후 호송버스에 탑승시켜 호송 중에 피호송자들이 집단으로 탈주하였다. 갑, 을, 병의 죄책은?

| Point | 형법 제122조에서 공무원이 정당한 이유 없이 직무를 유기한 때라 함은 정당한 사유 없이 의식적으로 직무를 포기하거나 직무 또는 직장을 이탈하는 것을 말하고 공무원이 직무를 수행함에 있어서 태만 또는 착각 등으로 이를 성실하게 수행하지 아니한 경우까지 포함하는 것은 아니다. 이 사안에서는 교도관 갑, 을, 병의 직무집행이 직무유기에 해당하는지 여부를 판단하는 기준이 쟁점이 된다.

Q 1. 직무유기죄의 성격과 성립범위는?

직무유기죄는 공무원이 정당한 이유없이 그 직무수행을 거부하거나 그 직무를 유기함으로써 성립하는 범죄이다. 본죄는 국가기능을 보호법익으로 하며, 그 보호의 정도는 구체적 위험범으로서 보호이다. 직무유기죄는 그 직무를 수행하여야 하는 작위의무의 존재와 그에 대한 위반을 전제로 하고 있는바, 그 작위의무를 수행하지 아니함으로써 구성요건에 해당하는 사실이 있었고 그 후에도 계속하여 그 작위의무를 수행하지 아니하는 위법한 부작위상태가 계속되는 한 가벌적 위법상태는 계속 존재하므로 형법 제122조(직무유기죄) 후단(직무를 유기한 때)은 이를 전체적으로 보아 1죄로 처벌하는 취지이므로 즉시범이 아니라 계속범의 성격을 가진다. 그리고 본죄는 공무원이라는 특수한 신분을 가진 자만이 구성요건요소로서의 행위주체가 될 수 있는 진정신분범이다.

본죄의 주체로서 공무원이란 법령에 의하여 국가 또는 지방자치단체 및 이에 준하는 공법인의 사무를 담당하는 자로서 그 노무의 내용이 단순한 기계적·육체적인 것에 한정되지 있지 않은 자를 말한다.

직무유기죄의 성립여부를 판단하기 위해서는 직무집행의 의무가 있음이 먼저 확정되어야 한다. 직무유기죄의 직무는 윤리적·추상적인 직무를 넘어선 구체적인 직무이며 공무원법상의 본래의 직무를 말한다. 직무유기죄에서 문제가 되는 것은 직무유기의 개념이다. '직무'는 공무원이 국가공무원법에 따라서 수행해야 할 본래의 직무를 말한다. 법령에 근거가 없거나 특별한 지시 명령에 의하지 않은 것은 직무라 할 수 없다. 공무원신분으로 인해 부수적으로 발생하는 직무는 여기에 포함되지 않는다. 즉 직무는 구체적 내용을 가지고 있어야 한다.

국가공무원법은 모든 공무원은 법령을 준수하며 성실히 직무를 수행하여야 하고, 공무원은 직무를 수행함에 있어서 소속상관의 직무상의 명령에 복종하여야 한다고 규정하고 있으므로 직무유기죄에 있어서의 직무의 개념을 위와 같이 추상적으로 이해한다면 공무원에게 무한한 직무의 성실성을 요구하는 공무원법의 정신에 비추어 볼 때, 사소한 직무태만의 경우까지도 확대하여 직무유기죄를 구성한다고 할 가능성이 있다. 그러므로 직무유기죄에 있어서의 직무는 어느 정도 제한적으로 해석하여 공무원이 맡은 바 직무를 그 때에 집행하지 아니함으로써 그 집행의 실효를 거둘 수 없는 구체적인 직무라고 보아야 한다.

직무유기죄는 공무원이 정당한 이유없이 직무수행을 거부하거나 그 직무를 유기한 경우에 성립하는 범죄이다. 이때 '정당한 이유없이'란 위법성을 조각시킬만한 사유가 없음을 말한다. 위법성조각사유가 있는 경우에는 형사처벌을 할 수 없음은 당연한 것이므로 형법 제122조에 '정당한 이유없이'라고 규정한 것은 특별한 의미를 가진다고는 볼 수 없다.

직무유기죄의 행위태양으로서 '직무집행을 거부'한다는 것은 직무를 능동적으로 수행할 의무있는 자가 이를 행하지 아니하는 것을 말하는 것으로 그것이 국가에 대한 것이건 국민에 대한 것이건 불문한다. 예컨대 수사업무에 종사하는 공무원이 정당한 고발서의 접수를 거절하는 경우나 무허가 건물의 철거를 담당하는 공무원이 상사로부터 무허가 건물의 철거를 지시받았음에도 정당한 이유없이 이에 불응하는 경우이다. 그리고 '직무의 유기'는 정당한 이유없이 직무를 방임상태에 두는 것을 말하며 적극·소극을 불문한다. 예컨대 직장을 무단으로 이탈하는 등으로 직무를 포기하는 경우이다. 다만 본죄가 구체적 위험범이므로 공무원이 법령, 내규 또는 지시 및 통첩에 의한 추상적인 충근의무(忠勤義務)를 태만하는 일절의 경우를 말하는 것이 아니고 무단이탈, 직무의 의식적인 포기 등과 같이 그것이 국가의 기능을 저해하며 국민에게 피해를 야기시킬 가능성이 있는 경우를 말한다.

형법 제122조 후단의 직무유기죄가 부진정부작위범인가에 관하여는 견해가 대립된다. 판례와 일부학설은 그 직무를 수행하여야 하는 작위의무의 존재와 그에 대한 위반을 전제로 하고 있다는 점에서 이를 부진정부작위범이라고 보고 있다.

공무원의 직무유기행위는 다른 범죄구성요건과 관련된 부분이 많아서 다른 범죄와의 죄수문제가 종종 쟁점이 되기도 한다. 예를 들어 공무원이 어떠한 위법사실을 발견하고도 직무상 의무에 따른 적절한 조치를 취하지 아니하고 위법사실을 적극적으로 은폐할 목적으로 허위공문서를 작성·행사한 경우에는 직무위배의 위법상태는 허위공문서작성 당시부터 그 속에 포함되는 것으로 작위범인 허위공문서작성, 동행사죄만이 성립하고 부작위범인 직무유기죄는 따로 성립하지 않는다. 그러나 공문서를 허위작성한 것이 위법사실을 적극적으로 은폐할 목적으로 한 것이 아니라면 허위공문서작성, 동행사죄와 직무유기죄는 실체적 경합범의 관계에 있다. 그리고 경찰서 방범과장이 부하직원으로부터 음반·비디오물 및 게임물에 관한 법률 위반 혐의로 오락실을 단속하여 증거물로 오락기의 변조 기판을 압수하여 사무실에 보관중임을 보고받아 알고 있었음에도 그 직무상의 의무에 따라 위 압수물을 수사계에 인계하고 검찰에 송치하여 범죄 혐의의 입증에 사용하도록 하는 등의 적절한 조치를 취하지 않고, 오히려 부하직원에게 위와 같이 압수한 변조 기판을 돌려주라고 지시하여 오락실 업주에게 이를 돌려준 경우, 작위범인 증거인멸죄만이 성립하고 부작위범인 직무유기죄는 별도로 성립하지 않는다.

Leading Case 1 풀이 〉〉〉　　이 사안의 실제사건에서 대법원은 갑, 을, 병에게 무죄를 선고하였다. 즉 형법 제122조에서 공무원이 정당한 이유없이 직무를 유기한 때라 함은 정당한 사유없이 의식적으로 직무를 포기하거나 직무 또는 직장을 이탈하는 것을 말하고 공무원이 직무를 수행함에 있어서 태만 또는 착각 등으로 이를 성실하게 수행하지 않은 경우까지 포함하는 것은 아니라고 하면서 비록 갑, 을, 병이 재소자를 호송하는 업무를 수행하면서 충근의무에 위반한 잘못은 인정되지만 고의로 호송계호업무를 포기하거나 직무 또는 직장을 이탈한 것이라고는 볼 수 없으므로 형법상 직무유기죄를 구성하지 않는다고 판결하였다. •••

Leading Case 2 군부대의 사단장인 갑은 부하들을 통하여 안성 토지를 수년 동안이나 처분하려고 노력을 하였으나 매수하려는 사람이 없어 이를 처분하지 못하고 있던 상황에서 전역 이후를 생각하여 수도권 일대에서 전원주택지를 알아보고 있었다. 이러한 사정을 C로부터 전해들은 을이 갑의 안성시 소재 토지와 자신의 강화도 소재 토지 중 4,000평을 교환하여 준다는 제안을 갑에게 하여 을의 매제인 D가 진급되도록 도와달라는 부탁을 하였다. 이에 갑은 처분이 되지 않던 안성 토지를 처분함과 동시에 강화도 소재 토지가 앞으로 인근에 다리가 건설되고 개발이 되면 값이 많이 오를 것이라는 말에 호감을 가졌고 또한 서울로 다니기도 편할 것으로 생각하여 을과 교환계약을 하였다. 갑은 수뢰죄로 처벌되는가?

| Point | 이 사안에서는 공무원인 갑이 수수한 금원이 직무와 대가관계가 있는 부당한 이익으로서 뇌물에 해당하는지 여부의 판단 기준이 쟁점이 된다.

Q 2. 뇌물죄의 보호법익과 뇌물의 의미는 무엇인가?

뇌물죄는 공무원 또는 중재인이 직무행위의 대가로 부당이득을 취하는 내용의 범죄이다. 뇌물죄의 보호법익에 대해서는 위의 두 가지 전통의 차이에 따라서 견해를 달리한다. 로마법사상에 따를 경우는 '공무원의 직무행위의 불가매수성(不可買收性)'이 되고, 게르만법사상에 따를 경우에는 '직무의무의 불가침성과 순수성'을 보호법익으로 이해한다. 우리 형법은 수뢰죄의 성립요건으로 직무의무위반을 요구하지 않는다. 따라서 직무행위의 불가매수성을 뇌물죄의 보호법익으로 보는 것이 통설·판례의 입장이다.

뇌물죄 구성요건에서 가장 중요한 요소는 뇌물이다. 뇌물이란 직무에 관한 부정한 보수로서의 모든 이익을 말한다. 뇌물죄에서 말하는 '직무'에는 법령에 정하여진 직무뿐만 아니라 그와 관련 있는 직무, 과거에 담당하였거나 장래에 담당할 직무 외에 사무분장에 따라 현실적으로 담당하지 않는 직무라도 법령상 일반적인 직무권한에 속하는 직무 등 공무원이 그 직위에 따라 공무로 담당할 일체의 직무를 포함한다. '직무관련성'은 공무원이 그의 지위에서 공무로 취급하는 모든 사무를 말한다. 공무원의 직접적인 권한에 속하는 것뿐만 아니라 밀접한 관계가 있는 것도 포함한다. 따라서 직무와 관계가 없는 단순한 사적 행위와 관련한 이익은 뇌물이 아니다. 공무원이 다른 직무로 전직한 후에 전직전의 직무에 관하여 뇌물을 받은 경우에도 뇌물죄가 되는가에 대해 긍정설과 부정설이 대립한다. 긍정설은 과거의 직무행위에 대한 공정과 이에 대한 사회의 신뢰를 보호할 필요가 있으며 사후수뢰죄(제131조)는 행위유형이 제한적이어서 이 경우를 포함할 수 없으므로 처벌의 균형을 위해서 필요하다는 입장이다. 부정설은 현재 담당하고 있는 직무와 관련성을 인정할 수 없으므로 사후수뢰죄만이 성립할 수 있을 뿐이라고 한다.

뇌물이란 부정한 보수로서의 이익을 말한다. 이 때 '부정한 보수'란 뇌물과 직무행위 사이에 급부와 반대급부라는 대가관계가 있어야 한다. 즉 뇌물의 이익은 직무행위의 대가로 제공된 것이라야 한다. 즉 뇌물과 직무행위 사이에는 급부와 반대급부라는 대가관계가 있어야 한다. 대가관계는 개개의 직무행위에 대해 구체적으로 존재할 필요는 없고, 그 공무원의 직무에 관한 것이면 특정적이거나 포괄적이거나를 묻지 않는다. 따라서 대가관계가 없는 단순한 사교적 증여는 뇌물이 아니다. 문제는 단순한 사교적 증여와 뇌물의 구별기준이다. 원칙적으로 사교적 의례에 속하는 선물은 뇌물이 아니다. 다만 규모가 작은 경우에도 직무행위와 대가관계가 있거나 관습상 승인되는 정도를 초과하는 다액의 금품이나 향응은 뇌물성이 인정된다.

부정한 보수로서 뇌물의 내용은 '이익'이다. 이익이란 사람의 수요·욕망을 충족시킬 수 있는 일체의 가치 있는 것, 또는 생활이익이라고 해야 한다. 이에 의하면 이익은 직무행위에 영향을 미칠 만큼 충분한 가치가 있는 한 반드시 금전적 가치를 지녀야 할 필요는 없으며, 비재산적 이익 및 일체의 유형·무형적 이익을 포함한다. 이러한 이익은 예컨대 투기사업에 관여할 수 있는 기회제공과 같은 일시적이어도 좋고, 절대불가능한 것이 아닌 한 조건부라도 상관없다.

뇌물의 내용이 되는 이익에는 금전이나 물품 기타 재산상 이익인 것이 많다. 그러나 재산상 이익의 공여는 반드시 금전이나 물품 등을 실제로 교부하는 것에 한정하지 않고 금융상의 편의를 도모하는 것, 채무를 변제해 주는 것 등도 재산상 이익으로서 뇌물이 될 수 있다. 따라서 판례도 차용금명목의 금원, 금전소비대차계약에 의한 금융이익, 보증 또는 담보의 제공, 채무의 변제 등도 뇌물의 내용을 이루는 이익이 될 수 있다고 하였고, 장물도 뇌물이 될 수 있다.

뇌물의 내용인 이익은 재산상의 이익에 한하지 않고 사람의 욕망을 충족시키기에 족한 일체의 이익이 뇌물로 될 수 있다는 데 견해가 일치되고 있다. 따라서 공사무의 직무 기타 유리한 지위의 제공 내지 알선, 투기의 기회 등도 넓게 뇌물의 목적으로 인정하고 있다. 뇌물의 형태는 일반적으로 금전·물품 기타 재산적 이익일 것이지만 재산적 이익은 뇌물의 요건은 아니다. 그러므로 뇌물의 내용인 이익에는 금전·물품 기타의 재산적 이익뿐만 아니라 사람의 수요·욕망을 충족시킬 수 있는 것이면 이성간의 정교, 공사의 직무 기타 유리한 지위, 향응의 제공, 해외여행 등도 뇌물이 될 수 있다고 판시하고 있다.

뇌물죄의 몰수와 추징은 형법 제48조에 대한 특칙으로서 뇌물로 인정된 금품은 몰수하고, 만일 몰수하기 불가능하면 그 가액을 추징한다(제134조). 범인이 뇌물죄와 관련한 부정한 이익을 보유하지 못하도록 하는 취지에서 이와 같은 몰수·추징은 필요적이고 자유재량이 인정되지 않는다. 몰수·추징의 대상은 뇌물로 수수하거나 공여하였지만 수수하지 않았거나 공여를 약속한 금품이다. 그러나 뇌물을 요구하기만 한 경우에는 몰수할 수 없다고 본다. 추징은 뇌물의 전부·일부를 몰수할 수 없을 때에 한다. 몰수가 불가능하게 된 사유는 묻지 않는다. 추징할 때의 가액산정은 몰수할 수 없게 된 사유가 발생한 때의 가액을 기준으로 한다. 추징목적은 부정한 이익을 보유하지 못하도록 하는 데 있기 때문이다. 가액을 금전으로 환산할 수 없는 무형이익(예컨대 정교)은 추징할 수 없다고 본다. 누구로부터 추징할 것인지와 관련해서 판례에 의하면 수뢰자가 뇌물을 그대로 보관하였다가 증뢰자에게 반환한 때에는 증뢰자로부터 몰수·추징한다. 그러나 수뢰자가 수수한 금원 상당을 후일 증뢰자에게 반환했으나 수뢰자가 이미 금원을 수령하여 소비한 뒤 다른 돈으로 증뢰자에게 반환한 경우에는 수뢰자에게 추징하고 마찬가지로 뇌물로 받은 돈을 은행에 예금한 경우 그 예금행위는 뇌물의 처분행위에 해당한다 할 것이므로 그 후 수뢰자가 같은 액수의 돈을 증뢰자에게 반환한 경우에도 수뢰자에게 추징한다.

Leading Case 2 풀이 >>>   공무원이 수수한 금원이 직무와 대가관계가 있는 부당한 이익으로서 뇌물에 해당하는지 여부는 당해 공무원의 직무 내용, 직무와 이익제공자와의 관계, 쌍방 간에 특수한 사적인 친분관계가 존재하는지 여부, 이익의 다과, 이익을 수수한 경위와 시기 등의 제반 사정을 참작하여 결정하여야 할 것이고, 뇌물죄가 직무집행의 공정과 이에 대한 사회의 신뢰를 그 보호법익으로 하고 있음에 비추어 볼 때 공무원이 금원을 수수하는 것으로 인하여 사회일반으로부터 직무집행의 공정성을 의심받게 되는지의 여부도 하나의 판단 기준이 된다. 이 사안에서 갑이 그 소유의 토지를 을의 토지와 교환한 것은 비록 갑의 토지의 시가가 을의 토지의 시가보다 비싸다고 하더라도 갑으로서는 장기간 처분하지 못하던 토지를 처분하는 한편 매수를 희망하던 전원주택지로 향후 개발이 되면 가격이 많이 상승할 토지를 매수하게 되는 무형의 이익을 얻었다고 할 수 있다. 따라서 갑에게는 직무와 관련하여 부정한 이익을 얻었다고 할 수 있으므로 수뢰죄가 성립한다.   •••

Leading Case 3   폭행사건의 현행범으로 체포되어 경찰서 보호실로 유치된 갑이 보호실 유치에 항의하면서 나오려는 것을 경찰관 A 등이 제지하자 갑은 A를 폭행하였다. 갑의 죄책은?

| **Point** | 이 사안에서는 구속영장을 교부받음이 없이 갑을 보호실에 유치한 것이 적

법한 공무수행이 되는지와 관련해서 공무집행방해죄에서 직무집행의 적법성을 둘러싼 법적 문제들이 쟁점이 된다.

Q 3. 공무집행방해죄에서 '적법한 공무'의 의미는 무엇인가?

공무집행방해죄는 직무를 집행하는 공무원에 대하여 폭행 또는 협박함으로써 성립하는 범죄이다. 공무집행방해죄가 성립하려면 공무원의 직무집행이 적법해야 하는가에 관하여 명문의 규정은 없지만 통설과 판례는 긍정설을 취한다. 국민은 위법한 직무집행에 대해서는 복종할 의무가 없고, 이에 대해서는 정당방위나 저항권도 인정된다는 점 및 개인의 기본적 인권을 존중하는 자유민주적 법치국가의 이념에 비추어 공무집행이라는 국가의 기능도 개인의 권리와 자유를 부당하게 침해하지 않는 범위 내에서만 보호대상이 된다는 점에서 직무집행은 적법해야 한다고 본다.

직무집행의 적법성은 첫째, 행정법적인 적법성이냐 형법적인 적법성이냐 하는 점과 둘째, 실체적 적법성이냐 형식적 적법성이냐 하는 두 가지 논점을 내포하고 있다. 적법성의 의미는 비록 행정법적·소송법적으로 부적법하더라도 그 정도가 중대·명백하지 않고 단순부적법·부당 정도에 그치거나 단순한 훈시규정·임의규정에 위반한 정도로는 본죄의 보호대상인 적법한 직무집행으로 인정된다. 또한 직무집행의 내용의 실질적 정당성 여부와는 관계없이 당해 공무집행행위의 주체·형식·절차에 관한 내부적 성립의 법정요건에 외부적 성립의 법정요건(상대방 또는 외부인에 대한 표시행위)이 구비되어 있는 경우에는 적법성을 가진다.

공무원의 직무집행은 형식적 요건과 절차만 갖추면 적법성을 갖지만 구체적인 사항에 관하여는 견해가 다양하다. 통설·판례는 형법적 보호의 필요성관점에서 직무행위가 첫째 당해 공무원의 추상적 직무권한에 속할 것,

둘째 당해 공무원의 구체적 권한에 속할 것, 셋째 직무행위의 유효요건인 법령에 정한 방식·절차를 갖출 것을 요건으로 제시한다.

Leading Case 3 풀이 》》 이 사안의 실제사건이 있었던 당시에는 경찰서에 설치되어 있는 보호실은 영장대기자나 즉결대기자 등의 도주방지와 경찰업무의 편의 등을 위한 수용시설로서 사실상 설치, 운영되고 있었다. 그러나 현행법상 그 설치근거나 운영 및 규제에 관한 법령의 규정이 없었음에도 불구하고 보호실은 그 시설 및 구조에 있어 통상 철창으로 된 방으로 되어 있어 그 안에 대기하고 있는 사람들이나 그 가족들의 출입이 제한되는 등 일단 그 장소에 유치되는 사람의 의사에 기하지 아니하고 일정한 구금장소로 사용되었다. 대법원은 그러한 보호실이 경찰관직무집행법 제4조 제1항에 의한 정신착란자, 주취자, 자살기도자 등 응급의 구호를 요하는 자를 24시간을 초과하지 아니하는 범위 내에서 경찰관서에 보호조치할 수 있는 시설로 제한적으로 운영되는 경우를 제외하고는 구속영장을 발부받음이 없이 피의자를 보호실에 유치함은 영장주의에 위배되는 위법한 구금으로서 적법한 공무수행이라고 볼 수 없다고 하였다.

이 사안에서 폭행사건의 현행범으로 체포되어 온 갑을 경찰서 유치장에 유치한 것은 적법한 공무집행이라고 할 수 없으므로 유치장에서 나오려는 것을 제지한 경찰관 A를 폭행한 것은 폭행죄부분은 별론으로 하더라도 갑에게 공무집행방해죄는 성립하지 않는다. •••

Leading Case 4   갑은 자신의 친구인 을이 혈중 알콜농도 0.081%의 주취상태에서 운전하다가 도로교통법위반죄의 현행범으로 체포되어 경찰서에 있다는 연락을 받고 그곳으로 가게 되었다. 을은 이미 특정범죄가중처벌등에관한법률위반(도주차량)죄 등으로 기소중지 상태에 있었기 때문에 평소 소지하고 있던 K의 운전면허증을 경찰관에게 제시하며 마치 자신이 K인 것처럼 행세하였고, 피의자신문조서도 K를 피의자로 하여 작성되었다. 경찰관 A는 주취 정도 등 사안이 경미하다는 이유로 을을 석방하기로 하면서 갑에게 신원보증을 요구하였고, 갑은 신원보증서의 피의자 이름이 K로 기재되어 있어 을이 K의 행세를 하고 있다는 사실을 알면서도, 신원보증인란에 자신의 이름과 타인의 주민등록번호, 허위주소 등을 기재하고 지장(指章)을 찍은 후 을을 데리고 경찰서를 나왔다. 그 후 을은 소재불명이 되었다. 갑의 죄책은?

| Point | 이 사안은 피의자 을이 다른 사람의 행세를 하고 있음을 알고 있는 신원보증인 갑이 이를 묵비한 채 피의자 을에 대한 신원보증서를 작성하여, 피의자를 석방하게 한 행위가 범인도피행위 인지가 문제된다. 즉 갑이 적극적인 도피의사를 가지고 신원보증서에 허위 기재를 하여 수사기관을 기만·착오에 빠지게 함으로써 범인의 발견·체포에 지장을 초래케 하는 경우에 해당하여 범인도피죄를 구성하는가의 여부가 쟁점이 된다.

Q 4. 범인은닉죄와 범인도피죄의 구성요건요소는 무엇인가?

  범인은닉죄란 벌금 이상의 형에 해당하는 죄를 범한 자를 은닉 또는 도피하게 함으로써 성립하는 범죄이다. 범인은닉·도피죄는 위험범으로서 현실적으로 형사사법의 작용을 방해하는 결과가 초래될 것이 요구되지 아니하고, 형사사법의 기능을 방해할 가능성이 있으면 성립한다.

범인은닉은 죄를 범한 자임을 인식하면서 장소를 제공하여 체포를 면하게 하는 것으로서 일정한 장소적 관련성을 갖는 행위태양인 반면, 도피하게 하는 행위는 장소적 관련성을 넘어 상황적 관련성을 갖는 행위태양으로서, 결국 은닉은 도피하게 하는 행위의 한 예시에 속한다고 할 수 있다. '도피하게 하는 행위'는 은닉 이외의 방법으로 범인에 대한 수사, 재판 및 형의 집행 등 형사사법의 작용을 곤란 또는 불가능하게 하는 일체의 행위를 말하는 것으로서 그 수단과 방법에는 어떠한 제한이 없고, 현실적으로 형사사법의 작용을 방해하는 결과가 초래될 것이 요구되지 아니하지만 은닉행위에 비견될 정도로 수사기관의 발견·체포를 곤란하게 하는 행위 즉 직접 범인을 도피시키는 행위 또는 도피를 직접적으로 용이하게 하는 행위에 한정된다.

참고인의 허위진술과 관련하여 판례는 '참고인의 허위진술'이 범인은닉죄나 범인도피죄를 구성하기 위해서는 적극적으로 범인을 도피시키겠다는 의사가 있어야 하고, 나아가 단순한 묵비나 허위진술 이상의 적극적인 행위로 수사기관을 기만, 착오에 빠지게 하여야 한다고 하고 있다. 판례가 단순한 묵비나 허위진술만으로는 범인은닉·도피죄의 성립을 인정하지 아니하고, 의도와 행위의 적극성이라는 요건을 요구하는 이유는 첫째, 그렇게 보지 아니하면 참고인은 항상 수사기관에 대하여 진실만을 진술하여야 할 법률상의 의무를 부담하게 되고, 만에 하나라도 범인에게 유리한 허위진술을 하면 모두 처벌받게 되는 결과가 되어 피의자와 수사기관이 대립적인 위치에서 서로 공격·방어를 할 수 있도록 하는 형사소송법의 기본원리와 법률에 따른 선서를 한 증인이 허위의 진술을 한 경우에 한하여 위증죄가 성립된다는 형법의 규정취지에 어긋나고, 둘째 형사사법 작용을 방해하는 모든 행위 내지 범인을 돕는 모든 행위가 범인도피죄의 구성요건에 해당한다고 본다면 이는 일반 국민의 행동의 자유를 지나치게 제한하는 것으로서 부당하며, 셋째 수사기관은 범죄사건을 수사함에 있어서 피의자나 참고인의 진술 여하에 불구하고 피의자를 확정하고, 그 피의사실을 인정할 만한 객관적인 제반 증거를 수집·조사하여야 할 권리와 의무가 있다는 것 등을 들 수 있다.

Leading Case 4 풀이 » 이 사안에서 만일 갑이 신원보증서를 작성함에 있어서 을이 다른 범죄로 기소중지 중이라는 점과 을이 자신의 신원이 밝혀지면 이미 기소중지 중인 다른 범죄로 인하여 체포상태에서 벗어날 수 없게 될 것을 두려워한 나머지 타인으로 행세하는 것이며, 체포상태에서 벗어날 경우 도피할 가능성이 크다는 사정을 잘 알면서도 을의 도피를 도와주고 수사기관의 추적을 곤란하게 한다는 적극적인 의사를 가지고, 을 대신 K의 인적사항이 기재된 신원보증서에 갑이 서명·무인(拇印)하였다면 범인도피죄가 성립될 수 있다. 그런데 갑은 을의 인적사항이 허위로 기재된 사실을 알았으나 을의 기소중지 사실은 모른 채 을이 다른 이유로 자신의 인적사항을 감추는 것으로만 생각하여 그와 같은 사실을 경찰관에게 알리지 아니하고 그 신원보증서에 그대로 서명·무인한 경우라면 갑에게는 범인을 도피시킨다는 직접적인 목적으로 행위를 하였다고 보기 어렵다. 따라서 도로교통법 위반으로 체포된 을이 타인의 성명을 모용한다는 정을 알면서도 신원보증인으로서 신원보증서에 자신의 인적 사항을 허위로 기재하여 제출한 갑의 경우에는 범인도피죄가 성립하지 않는다. •••

Leading Case 5 갑은 민사법정에서 증인으로서 증언을 함에 있어서 갑이 민사사건 대상인 임야를 관리하기 전에 A가 위 임야의 소유자로서 이를 관리하였는지 여부는 갑으로서는 모르는 일이었음에도 불구하고 피고측 변호사의 신문에 대하여 "증인이 관리하기 전에도 A가 위 임야에 대하여 사실상 소유자로서 관리하여 온 것이 틀림없다"는 취지로 자기의 기억에 반하는 답변을 하였다. 후에 A가 사건 대상 임야를 소유자로서 관리해 온 것이 객관적인 사실임이 밝혀졌다. 갑의 죄책은?

| Point | 갑은 자신의 기억에 반하는 진술을 하였지만 객관적 사실에 부합하는 진술을 하게 되었다. 따라서 이 사안에서 위증죄에 있어서 허위의 진술의 의미가 무엇인지가 쟁점이 된다.

Q 5. 위증죄에서 허위진술의 의미는 무엇인가?

위증죄는 법률에 의하여 선서한 증인이 허위의 진술을 하여야 성립되는 범죄이다. 따라서 위증죄의 객관적 구성요건이 충족되기 위해서는 증인이 행한 진술이 '허위'여야 한다. 진술이 허위라는 것은 증인이 진술한 것(진술내용)이 사실에 관하여 진술되어야 하는 것(진술대상)과 일치하지 않는 것을 의미한다. 여기서 진술대상을 무엇으로 볼 것인가가 문제되며, 이에 관해서 객관설과 주관설이 대립되고 있다.

객관설에 의하면 허위라는 것은 진술내용이 진술대상으로서의 사실적(객관적) 사건경과 또는 사태에 반하는 것으로 이해한다. 이러한 의미에서 허위는 진술과 사실의 불일치라고 볼 수 있다. 따라서 증인이 기억에 반하는 진술을 한 경우에 그 내용이 객관적 사실과 일치할 때에는 허위에 해당하지 않으며, 이와 반대로 증인이 기억에 합치하는 진술을 한 경우에도 그 내용이 객관적 사실과 불일치한 때에는 허위에 해당된다는 결론에 이른다. 이와 같은 객관설은 위증죄가 보호하는 사법기능은 오직 객관적 진실에 반하는 진술에 의해서만 위협받을 수 있다는 점에서 출발한다.

주관설은 소송에서 증인의 기능, 즉 증인이 담당하는 역할에 주목하고 있다. 소송에서 증인은 증언거부권을 가지는 경우를 제외하고는 증언의무나 진실의무를 부담하고 있으며, 이러한 의무는 증명을 요하는 문제에 대하여 단지 증인 자신이 경험한 부분에 한하여 자신이 기억하고 있는 것을 진술한다는 것을 전제로 한다고 본다. 또한 위증죄의 보호법익과 관련해서도 증인의 기억에 반하는 진술만으로도 이미 국가의 사법기능을 해할 추상적 위험이 있다고 본다. 따라서 진술의 허위성과 관련해서는 진술내용이 증인의 기억에 반하는가의 여부만 문제된다는 것이다. 이러한 의미에서 주관설은 허위의 진술과 기억의 불일치라고 볼 수 있다. 그리고 여기서 증인의 기억과 관련해서 본래의 주관설은 진술이 현재 존재하는 기억과 일치하지 않는 것을 의미한다. 따라서 증인이 현재의 기억에 반하는 진술을 한 경우에는 그 내용이 객관적 사실과 일치하더라도 허위이며, 이와 반대로 증인이 현재의 기억에 합치하는 진술을 한 경우에도 그 내용이 객관적 사실과 불일치하더라도 허위가 아니라는 결론에 이른다. 이와 같은 주관설은 통설과 판례의 입장이다.

객관설과 주관설의 실질적인 차이는 다음의 경우이다. 외부적 사실에 대하여 기억에 반하는 진술을 하는 경우로서, 객관적 사실과 일치하는 것으로 믿고 진술하였으나 객관적 사실과 일치하지 않은 경우에 주관설에 의하면 허위의 진술이 되고, 객관설에 의하면 허위의 진술이지만 고의가 없는 것으로 되며, 객관적 사실과 일치하지 않는 것으로 믿고 진술하였으나 결국 일치하였거나 일치하는 것으로 믿었으며 또한 일치한 경우에 주관설에서는 여전히 허위의 진술이 되며 객관설에서는 위증으로 보지 않는다.

Leading Case 5 풀이 >>>   통설과 판례에 의하면 위증죄에 있어서의 허위의 진술이란 증인이 자기의 기억에 반하는 사실을 진술하는 것을 말하는 것으로서 그 내용이 객관적 사실과 부합한다고 하여도 위증죄의 성립에 장애가 되지 않으므로 갑에게는 위증죄가 성립한다. 그러나 객관설에 의하면 갑은 객관적 사실에 부합하는 진술을 하였으므로 무죄가 된다. •••

Leading Case 6   갑은 자신이 실수로 불을 낸 사건의 수사가 시작되기도 전에 자신에 대한 형사사건의 증거가 될 수 있는 석유난로를 은닉케 할 의사로 B를 교사하여 석유난로를 숲속에 버리게 하였다. 갑의 죄책은?

| Point | 이 사안에서는 증거은닉죄의 구성요건인 '타인의 형사사건 또는 징계사건'에 장차 형사 또는 징계사건이 될 수 있는 것까지를 포함하는지 여부가 쟁점이 된다.

Q 6. 증거인멸죄의 구성요건요소는 무엇인가?

증거인멸죄는 타인의 형사사건 또는 징계사건에 관한 증거를 인멸 · 은닉 · 위조 또는 변조하거나, 위조 또는 변조한 증거를 사용한 경우에 성립한다. 본죄의 보호법익은 국가의 형사사법기능이며 추상적 위험범이라는 것이 학설의 일반적 입장인데, 본죄도 범인은닉죄와 마찬가지로 본범의 범행 또는 비행이 성립한 후 그 본범을 비호하거나 형사기관 또는 징계기관을 곤란에 처하게 하기 위한 계획의 일환으로 행해지는 것이므로 일종의 사후(事後)종범이라고 할 수 있다.

증거인멸죄는 유형적 방법에 의하여 증거의 증명력을 해함으로써 공정한 재판을 방해한다는 점에서 허위증언이라는 무형적 방법에 의하여 증거의 증명력을 해하는 범죄인 위증죄와 구별된다. 본죄의 행위객체는 타인의 형사사건 또는 징계사건에 대한 증거이므로 자기사건에 대한 증거인멸행위는 본죄의 대상이 되지 않는다.

증거인멸죄에서 증거란 형사피의 또는 피고사건에서 수사기관이나 법원, 징계기관에서 국가형벌권 또는 징계권을 행사하기 위한 전제조건으로서 사실관계를 확정하기 위한 객관적인 자료를 의미하는데, 이는 범죄의 성부, 경중, 양태, 형의 가중감경, 정상 등을 인정하는데 사용되는 일체의 자료로서 증인, 증거물, 증거서류 등의 증거방법과 증인의 증언, 증거서류의 내용, 감정인의 감정 등의 증거자료를 포함하는 개념이다. 그런데 증인에 대하여는 별도로 증인은닉·도피죄가 성립하므로 증거인멸죄(제155조 제1항)의 증거에서는 제외된다는 것이 일반적 견해이다.

그리고 본죄의 행위는 증거를 인멸·은닉·위조·변조하거나 위조·변조한 증거를 사용하는 것이다. 증거의 인멸이란 증거에 대한 물질적 손괴뿐만 아니라 그 가치·효용을 멸실·감소시키는 일체의 행위로서 증거의 사용·현출방해도 이에 해당한다. 그리고 증거인멸을 방지하여야 할 작위의무가 있는 경우는 부작위에 의한 증거인멸죄도 성립할 수 있을 것이다.

증거인멸 내지 교사행위와 관련하여 아직 수사개시전의 상황에 국가기밀문서를 은닉한 행위가 본죄에 해당하는지가 문제된다. 이에 관하여 학설이 나뉘는데, 부정설은 수사가 개시되기 전에는 본죄에 의해 보호될 형사사법기능이 침해될 위험이 없고 단지 본죄의 성립을 불안정하게 할 뿐이라는 이유로 본죄의 성립을 부정한다. 그러나 본죄가 추상적 위험범이라고 볼 때 수사개시전의 증거인멸행위도 형사사법기능이 침해될 위험은 있다고 할 수 있으며, 행위자가 수사개시 가능성을 인식하고서 증거를 인멸하였다고 볼 수 있는 경우는 결과적으로 행위반가치와 결과반가치를 인정할 수 있으므로 본죄의 성립을 긍정한다.

Leading Case 6 풀이 〉〉〉 형법 제155조 제1항의 증거은닉죄에 있어서 '타인의 형사사건 또는 징계사건'이라 함은 이미 수사가 개시되거나 징계절차가 개시된 사건만이 아니라 수사 또는 징계절차 개시전이라도 장차 형사사건 또는 징계사건이 될 수 있는 사건을 포함한 개념이라고 해석할 것이므로, 갑이 B를 교사하여 증거를 은닉케 할 당시 아직 그 실화사건에 관한 수사나 징계절차가 개시되기 전이었다고 하여도 증거은닉죄의 교사범이 성립된다. •••

Leading Case 7 갑은 자신이 A에게 교부한 금원은 차용금 명목이 아니라 A가 그 금원을 이용하여 도박에 참가하여 도박에서 이긴 경우 수익금을 반으로 나누는 조건으로 지원해 준 도박자금이었음에도 불구하고, A로 하여금 형사처분을 받게 할 목적으로, A가 변제할 의사 없이 갑으로부터 차용금 명목으로 금원을 교부받아 이를 편취하였다고 허위의 사실을 수사기관에 신고하였다. 갑의 죄책은?

| **Point** | 이 사안은 신고사실의 일부가 허위인 경우에 어떤 기준에 의하여 무고죄의 성립 여부를 결정할 것인지가 쟁점이 된다.

Q 7. 무고죄의 구성요건요소는 무엇인가?

무고죄는 타인으로 하여금 형사처분 또는 징계처분을 받게 할 목적으로 공무소 또는 공무원에 대해 허위의 사실을 신고함으로써 성립하는 범죄이다. 본죄는 타인을 음해할 목적으로 허위의 고소·고발·진정 등 무고를 예방하고, 수사·사정·징계기관의 공정한 사법기능을 보호하기 위해 규정한 것이다.

형사소송법 제223조와 제234조는 각각 고소권·고발권을 규정하고 있다. 이에 따라 고소권자나 고발권자는 수사기관에 대해 범죄사실을 신고하여 범인의 처벌을 구할 수 있다. 그러나 범죄 신고라는 미명아래 타인을 모함하여 평소의 사사로운 감정을 풀어보려는 경우가 있는가 하면, 수사기관의 공무집행을 방해하려는 경우도 있다. 특히 민사 분쟁이 발생한 경우에 유리한 증거를 획득하거나 상대방을 심리적으로 압박하기 위해 일단 수사기관에 무고를 하는 민사사건의 형사사건화 현상이 고소·고발의 남용을 불러일으키고 있다. 그렇지만 이러한 고소·고발의 남용을 막기 위해 모두 무고죄로 처벌할 수 없을 뿐만 아니라 실제로 이러한 고소·고발이 모두 무고죄에 해당한다고 보기도 어렵다. 무고죄는 그 자체에 갈등관계를 내포하고 있다. 무고죄의 적용범위를 확대하면 고소·고발 등의 남용을 방지하여 국가 형벌권 또는 징계권의 적정한 행사는 물론 억울한 피의자들의 인권이 보호된다. 반면에 무고죄의 적용범위를 축소하면 형사처분 또는 징계처분의 원인이 되는 불법 또는 부당한 일을 당한 시민은 그 증거를 확보하기 전에는 수사기관 등에 수사 또는 수사의 개시를 의뢰할 수 없게 된다. 이처럼 갈등관계에 있는 두 측면의 적정선을 찾는 것이 무고죄에 있어서 중요한 문제 중 하나이다.

무고죄는 허위의 사실을 신고함으로써 성립한다. 즉, 객관적 요건으로 신고한 사실이 허위여야 하고, 주관적 요건으로 신고자가 허위임을 알아야 한다. 신고자가 허위임을 알았고 신고사실이 허위일 경우에는 비록 피무고자에게 형사처분 또는 징계처분의 원인이 되는 사실이 있더라도 무고죄의 성립에는 지장이 없다. 아무리 피무고자에게 다른 허위사실이 드러났다고 할지라도 허위의 사실을 신고한 그 자체에 관해서는 불필요한 조사절차를 개시하게 하였기 때문에 위법성이 조각되지 않으며, 본죄 성립의 다른 요건이 구비되는 이상 무고죄의 책임을 면할 수는 없기 때문이다.

무고죄는 타인으로 하여금 형사처분 또는 징계처분을 받게 할 목적으로 공무소 또는 공무원에 대하여 허위의 사실을 신고하는 때에 성립하는 것으로, 여기에서 허위사실의 신고라 함은 신고사실이 객관적 사실에 반한다는 것을 확정적이거나 미필적으로 인식하고 신고하는 것을 말하는 것이므로, 신고사실의 일부에 허위의 사실이 포함되어 있다고 하더라도 그 허위부분이 범죄의 성부에 영향을 미치는 중요한 부분이 아니고, 단지 신고한 사실을 과장한 것에 불과한 경우에는 무고죄에 해당하지 아니하지만, 그 일부 허위인 사실이 국가의 심판작용을 그르치거나 부당하게 처벌을 받지 아니할 개인의 법적 안정성을 침해할 우려가 있을 정도로 고소사실 전체의 성질을 변경시키는 때에는 무고죄가 성립될 수 있다.

허위의 사실은 객관적 진실에 반하는 사실을 말한다. 위증죄에서 허위가 주관적 기억에 반하는 것과 다르다. 그렇기 때문에 신고자가 허위라고 오신하고 신고해도 객관적 진실에 합치하면 무고죄가 성립되지 않는다. 또한 무고죄에 있어서 허위사실은 형사처분 또는 징계처분의 원인이 될 수 있는 사실임을 요한다. 즉, 자연적으로 존재하는 모든 사실을 의미하는 것이 아니라 법률적으로 가치가 인정되는 구성요건적 사실을 가리킨다. 따라서 범죄가 되지 않는 사실은 비록 형사처분을 받게 할 목적에서 신고한 것이라고 할지라도 무고죄의 대상으로는 되지 않는다. 예를 들어 범죄 또는 공무원의 직무해태, 직무상의 의무위배행위 등과 같은 사실은 무고죄의 대상이 된다.

그러나 성격이 포악하다든가, 아무개가 자살하였다든가, 소행이 불량하다고 하는 등의 사실은 피무고자에게 불명예스러운 사실이지만 범죄는 아니기 때문에 무고죄의 대상이 되지 않는다.

Leading Case 7 풀이 ≫ 무고죄는 타인으로 하여금 형사처분 또는 징계처분을 받게 할 목적으로 공무소 또는 공무원에 대하여 허위의 사실을 신고하는 때에 성립하는 것으로, 신고사실의 일부에 허위의 사실이 포함되어 있다고 하더라도 그 허위부분이 범죄의 성부에 영향을 미치는 중요한 부분이 아니고, 단지 신고한 사실을 과장한 것에 불과한 경우에는 무고죄에 해당하지 않는다.

이 사안에서 갑이 A에게 도박자금으로 빌려주었다는 사실을 감추고 단순한 대여금인 것처럼 하면서 A가 금원을 빌려 간 후 변제하지 않는다고 A를 사기죄로 처벌해 달라는 취지로 고소한 경우라도, 수사기관은 차용금의 용도와 무관하게 다른 자료들을 토대로 A가 변제의사나 능력 없이 금원을 차용하였는지 조사할 수 있다. 그러므로 갑이 비록 도박자금으로 대여한 사실을 숨긴 채 고소장에 대여금의 용도에 관하여 허위로 기재하고 대여 일시·장소 등 변제의사나 능력의 유무와 관련성이 크지 않은 사항에 관해서 사실과 다르게 기재한 사정만으로는 사기죄 성립 여부에 영향을 줄 정도로 중요한 부분을 허위로 신고한 것이라고 할 수 없어 갑에게 무고죄가 성립하지 않는다.

•••

색인

|ㄱ|

강도죄 136
강제집행면탈죄 213
공갈죄 170
공무집행방해죄 263
공정증서원본부실기재죄 237
권리행사방해죄 210
기망 153

|ㄴ|

낙태죄 49
뇌물죄 258

|ㄷ|

도박 248

|ㅁ|

명예훼손죄 85
명의신탁 178
무고죄 272
문서 231
문서부정행사죄 240

|ㅂ|

방화죄 220
배임죄 188
범인은닉죄 265
변조 235
보관 174
부동산 이중매매 193
불법영득의사 124

|ㅅ|

사기죄 152
사람의 시기 20
사람의 종기 22
상해죄 30
소송사기 159
손괴죄 209
신용 96
신용카드 123
신용훼손 97
신용훼손죄 96

|ㅇ|

안락사(Euthanasie) 23
야간주거침입절도죄 126
업무 44
업무방해죄 98
업무상과실치사상죄 43

위계 97
위조 234
위증죄 268
유가증권 228
유기죄 51
유사강간죄 71
음란 244

|ㅈ|

자살 교사 · 방조죄 26
장물죄 199, 205
재산상 이익 140
전파성이론 90
점유 117
죄형법정주의 11
주거 108
주거침입죄 102
준강도죄 147
증거인멸죄 270
직무유기죄 254
직무의 집행 99

|ㅊ|

처분행위 156
친족 132
친족상도례 131

|ㅋ|

컴퓨터 등 사용사기죄 162

|ㅌ|

통화 224
특수폭행죄 39

|ㅍ|

폭행죄 37

|ㅎ|

합의동사 29
협박죄 55
횡령죄 173

|C|

Contergan 사건 35

형법입문 : 각론편 (개정판)

초판발행 / 2012년 2월 28일
개정판발행 / 2016년 1월 25일

글쓴이 / 류전철
펴낸이 / 박준성
펴낸곳 / 준커뮤니케이션즈
등록일 / 2004년 1월 9일 제25100-2004-1호
주　소 / 대구광역시 중구 봉산동 217-16 삼협빌딩 3층
홈페이지 / www.jbooks.co.kr
전　화 / (053)425-1325
팩　스 / (053)425-1326

ISBN 978-89-93272-73-4

값 15,000원

※파본은 바꿔 드립니다. 본서의 무단복제행위를 금합니다.